Los días que cambiaron México

Los días que cambiaron México

Hechos memorables del siglo XX

CARLOS SILVA

Grijalbo

Los días que cambiaron México
Hechos memorables del siglo XX

Primera edición: febrero, 2017

D. R. © 2016, Carlos Silva

D. R. © 2017, derechos de edición mundiales en lengua castellana:
Penguin Random House Grupo Editorial, S. A. de C. V.
Blvd. Miguel de Cervantes Saavedra núm. 301, 1er piso,
colonia Granada, delegación Miguel Hidalgo, C. P. 11520,
Ciudad de México

www.megustaleer.com.mx

ISBN: 978-607-315-079-8

Impreso en México – *Printed in Mexico*

El papel utilizado para la impresión de este libro ha sido fabricado a partir de madera procedente
de bosques y plantaciones gestionadas con los más altos estándares ambientales, garantizando
una explotación de los recursos sostenible con el medio ambiente y beneficiosa para las personas.

Penguin
Random House
Grupo Editorial

Para Cris por toda su paciencia

Índice

Presentación

Nacido en el año de 1968, miliar para México y el mundo, Carlos Silva se ha dedicado a escribir historias para entender y hacernos entender la Historia. Nunca ha querido ver el conocimiento de Clío como disciplina dedicada a especialistas, aunque a él se deben lecturas e incisiones fundamentales, sino ha querido llevar el conocimiento a la sensibilidad cotidiana.

La fotografía como fuente de conocimiento histórico. Editor de la Colección *20/10 Memoria de las revoluciones en México*, la más seria memoria historiográfica de las conmemoraciones de 2010, Carlos Silva publicó entonces un texto donde propuso leer la célebre fotografía de Francisco Villa y Emiliano Zapata en la silla presidencial y preguntarse cuáles fueron los hechos vitales, los mecanismos políticos, la vida cotidiana que desembocó en esa imagen. Con semejante técnica puntillista está armado el presente volumen, que no quiere dejar resquicios inexplorados pero donde igualmente cede espacio al lector para su propia interpretación.

Brevedad, intensidad, efecto. Tales son los tres elementos exigidos por Edgar Allan Poe para volver un texto memorable. En el caso de Carlos Silva, los dos primeros elementos, por él sabiamente dominados, dan como consecuencia el efecto que nos revela muchas de las cosas que ya sabíamos, pero nos son contadas de modo inédito, o cosas que no sabíamos y el autor sabe entregarnos galantemente, con el privilegio de sabernos descubridores de hallazgos que estaban a la espera.

Hechos e ideas; del primer tren eléctrico y *La Familia Burrón* a la fundación de la Ciudad de México, de hitos culturales y políticos que marcan a fuego nuestra identidad a sucesos que han dejado su piedra blanca, los textos de Silva tienen como mayor virtud la erudición puesta al servicio del conocimiento inmediato. No otra cosa consuma en su libro *101 preguntas de la historia de México*, cuyo elocuente subtítulo *Todo lo que un mexicano debe saber*, puede aplicarse también al presente volumen. En la medida en que conozcamos la grandeza, pero también las limitaciones de nuestro pasado, podremos tener mejores armas para el porvenir.

VICENTE QUIRARTE

Introducción

Peter Watson, en su libro *Ideas*, comenta que "el miércoles 1 de mayo de 1859" el arqueólogo británico John Evans cruzó el canal de la Mancha, invitado por su colega francés Jacques Boucher, para examinar en un río a las afueras de la región de Abbeville una serie de hallazgos prehistóricos que consistían en restos de animales y herramientas de caza, hachas y puntas de lanza de pedernal, principalmente, los cuales, años después, permitieron comprobar la existencia del hombre en la Tierra 4 o 6 mil años antes de las fechas que la cronología bíblica hasta ese momento había marcado. En otro momento, Paul Johnson señala al inicio de sus *Tiempos modernos* que "la modernidad comenzó el 29 de mayo de 1919", cuando las fotografías de un eclipse solar tomadas en la isla de Príncipe (en el golfo de Guinea) y en Sobral (Brasil) confirmaron la verdad de una nueva teoría del universo. Estos hechos, como tantos más, modificaron el curso de la humanidad.

Sobre la premisa de que ciertos episodios breves, como los mencionados, pueden ser definitorios en las transformaciones de más largo alcance, y que incluso pueden llegar a cambiar el modo en que entendemos el mundo, se concibió el proyecto de elaborar un trabajo narrativo sobre "hechos clave" en la historia moderna de México, los cuales definitivamente modificaron la perspectiva de los mexicanos en el momento que sucedieron. Su trascendencia, en algunos casos, pervive hasta nuestros días y, en otros, se fueron completando los ciclos en el desarrollo del país. El proyecto derivó en un acucioso trabajo de investigación y en una paciente labor de

15

escritura que procura entresacar hechos, ideas y procesos —evidentemente destacados unos y otros, aparentemente discretos, pero decisivos todos— que se imbrican, condicionándose unos a otros en el devenir del país.

El libro reúne varias decenas de eventos sobre diversos temas culturales, políticos y sociales en el siglo XX y lo que va del presente: desde la primera función de cine, pasando por la construcción de la Ciudad Universitaria, hasta la reforma política que transformó el Distrito Federal en la Ciudad de México. Cada episodio busca ser más que una anécdota: persigue convertirse en una ventana para asomarse a un proceso (o problema) tremendamente complejo, sin que por ello se reste "la majestad de los reyes, o el fragor de las batallas [ni...] la belleza de las intuiciones y de las invenciones" (Watson nuevamente) que cada evento trae consigo. Los hechos y sus ideas responden al tiempo, al sitio y a las circunstancias en que suceden, lo cual implica que, aunque no afecten por completo a toda la humanidad, sí determinan el desarrollo de dicha temporalidad y el lugar en que sucede.

Ésta es una crónica que por su naturaleza e intenciones recoge los nombres de personajes conocidos menos en la academia y más en las calles. Los conoce y los reconoce. Sin embargo, no renuncia a un planteamiento y a una solución que echa mano, por supuesto, de una formación, una experiencia y un rigor académicos puestos al servicio de la divulgación de nuestra historia. Esto se refleja en la selección de los eventos tanto en el aspecto cronológico como temático, así como en la relación entre el corto y el largo plazos, o como diría otro clásico: entre la larga y la corta duración, entre la estructura y la coyuntura.

Hay una intención abarcadora, holística, en sus intenciones, pero hay también la convicción de que una historia tan compleja como la nuestra no se agota en un puñado de sucesos. El presente trabajo busca un acercamiento novedoso a ese pasado e invita a seguir tejiendo sobre el mismo.

Esta empresa resultó por demás extenuante. Los historiadores pocas veces tendemos a abarcar grandes periodos de la historia. Sin embargo, la conjunción de estos hechos no se ha realizado irresponsablemente; por el contrario, cada uno cuenta con una investigación y una revisión historiográfica que lo separa de una lista de efemérides. Por esto mismo, el proceso implicó la ayuda y apoyo de una buena cantidad de colegas y amigos que tuvieron la disposición y paciencia para considerar mis planteamientos y aportar sus consejos y conocimientos. En ese tenor, agradezco profundamente a Xavier Guzmán Urbiola, Cristina García Pozo, Jorge Alfredo Ruiz del Río, Yves Solis Nicot, José María Bilbao, Arturo Ochoa Cortés, Joel Álvarez de la Borda, Anabel Cázarez Pérez, Diana Morales Sánchez, Luis Enrique Moguel Aquino, Jorge Ímaz, Sergio Silva Cázares, Othón Nava Martínez y Ulises Benítez.

Quiero agradecer profundamente a mi editor, Andrés Ramírez, quien desde 2007 me ha apoyado para realizar y difundir la investigación que se genera en el campo de la historia. A Vicente Quirate, porque desde hace mucho tiempo me ha dispensado con su tiempo y gentiliza, confiando en mi trabajo, y ahora realiza la presentación de este libro.

Por último, sólo quiero mencionar la importancia de Renata y Carlos, no sólo por la paciencia y solidaridad que me han brindado para llevar a cabo este proyecto, sino porque desde que nacieron y hasta el día de hoy han sido la fuente de inspiración más grande que he podido tener y gracias a ellos todo ha sido posible.

Y el cine llegó

El primer sentimiento que ese espectáculo sugiere es de superstición y de fanatismo. Se busca instintivamente al Nostradamus de negra túnica constelada de signos zodiacales que, abierto el libro de la cábala y tendida la diestra en imperioso conjuro, ordena y suscita aquellas fantásticas visiones. Y aunque la reflexión sorprenda las leyes físicas que rigen ese aparato, la ilusión supersticiosa persiste y se siente uno como envuelto y perdido en una atmosfera de ensueño y de misterios.

José Juan Tablada sobre el cinematógrafo

El 5 de agosto de 1896, los enviados de los hermanos Lumière, inventores del cinematógrafo, ofrecieron su primera función de cine en México. Esa noche, Ferdinand Bon Bernard y Gabriel Vyre instalaron sus aparatos en el Castillo de Chapultepec para presentar sus "vistas" al presidente Porfirio Díaz y a su selecto grupo de invitados, integrado por políticos, intelectuales y su familia. Lo que parecía que habría de ocupar un tiempo corto se alargó hasta altas horas de la noche por la exigencia del público presente, que pidió en varias ocasiones la repetición de las imágenes en movimiento. La función comenzó con "disgusto de niños", "bañadores en el mar" y "demolición de una pared" y finalizó con "jugadores de cartas" y "salida de los talleres Lumière". El siglo de la ciencia, como se le conoció al XIX, dio a Díaz la oportunidad de ver una forma de hacer propaganda a su régimen, pues se encontraba a punto de reelegirse como presidente de México por cuarta vez, por lo que pidió a los enviados de los Lumière que realizaran varias tomas de su persona: solo, montando a caballo por Chapultepec y acompañado de su gabinete. Las primeras vistas cinematográficas mostradas aquella noche merecieron los comentarios de algunos intelectuales, como Juan José Tablada y Luis G. Urbina: "Las escenas son tan naturales que hasta parece percibirse el ruido del tren y el murmullo de los pasajeros". Y también: "En todas estas escenas están perfectamente fotografiados los movimientos. Hay vida natural y animación en ellos y en todo, produce un efecto por demás maravilloso. Falta adunar el sonido al aparato por medio del fonógrafo y dar color a las figuras, pero el movimiento de las figuras subyuga de tal manera que la imaginación todo lo suple. Cada uno de estos cuadros arranca justos aplausos a los espectadores".

Los enviados de los hermanos Lumière aprovecharon su tiempo en el país para hacer "vistas" nuevas, como "la llegada de la campana de la Independencia a Palacio Nacional", "desfile de rurales", "desayuno de indios al pie del árbol de la Noche Triste" y "paseo por el canal de la Viga". Estas tomas comenzaron a exhibirse en sitios públicos, convocando a públicos multitudinarios, quienes veían en el cinematógrafo una distracción de su cotidianidad, marcada por la mano férrea del porfirismo y las pocas oportunidades de trabajo y distracción. Sin embargo, las clases acomodadas, que eran mayoría en la ciudad, protestaron y exigieron funciones exclusivas o de gala para no mezclarse con el peladaje. Su voz, en principio, tuvo eco y las vistas fueron presentadas en lugares donde se cobraba un peso la entrada, en vez de los cincuenta centavos ordinarios que se habían venido pagando. Sin embargo, con gran visión, los distribuidores de las imágenes dieron gusto a ambos sectores de la población. Mientras que para los pudientes las cintas se trasmitían en el centro comercial de avenida San Francisco, en calles aledañas y barrios populares había funciones hechas ex profeso para las barriadas. Aprovechando la situación, y ya que las vistas eran totalmente silenciosas, los promotores incluían variedades con cantantes improvisados y actuaciones de tiples de poca monta, lo que ocasionaba que regularmente los espectáculos terminaran en trifulca. Al poco tiempo, las exhibiciones cinematográficas comenzaron a extenderse al interior del país; sus alcances fueron aprovechados con fines propagandísticos, como lo había pensado Díaz, sobre todo en los tiempos del movimiento armado iniciado en 1910, para dar a conocer los triunfos del movimiento o para mostrar las bondades de sus líderes.

El cine evolucionó y proliferó a la par de la vida del país, al igual que sus salas de exhibición. De un México ranchero y rural pasó a un país citadino y cosmopolita. Tuvo su época de oro y recorrió el planeta entero. En la actualidad, la cinematografía es parte esencial de la vida de cualquier ciudadano del mundo, y a diferencia de aquellos primeros años en que el hecho pareció un acto de magia, el encender un foco y reflejar una imagen, en la actualidad existen infinidad de plataformas cibernéticas para disfrutar de este invento.

El tranvía eléctrico

La tarde se obscurece y los paraguas se abren, como redondas alas de murciélago, lo mejor que el desocupado puede hacer es subir al primer tranvía que encuentre al paso y recorrer las calles, como el anciano Victor Hugo las recorría, sentado en la imperial de un ómnibus.

Manuel Gutiérrez Nájera,
La novela del tranvía, fragmento

El 15 de enero de 1900 se puso en marcha el primer tranvía eléctrico en la Ciudad de México, uno de los primeros símbolos de la modernidad mexicana, que "sirvió para acortar distancias entre los pueblos aledaños y la capital, reduciendo considerablemente el tiempo de los desplazamientos de sus habitantes. Así aquella vida llena de tranquilidad, en la que el tiempo alcanzaba para todo, no había sido avasallada por el vértigo de la velocidad que a partir de ese momento nos consume", rezaba un anuncio de la época.

El último día del siglo XIX los habitantes del país se encontraban atormentados por la idea apocalíptica de que el nuevo siglo traería el "fin del mundo". Algunos diarios dieron la noticia de este modo: "Será éste el último número del periódico que aparezca. LUCIFER vivió veinte años en la actual centuria. ¿Si no se termina el mundo, cuántos vivirá en la venidera?" No se terminó el mundo, como se advertía. Se inició el siglo XX y ese mismo año se estableció el sistema métrico decimal, se instalaron los primeros postes de luz y el cableado eléctrico, se cambió la nomenclatura de la ciudad, se adoquinaron las principales calles y se otorgaron concesiones de luz y gas; continuaron las obras de drenaje; se autorizó la venta de medicina patentada, y el general Díaz ocupó por sexta vez la Presidencia de la República.

Casi todo esto sucedió en el centro de la capital. Y como muchos otros fenómenos urbanos, el tranvía eléctrico vino a modificar no sólo el trazo, sino también el paisaje urbano de la ciudad. Entonces se comentaba: "Rara es la calle por donde no pasan, y no hay arrabal ni pueblito cercano donde no lleguen sus líneas, utilizándolo no sólo para el transporte de viajeros sino también para el de mercancías y hasta para los entierros, pues existen por llamarlos así tranvías mortuorios con sus correspondientes carros fúnebres para el duelo y comitiva".

Aparte del entorno rural, que también fue alcanzado, los patrones culturales se vieron modificados, sobre todo en el tiempo que implicaba. El tranvía, los "rápidos", como los denominaban, "aceleró los ritmos cotidianos y cambió las normas peatonales".

El novedoso transporte eléctrico vino a acrecentar el tendido de las vías férreas, que ya existían desde mediados del siglo XIX, en tramos cortos, para los vehículos de vapor, pero en su mayoría para los de tracción animal, o de mulitas. Entre 1856 y 1899 la ciudad quedó atravesada por la red férrea. Y justamente para 1900 se hizo imperiosa la necesidad de crear un reglamento que regulara a estas "máquinas del diablo". Por principio de cuentas se normó la velocidad (20 kilómetros por hora) y la obligación para los peatones de caminar por las banquetas, ya que "la población estaba acostumbrada a caminar al lado de burros y mulas, provocando con la llegada de los tranvías infinidad de accidentes. Era común que las personas se electrocutaran al intentar tocar los cables, o que se quedaran dormidas sobre las vías y fueran atropelladas". Esto obligó a los concesionarios no sólo a mantener en buen estado la pavimentación de las calles, sino también a construir banquetas donde no existían.

La percepción de la gente cambió radicalmente, pues si bien conocía los sitios más populares de la capital y uno que otro lugar aledaño (Chapultepec, la Villa de Guadalupe, San Ángel, Xochimilco), con la puesta en marcha de los tranvías pudo trasladarse a lugares que antes resultaban inconcebibles. "La velocidad facilitó la decisión de salir del hogar, ya fuera para asistir a fiestas, buscar novias o cualquier otro motivo, como salir de los pueblos para ir a conocer la ciudad o conseguir un mejor empleo", lo cual, por supuesto, repercutió en un aumento de la producción económica. La gente que venía a la capital a vender y comprar sus productos se tuvo que atener a una nueva disciplina de pautas de tiempo, conducta y organización, regida por el transporte tranviario. Un estudio recogió la siguiente información al respecto: "La empresa dará exacta noticia de la hora de salida y llegada de los trenes, número de viajes y pasajeros, y de la conducción de efectos, así como los precios de coches y viajes extraordinarios; punto de partida y destino de los trenes y nombre de las estaciones, paraderos y expendios de boletos".

A los conductores también se les obligó a tratar con educación a los pasajeros, que sólo podían abordar en las paradas determinadas por las autoridades. La ilusión de las personas de aquella época viajó en tranvía y con ello se dio un paso gigante hacia la modernidad. Mucha de la traza urbana que se realizó para la introducción del tranvía eléctrico se mantiene en la actualidad, aunque el paso inexorable del tiempo y las circunstancias obligaron a transformar el paisaje, volviéndolo irreconocible, como en 1900, casi inentendible y, en algunos casos, inexplorable.

El Ateneo de la Juventud

> Este Ateneo, lo recordáis todo, fue organizado para dar
> forma social a la nueva era de pensamiento; aún sin saberlo
> con certeza, porque la voluntad marcha aunque no perciba
> claro su fin, los organizadores de esta sociedad se propusie-
> ron crear una sociedad para el cultivo del saber nuevo que
> habían encontrado y para el cual no hallaban asilo.
>
> JOSÉ VASCONCELOS, "La juventud intelectual mexicana
> y el actual momento histórico de nuestro país", fragmento

El 28 de octubre de 1909 se fundó el Ateneo de la Juventud, que tendría una vida corta, de tan sólo un lustro, pero que por su influencia
y secuelas marcó determinantemente la vida cultural de México en
la primera mitad del siglo XX. Existe aún una controversia acerca de
los antecedentes del Ateneo, sobre todo porque el que nos ocupa
ahora se nutrió de una nueva generación intelectual que muy poco
o nada tuvo que ver con la anterior. El propio José Vasconcelos,
uno de los miembros fundadores, dijo: "Antes de nosotros, nada;
después, lo nuestro". Sin embargo, es importante señalar que sí hay
antecedentes de esta institución, aunque su posición ideológica
y filosófica la diferenciaba radicalmente.

En 1844 se fundó el Ateneo Mexicano, auspiciado por Ángel Calderón de la Barca y José Justo Gómez de la Cortina, quienes pretendie-
ron extender a México los principios culturales del Ateneo de Madrid
bajo los "principios de educación y la ética al servicio de la ilustración".

Y aunque las funciones del Ateneo se dividieron en veinte secciones, con la pretensión de cubrir todas las ramas del conocimiento, esto despertó inquietudes en algunos jóvenes intelectuales mexicanos, que definitivamente no querían seguir fomentando la dependencia cultural de España, por lo que en 1851 crearon el Liceo Hidalgo, donde, entre otras modificaciones, se permitió la inclusión en las discusiones de temas políticos, bajo la dirección de Francisco Zarco y después con Ignacio Manuel Altamirano. El propio Altamirano dijo al respecto: "Los liceístas eran jóvenes, que sin desdeñar la lira, se consagraban de preferencia a los temas de la oratoria política, de la historia popular, del drama patriótico, y a las discusiones de la filosofía racionalista. El propósito era crear un apostolado liberal que adoptaba las formas de la bella literatura para propagar sus ideas".

Al paso del tiempo, los intentos ateneístas y sus publicaciones se caracterizaron por su inconstancia. Otros intelectuales, como Vicente Riva Palacio, Manuel Gutiérrez Nájera y Manuel Porrúa, ofrecieron sus propias propuestas, pero hubo dos intervenciones que para bien o para mal marcaron el rumbo de la institución. La incursión del gobierno y de personajes de alcurnia que patrocinaron las tertulias literarias y filosóficas y la intervención y participación directa de Justo Sierra. En 1906, sin separar una de otra, aunque en el ámbito ideológico, Sierra propuso hacer de la burocracia un "gran Ateneo", y con ello sentó las bases para que algunos representantes de la nueva generación intelectual mexicana se sumaran a la formación del Ateneo de la Juventud. Estos jóvenes, como Pedro Henríquez Ureña, Antonio Caso, Alfonso Reyes, José Vasconcelos, Rafael López y Jesús T. Acevedo, entre otros, se reunieron en el salón de actos de la Escuela Nacional de Jurisprudencia para formalizar la creación del Ateneo de la Juventud. Es necesario señalar que a pesar de su corta edad, en promedio 25 años, muchos de ellos ya habían realizado y participado en diversas actividades culturales. Algunos tenían experiencia como editores, conferencistas, escritores y redactores de revistas prestigiosas, como la *Revista Moderna de México* y *Savia Moderna*, y otros más como organizadores, como el arquitecto Jesús T. Acevedo, promotor de la Sociedad de Conferencias y Conciertos, entre el verano de 1907 y la primavera de 1908.

Sus trabajos permitieron

un deslinde respecto del cenáculo literario encerrado en la torre de marfil, al estilo parnasiano, y de los liceos decimonónicos avocados a honrar una tradición perdida y traicionada [...]. Los ateneístas reprochaban a sus antecesores inmediatos su alejamiento de la vida pública, al tiempo que despreciaban sus empeños civilizadores de las sociedades liberales de antaño y se rebelaban en contra de la filosofía positivista. El punto intermedio entre estos polos era una asociación amplia pero selectiva, abocada fundamentalmente al cultivo y la difusión de las humanidades y dirigida a las minorías ilustradas de la capital. Era una asociación de gente seria, cultivada y con disciplina, toda ella universitaria, para personas igualmente educadas: profesores y estudiantes de las escuelas nacionales, funcionarios públicos, profesionales independientes y damas con aficiones literarias.

Lo que parecía al principio un proyecto desmedido y demasiado ambicioso fue tomando forma. Auspiciado y alentado por el propio Justo Sierra, formó parte del programa de los festejos del Centenario de la Independencia, traspasó con creces la frontera del movimiento armado de 1910, fue fundamental para la fundación de la Universidad Nacional de México y la formación de la generación de 1915 y sentó las bases para la formación de la Secretaría de Educación Pública, que dirigiría Vasconcelos. Con esto se consolidaron sus fundadores y una de las estructuras culturales más importantes de la vida intelectual del país.

Hay que señalar que el Ateneo de la Juventud, aparente e involuntariamente alejado de la población iletrada de la capital y del resto de la República, con el paso del tiempo cambió sus intenciones, cuando la mayoría de sus miembros fundadores ocupó sus conocimientos (historia, literatura, poesía, filosofía, etcétera) para buscar una educación cultural generalizada, que influyó de manera importante en las generaciones futuras y que aún pervive en nuestros días como referencia obligada.

Centenario de la Independencia

> Es importante preguntarnos si la ausencia de muestras de descontento más amplias se debió solamente a la represión, o si las Fiestas del Centenario lograron reescribir una versión plausible de la *Historia Patria* y generar una representación creíble de la nación mestiza, mismas que serían exploradas y redefinidas con vigor renovado una vez que se asentó el polvo de la Revolución.
>
> PAUL GARNER

El 15 de septiembre de 1910, México celebró el centenario del inicio de la guerra de Independencia. El presidente Porfirio Díaz quería mostrar al mundo que México era un país moderno y confiable para las inversiones, y asegurarle así un sitio de privilegio en el concierto de las naciones. En este sentido, Díaz afirmó que "el primer centenario debía denotar el mayor avance del país con la realización de obras de positiva utilidad pública" y que "no había pueblo que no inaugure en la solemne fecha, una mejora pública de importancia".

En ese tenor, desde 1903 el gobierno porfirista comenzó a contratar arquitectos, ingenieros, escultores y artistas, en su mayoría extranjeros, para elaborar proyectos para el embellecimiento de la ciudad. "Por decreto presidencial, cada estado, municipio y localidad debían participar de este gran concierto con la conclusión y entrega de una extensa red de obra pública."

No obstante, la Ciudad de México fue el corazón de las celebraciones. En 1907 se formó la Comisión Nacional del Centenario, que organizó un programa conmemorativo para realizar eventos festivos desde el primer día de septiembre. Se incluyeron, entre otros, "actos cívicos, desfiles y eventos públicos anunciados en periódicos y en carteles en las calles. Se invitó a adornar las fachadas de las casas, edificios gubernamentales y establecimientos mercantiles con motivos patriotas, como listones, medallones, banderas, pendones con las efigies de los héroes de la patria".

Para los representantes diplomáticos de los 32 países que asistieron a la celebración, el gobierno organizó cenas, banquetes y bailes, a los que fueron invitados los miembros del gabinete, intelectuales, artistas y periodistas de varias partes del mundo. El cuerpo diplomático fue alojado en las mansiones de las familias adineradas, donde se izaron las banderas del país que representaban.

Como estaba previsto, el programa inició el primer día de septiembre de 1910 y durante todo el mes se realizaron eventos: inauguraciones, exposiciones y actos cívicos. Entre las primeras destacan la inauguración del manicomio de la Castañeda, la Estación Sísmica Central, la Escuela Nacional Primaria Industrial para Niños, la Escuela Normal para Profesores, la Columna de la Independencia, la Escuela Nacional de Altos Estudios, el Hemiciclo a Juárez, la Universidad Nacional, las obras del desagüe del Valle de México (Tequisquiac, el gran canal, el tajo), la ampliación de la Penitenciaría. En lo que respecta a las exposiciones, se realizó la muestra japonesa en el museo del Chopo, la de figuras de cera con temas patrios, la popular de higiene, la de mineralogía, la agrícola y ganadera, entre otras. Entre los actos cívicos, la recepción de la pila bautismal de Hidalgo en la estación del ferrocarril, los desfiles de carros alegóricos (destacando los organizados por la Asociación de la Banca y la Industria, el de la recreación de la historia mexicana y el del paseo al cuerpo diplomático), el Congreso Internacional de Americanistas, la colocación de la primera piedra del palacio legislativo y el homenaje a Josefa Ortiz de Domínguez, entre otros.

La celebración y las conmemoraciones cumplieron cabalmente con sus objetivos. Sin embargo, una contradicción histórica ensombreció las fiestas. Mientras se celebraba con boato el progreso y la paz porfiriana, el país estaba hundido en la miseria y en la ignorancia. La situación política y social del país se encontraba polarizada, tanto que dos meses después de las celebraciones inició el movimiento armado encabezado por Francisco I. Madero contra el régimen, que cobraría la vida de un millón de mexicanos.

Las clases más empobrecidas se sumaron a la lucha revolucionaria con la esperanza de lograr un cambio significativo en sus vidas, y aunque la mayoría quedó muy lejos de alcanzar sus anhelos, la Revolución se volvió gobierno, y su institucionalización brindó servicios al país que, no obstante se demandaron durante la lucha, por derecho les pertenecían.

En el año 2010 se conmemoraron el bicentenario de la Independencia y el centenario de la Revolución. El Estado y la población tuvieron nuevamente la oportunidad de reflexionar sobre su devenir histórico y las condiciones existentes. El balance volvió a ser negativo, pues en esta ocasión no hubo obras públicas ni exhibiciones dignas del evento ni actos cívicos sobresalientes. Las celebraciones fueron una caricatura del pasado, pero esta vez sumando la desesperanza de los mexicanos.

La revolución de 1910

Cuando acabé de pizcar,/ vino el rico y lo partió./ Todo mi maíz se llevó,/ ni pa'comer me dejó./ Me presenta aquí la cuenta:/ aquí debes veinte pesos/ de la renta de unos bueyes,/ cinco pesos de magueyes,/ tres pesos de una yunta,/ tres pesos no sé de qué,/ pero todo está en la cuenta,/ a más de los veinte reales/ que sacaste de la tienda/ con todo el maíz que te toca/ no le pagas a la hacienda./ Ora vete a trabajar/ pa'que sigas abonando… Se me reventó el barzón/ y sigue la yunta andando…

"El barzón", corrido popular, fragmento

El 20 de noviembre de 1910 dio inicio la Revolución mexicana. Durante el movimiento armado, el país presenció la sustitución en el ejercicio del poder de las viejas oligarquías de origen colonial y decimonónico por las clases emergentes y una joven burguesía nacional. Las bases de la estabilización económica experimentada durante el porfiriato continuaron las profundas tendencias de formación de una economía agroexportadora con algunos destellos de industrialización que se materializaron en los años cuarenta.

En marzo de 1908, el general Porfirio Díaz concedió al periodista norteamericano James Creelman una entrevista para el *Pearson's Magazine* en la que hizo un breve balance de su larga gestión presidencial. Entre otras cosas señaló: "Recibí un país belicoso, dividido y en quiebra, el mismo que veintisiete años después se encuentra pacificado, comunicado y solvente". Para lograrlo justificó sus métodos "duros e inflexibles, para salvar la sangre de los buenos". Concluyó de manera enfática: "Veré como una bendición, y no como un mal, el surgimiento de algún partido de oposición, al cual apoyaré y aconsejaré para inaugurar felizmente un gobierno completamente democrático".

Sus declaraciones movilizaron a la opinión pública. Sin embargo, desde el inicio de la primera década del siglo XX ya se habían dado algunos brotes de inconformidad social. Por ejemplo, se conformaron clubes antirreeleccionistas; algunos antiguos liberales, como los hermanos Flores Magón, se radicalizaron y fueron reprimidos y obligados a ir al exilio; dos huelgas, en Cananea y Río Blanco, culminaron con la muerte de decenas de obreros. En este ambiente, Francisco I. Madero publicó a finales de ese año *La sucesión presidencial en México*, en donde elogiaba los resultados económicos del régimen pero enfatizaba la necesidad de democratizarlo, para lo cual las elecciones que se avecinaban abrían una magnífica oportunidad.

A mediados de 1910 se celebraron los comicios para elegir presidente y vicepresidente para el siguiente periodo. Porfirio Díaz y Ramón Corral fueron los candidatos oficiales, mientras que la oposición postuló a Francisco I. Madero para la presidencia y a Francisco Vázquez Gómez para la vicepresidencia. Madero había iniciado, desde mediados de 1909, una gira por todo el país con el lema "Sufragio efectivo, no reelección", con el fin de organizar clubes que presentaran una propuesta distinta a la oficial, con lo que consiguió que a principios de 1910 se constituyera el Partido Nacional Antirreeleccionista.

Díaz no cumplió lo dicho a Creelman: Madero fue encarcelado en San Luis Potosí junto con algunos de sus principales colaboradores. Durante su cautiverio, el 10 de junio de 1910 se celebraron los comicios (más bien su simulacro) con el previsible triunfo oficial. Poco después, Madero huyó a San Antonio, Texas, donde proclamó una convocatoria a la rebelión a través del *Plan de San Luis*, en el que manifestó "el desconocimiento de las elecciones" y prometió "la restitución de tierras a los pueblos", y convocó "a los mexicanos a tomar las armas".

Múltiples deficiencias en la organización impidieron que la convocatoria armada tuviera el eco suficiente y que, en algunos casos, los preparativos fueran descubiertos, como ocurrió con los hermanos Serdán, en Puebla, quienes murieron asesinados el 18 de noviembre. A finales de 1910 existían tan sólo algunos focos dispersos de insurrección, sobre todo en el norte del país. Sin embargo, después de febrero de 1911 los alzamientos se extendieron a distintos puntos de la nación. A partir de la fecha establecida hubo numerosos levantamientos: "en el norte, Pascual Orozco y Francisco Villa; en el sur, Emiliano Zapata, entre otros".

El ejército federal, poco habituado a maniobras mayores, y castigado en recursos y efectivos, fue incapaz de controlar la situación. Ciudad Juárez cayó en manos de los revolucionarios en mayo de 1911, lo que atizó la insurrección en otros espacios y obligó a Díaz a entrar en negociaciones.

Con la firma de los Tratados de Ciudad Juárez, el presidente Díaz se comprometió a renunciar y a ser sustituido por el ministro de Relaciones Exteriores, Francisco León de la Barra. Tras presentar su renuncia, Díaz salió del país acompañado de su familia y otros funcionarios rumbo a Europa a bordo del buque *Ypiranga*. Antes de partir, Díaz dijo: "Ha despertado al tigre, veremos si es capaz de domarlo".

El nuevo gobierno, presidido por León de la Barra, convocó a elecciones para octubre del mismo 1911. Madero fue nominado como candidato a la presidencia y José María Pino Suárez a la vicepresidencia. Ambos triunfaron y asumieron sus cargos a finales de 1911. Al respecto, Madero señaló: "Al conquistar nuestras libertades, hemos conquistado una nueva arma; esa arma es el voto".

El gobierno maderista procuró en principio el mejoramiento de las condiciones de los trabajadores. Partidario de la propiedad privada sobre la comunal, intentó mejorar la situación de los campesinos, pero retrasó el problema del reparto de tierras, que había prometido.

Por otra parte, el ambiente de libertades propició el ejercicio de una prensa crítica. Y luego se pasó a las acciones directas: los obreros realizaron numerosas huelgas; los campesinos zapatistas se negaron a desarmarse, promovieron la ocupación de tierras y se declararon en armas en contra del gobierno a través del *Plan de Ayala*. Sobre esto, Zapata comentó: "Perdono al que roba y al que mata, pero al que traiciona, nunca". Lo mismo hizo Pascual Orozco, uno de los artífices del triunfo de la Revolución en Chihuahua. Ante el escenario de violencia y anarquía, empresarios, hacendados, militares y representantes extranjeros, principalmente el embajador norteamericano, quien intentaba presionar para favorecer los intereses comerciales de sus connacionales, comenzaron a conspirar en contra de Madero.

La situación se agravó cuando Madero intentó sofocar cada uno de los frentes de batalla y recurrió al ejército para conseguirlo. Con esto, sólo aumentó la oposición y provocó la dependencia de los militares, poniendo en riesgo su propia permanencia en el poder. Aun así, a principios de 1913 las rebeliones habían sido extinguidas y el país parecía pacificado.

En términos generales, la Revolución mexicana iniciada en 1910 debe entenderse como el evento militar, político y social mediante el cual finalizó el gobierno de Porfirio Díaz (1876-1911) y surgieron las primeras propuestas del moderno Estado mexicano. A lo largo del tiempo, algunos críticos han puesto en duda el carácter revolucionario de aquel movimiento armado. Ciertamente muchas características del México decimonónico (e incluso de la época virreinal) se mantuvieron después de este movimiento (y tienen vigencia hasta nuestros días), como la dependencia económica, la falta de democracia, la desigualdad social y regional, la marginación hacia los indígenas, entre otras (en ese sentido, la Revolución mexicana es distinta a las que dieron como resultado una transformación radical de los regímenes económico y político vigentes, como lo fueron la rusa y la cubana), pero con todo y sus continuidades implicó una ruptura con respecto al periodo anterior. Sobre todo se debe ponderar que ese proceso representó y simbolizó un laboratorio en el que se experimentó el primer ejercicio democrático en México.

La Decena Trágica

Febrero de Caín y de metralla:/ humean los cadáveres en
pila./ Los estribos y riendas olvidabas/ y, Cristo militar, te
nos morías…

ALFONSO REYES, "Oración del 9 de febrero", fragmento

El 9 de febrero de 1913 comenzó lo que se conoce como la Decena Trágica. Se trata del periodo entre los días 9 y 19 de ese mes,
en el cual la Ciudad de México vivió un episodio particularmente
violento a raíz de un golpe de Estado que propició la renuncia y el
asesinato del presidente Francisco I. Madero y del vicepresidente
José María Pino Suárez.

El evento inició cuando un grupo de soldados federales suble-
vados liberó al general Bernardo Reyes, que se hallaba prisionero en
la cárcel de Tlatelolco, tras la reducción de su movimiento. A pesar
de las críticas y advertencias, Madero confió y sostuvo en el mando
militar a Victoriano Huerta, artífice de la derrota de la rebelión
orozquista, quien, mientras aparentaba sofocar los levantamientos,
se puso en su contra desafiando la investidura presidencial. Con la
impúdica intervención de Henry Lane Wilson, embajador estadounidense en México, y la venia del cuerpo diplomático, Huerta y
Félix Díaz pactaron llevar a cabo un golpe de fuerza para derrocar
a Madero, quien fue hecho prisionero junto con el vicepresidente
Pino Suárez y otro pequeño grupo de colaboradores el día 18. Bajo
la presión de sus captores, los funcionarios firmaron su renuncia,
que fue aceptada por la Cámara de Diputados el día siguiente. Tres

días después, Madero y Pino Suárez fueron asesinados mientras los trasladaban a Lecumberri. "El primer reporte que Huerta ante los hechos, ocurridos minutos después de las 23:00 horas, del 22 de febrero: Francisco I. Madero y José María Pino Suárez estaban muertos. Fueron atacados por un grupo armado que intentó asaltar los automóviles en que eran trasladados de Palacio Nacional a la Penitenciaría. En la confusión los prisioneros quisieron escapar."

Antonio Saborit recoge en el informe de la autopsia el siguiente pasaje: "el ciudadano Francisco I. Madero falleció a consecuencia de dos heridas penetrantes de cráneo. El licenciado José María Pino Suárez falleció a consecuencia de trece heridas penetrantes de cráneo". El relato continúa: "dos días después, cuentan las crónicas del libro, los familiares pudieron recoger los cuerpos de los muertos. El de Madero se llevó, en un ataúd forrado de seda y agarraderas de plata, al panteón Francés, donde el sepelio lo presidió Jesús González, magistrado de la Suprema Corte de Nuevo León, el periodista Leopoldo Zea y el fotógrafo Agustín Casasola. Nadie más acudió".

Sin embargo, documentos obtenidos de la Foreign Office por el historiador Carlos Martínez Assad contradicen la versión oficial:

A las cinco de la tarde de ese día, cierto ciudadano británico recibió un mensaje telefónico de parte de un acaudalado terrateniente llamado Ignacio de la Torre, yerno del general Porfirio Díaz. El mensaje decía que enviara un auto de inmediato a su casa. Tras una larga espera se le indicó que se dirigiera al Palacio Nacional. A las 11:00 horas, Madero y Pino Suárez fueron subidos al automóvil. Los automóviles avanzaron por un camino tortuoso en dirección a la Penitenciaría, pero pasaron de largo la entrada principal. Mientras bajaba Madero, [el mayor de Rurales, Francisco] Cárdenas le puso su revólver a un lado del cuello y lo mató de un balazo. Pino Suárez fue conducido hasta el muro de la Penitenciaría y fusilado ahí. No hubo intento de escapar y no se produjo intento de rescatarlos.

El triunfo del llamado "cuartelazo" encabezado por Huerta, quien se hizo nombrar presidente, puso fin a la primera etapa de la Revolución mexicana, al tiempo que inauguró el siguiente proceso, caracterizado por la respuesta armada contra la usurpación. El asesinato de Madero, quizá sin estar contemplado al organizar el golpe de Estado, violentó nuevamente los primeros atisbos democráticos que se habían alcanzado. Pasaron años de incertidumbre política, y aunque el Estado se institucionalizó y el sistema político mexicano evolucionó, aún en nuestros días se perciben rezagos de un movimiento revolucionario interrumpido.

El Templo Mayor

La fundación de la ciudad y reino de México comenzó
por la construcción del santuario de Huitzilopoxtli, el que
apunta a los cuatro puntos de la tierra.

Francisco Xavier Clavijero

El 16 de mayo de 1914, el arqueólogo Manuel Gamio identificó los primeros vestigios del principal recinto sagrado de los aztecas, el Templo Mayor. Entre otros, aparecieron "una cabeza de serpiente que se encontraba en la parte baja del basamento del edificio y un muro decorado con cráneos de piedra, y otros objetos, Gamio afirmó que eran restos de los templos dedicados a Tláloc y Huitzilopochtli".

Es importante señalar que, aunque se atribuye a Gamio el primero de los grandes descubrimientos arqueológicos, ya había habido otros, también de gran importancia. Por ejemplo, a finales del siglo XVII, en el texto ológrafo *Diario de sucesos de México*, del alabardero José Gómez (guardia de Palacio Nacional), se señala que "en la plaza principal, enfrente del Real Palacio, abriendo unos cimientos sacaron un ídolo de la gentilidad, cuya figura era una piedra muy labrada con una calavera en las espaldas, y por delante otra calavera con cuatro manos y figuras en el resto del cuerpo pero sin pies ni cabeza y fue siendo virrey el conde de Revillagigedo". Se trataba de la Coatlicue, a la que siguieron en menos de un año el calendario azteca y la piedra de Tizoc. Sobre las dos primeras, Antonio León y Gama señaló:

38

La historia nos dice que la Coatlicue fue enviada a las instalaciones de la Universidad, en tanto que la piedra solar se empotró en la torre poniente de la Catedral metropolitana, viendo hacia lo que hoy es la calle 5 de Mayo. Ahí permanecieron las piezas cerca de un siglo, hasta que, creado el Museo Nacional por Guadalupe Victoria en 1825, y establecido por Maximiliano en 1865 en el edificio de la antigua Casa de Moneda, en la calle del mismo nombre, fueron trasladadas a este recinto.

En cuanto al Templo Mayor, destruido en 1566 por las huestes de Hernán Cortés, el terreno de esa zona (hoy son las calles de Guatemala y Seminario) correspondió a los hijos Gil y Alonso del conquistador Gil González y Benavides, para la construcción de su casa como pago de las mercedes a sus soldados. Realizada la vivienda, los descendientes se dieron rienda, organizando fiestas y alterando el orden público. Además de que se negaron a pagar sus contribuciones al rey. Ambos fueron decapitados en la Plaza Mayor y su casa "destruida y quemada hasta los cimientos, y el terreno sembrado con sal".

A pesar de que el sitio se conservó como un baldío durante casi todo el siglo XIX, en los alrededores continuaron apareciendo hallazgos de manera esporádica, aunque sólo algunos de relevancia significativa con respecto a los anteriores, como la cabeza de la Coyolxauhqui, en 1820, la piedra del sol de la guerra sagrada, en 1876, y la gran escultura del jaguar, hacia 1901.

En lo que se refiere particularmente al Templo Mayor, desde 1900 Leopoldo Batres realizó una serie de excavaciones, y aunque se encontró "con la escalinata de la fachada poniente del edificio", no le dio mayor importancia, ya que pensaba que el templo no se encontraba en ese sitio, asegurando que había quedado enterrado bajo la Catedral. Más alejado aún en cuanto a su ubicación, Alfredo Chavero sugiere, en el primer volumen de *México a través de los siglos*, la ubicación del recinto al decir que "el inmueble debería ubicarse en el cruce de lo que era la prolongación de las calzadas de Tlalpan y Tacuba".

Con esos antecedentes, Manuel Gamio comenzó en 1913 sus excavaciones en la esquina de Seminario y Guatemala, "sacando a la luz una esquina del Templo Mayor. Después de varios siglos y de no pocas especulaciones al respecto, era el lugar donde se encontraba el principal templo azteca".

Los hallazgos de Gamio en el Templo Mayor, que continúan hasta nuestros días, lo convirtieron "en el fundador de los estudios formales de antropología en México", revolucionando con ello no sólo los estudios de la época prehispánica, sino también permitiendo tener una concepción más clara del significado y pensamiento de la cultura mexica. Como se ha sugerido, a partir de esto Gamio "forjó patria" (parafraseando el título de su libro más famoso), y sus hallazgos constituyen un conocimiento obligado para cualquier mexicano.

La silla presidencial

Mi padre, al tomar la copa,/ Me hablaba de Zapata y de Villa,/ Soto y Gama y los Flores Magón./ Y el mantel olía a pólvora.

Yo me quedo callado:/ ¿De quién podría hablar?

OCTAVIO PAZ, "Y el mantel olía a pólvora", fragmento

El 6 de diciembre de 1914, los generales Francisco Villa y Emiliano Zapata entraron a la Ciudad de México. En Palacio Nacional se retrataron con sus allegados en el salón presidencial. Villa ocupó la silla y Zapata lo flanqueó, negándose a sentarse en ella, porque "estaba embrujada". Más allá del anecdotario popular, la imagen de los dos caudillos más significativos de la Revolución permitió que aquella fotografía se convirtiera en uno de los documentos iconográficos más emblemáticos no sólo del movimiento armado, sino también de la historia de la fotografía en el mundo.

Durante la Revolución mexicana, la fotografía inauguró y consolidó un fenómeno de propaganda que con el paso del tiempo contagió a varios movimientos populares en Latinoamérica. Los ejércitos en lucha, principalmente los revolucionarios, la utilizaron para hacerse conocer, así como para propagar y magnificar sus triunfos, sobre todo entre la población iletrada, que era la mayoría. Para lograrlo se hacían de los servicios de fotógrafos, quienes iban documentando buena parte de su lucha.

Cuentan los mitos capitalinos que al aparecer en la Plaza Mayor, por la calle de Plateros, Villa, ataviado con pulcritud militar, y Zapata, vestido a la usanza charra, provocaron un remolino de gente que se les quería abalanzar para sentirlos, para tocarlos, con la devoción religiosa de quien toca a un santo para que le cumpla sus milagros. Lentamente dieron una vuelta completa al Zócalo y al dirigirse a la puerta central del Palacio Nacional una ráfaga de viento le arrancó el sombrero al general sureño, quien haciendo gala de sus conocimientos charros lo recogió sin abandonar su montura para ponérselo de nueva cuenta.

Ya en el interior del recinto y luego de las salutaciones oficiales entre los líderes revolucionarios, los miembros del cuerpo diplomático, los reporteros y demás invitados, todos pasaron a los balcones para contemplar el desfile militar, que duró más de cinco horas. Luego vino un recorrido por los salones principales, una conversación privada entre Eulalio Gutiérrez, líder de la convención militar, Villa, Zapata y sus más cercanos colaboradores, poniendo fin a la jornada con los nombramientos oficiales y un banquete. Entre los comensales destacaban el propio Gutiérrez, Villa, Zapata y José Vasconcelos.

En la foto de Palacio Nacional, aunque es importante la presencia de estos personajes, es más significativa la información que la toma arroja. Entre otros, aparecen en primer plano, al lado del jefe sureño, con una venda en la cabeza, el profesor Otilio Montaño, y de pie, a su izquierda, uno de los principales lugartenientes villistas, el general Rodolfo Fierro. A la derecha de Villa se encuentra el general Tomás Urbina, y asomado tras su hombro izquierdo el hijo de Zapata, Nicolás. Casi a espaldas de Villa aparece la única mujer de la fotografía, María de Jesús, hermana del general sureño.

Los hechos históricos, así como los acontecimientos posteriores a ese 6 de diciembre de 1914, permiten interpretar la imagen en distintos planos. En primer lugar, las desavenencias y el desconocimiento de la autoridad de Carranza por parte de los caudillos, así como su reticencia a asistir a los trabajos de la Convención del 1 de octubre de 1914, lo que indica su posición negativa para alinearse a un órgano extraordinario (en este caso la Convención Revolucionaria) que los limitara en sus acciones para hacer frente al carrancismo. Y lo más significativo: las crónicas de aquel encuentro memorable entre los líderes convencionistas y los caudillos militares sugieren que todo el evento se condujo de acuerdo con un protocolo establecido previamente (reuniones de trabajo, desfile, comida, etcétera), pero la imagen permite considerar que dicho protocolo se rompió justo al realizar la sesión fotográfica, en principio porque los caudillos querían dejar en claro que no se debían a la autoridad de nadie y que el poder real lo detentaban ellos, primero, dentro de la Convención (esto es evidente al aparecer Villa en la silla presidencial y la notoria ausencia de Eulalio Gutiérrez, "presidente de la Convención") y porque querían mostrar su poderío al exterior, para que quedara claro a sus contrincantes que ellos poseían la fuerza necesaria para ocupar el poder cuando les viniera en gana. Paradójicamente, esta imagen no se publicó en los diarios que dieron cuenta del encuentro, pero los caudillos se encargaron de hacerla pública a nivel nacional e internacional a través de sus propios órganos de difusión.

Los hechos posteriores pudieron comprobar esto. La capital de México comenzó a ser testigo nuevamente de la pesadilla que de manera constante, en los últimos tiempos, había vivido. Crímenes, secuestros, plagios de personas adineradas, venganzas, raptos con violencia y toda clase de excesos comenzaron a volverse el pan de cada día. Incluso, la situación se radicalizó tanto que el convencionismo, el villismo y el zapatismo comenzaron a perder simpatizantes en la ciudad. El propio presidente Gutiérrez empezó a recibir amenazas de muerte, por lo que, entre otras razones, decidió que así era imposible gobernar, por lo que optó por trasladar la Convención al estado de San Luis Potosí, amén de no querer más tratos con Villa ni con Zapata, "los que imponían su voluntad haciendo movimientos militares sin dar cuenta, previamente, a la Secretaría de Guerra". En efecto, más prestos que tardos, tanto Villa como Zapata habían iniciado sus propias campañas militares "sin traicionar su pacto, pero tampoco cumpliéndolo".

Zapata regresó a reconcentrarse, como él mismo decía, a sus "comederos viejos", en espera de los pertrechos que Villa le había prometido y nunca llegaron. En tanto, Villa, quien había iniciado su campaña un tanto vacilante, y más bien dejando el grueso de las operaciones bajo la responsabilidad del general Felipe Ángeles, quien con éxito había logrado las plazas de Toluca, Tlaxcala, Puebla y Guadalajara, al enterarse de las intenciones del presidente Gutiérrez regresó a la Ciudad de México con las intenciones de matarlo. Sin embargo, su estadía en la capital se complicó, se asegura, porque intentó raptar a una ciudadana francesa que se hospedaba en su mismo hotel, El Palacio, provocando un conflicto internacional. Villa salió inmediatamente para Ciudad Juárez.

Esto marcó el resquebrajamiento de la Convención y el distanciamiento entre Villa y Zapata, además de acelerar el virtual triunfo del carrancismo.

La fotografía "Villa en la silla presidencial", como se le conoce, es un símbolo del imaginario revolucionario, muestra en su "significación original" una carencia de proyecto nacional revolucionario, el cual probablemente comenzó a ver la luz al promulgarse la Constitución de 1917.

Aquella imagen (una de dos tomas) del 6 de diciembre de 1914 permite concluir que, efectivamente, estos caudillos poseían una fuerza real y avasalladora pero carecían de un programa político e ideológico. La inercia histórica lo demostró. Al final del proceso, Villa y Zapata fueron derrotados por la revolución militar (organizada) y por la institucionalización que encarnaron Carranza y Obregón.

A poco más de cien años de aquel evento, viene a la memoria el momento en que, en 1811, Hidalgo y su ejército independentista (de casi 100 mil hombres) se quedaron a unos pasos de tomar la Ciudad de México, comenzando el inicio de su derrota. Villa y Zapata también demostraron su fuerza para hacerse del poder cuando lo decidieron, pero en ambos casos faltó un programa político e intelectualidad para realizarlo, por lo que el país, de alguna forma, sigue resintiendo sus consecuencias.

Los de abajo

Señora, nos han batido en el fondo de la cañada, éramos los
de abajo, señora. El general Demetrio Macías murió. Me
voy, me persiguen…

MARIANO AZUELA, *Los de bajo*, fragmento

En octubre y noviembre de 1915, Mariano Azuela escribió y publicó por entregas (en el periódico *El Paso del Norte*), bajo el nombre
de "Cuadros y escenas de la Revolución", una de las novelas más
representativas del género, *Los de abajo*. Y aunque no se publicó
comercialmente hasta una década después, su influencia significó
el fin de una mitología romántica que dio paso a la construcción de
una pieza artística, desentrañando uno de los "episodios trágicos y
centrales de la historia nacional", el movimiento armado de 1910.

La Revolución mexicana tuvo varias consecuencias, no sólo en
los rubros económico, social y político, sino también en el artístico,
y la literatura no fue la excepción. Surgieron obras que trascendie-
ron las fronteras y marcaron un hito en la literatura mexicana. Al
respecto, Christopher Domínguez Michael dice que

las violencias del siglo pasado suscitaron hombres ejemplares y con-
fusiones sangrientas y con dolor lograron elevar a la cultura nacional
a la condición de mito constituido. Los episodios revolucionarios que
comenzaron en 1910, en cambio, tuvieron ya una exageración histórica de sí, la plena conciencia de encarnar lo mítico. Héroes y villanos,
masas e individuos, ejércitos y caudillos, mártires y traidores final-

mente daban a la novela el derecho a nutrirse de un universo trágico que le daban razón de ser y oportunidad de diferencia.

En ese sentido, la novela de Azuela se adaptó al carácter fragmentario de la técnica literaria que le permitió contar magistralmente por lapsos históricos lo que era imposible abarcar de principio a fin. Creó un "tiempo mitológico", una especie de "Ilíada descalza", como le llamó Carlos Fuentes, que recreó "la lucha entre los hombres, desde los primeros tiempos de creación de un tiempo, para decidir cuáles son los dioses que subirán al Olimpo".

El valor realista y en tiempo que descubrió Azuela en su relato fundamentó aspectos y características genuinas de la vida nacional "que aún no cristalizaban en memoria histórica". Demetrio Macías, personaje principal de la historia, posee una tendencia social, es un representante colectivo, pues la Revolución es un episodio que arrastra masas, que se rebela contra la miseria y la injusticia que ha permeado a la nación por siglos. Se ha dicho atinadamente que sin el prototipo de *Los de abajo* no hubiera habido expresión muralista, donde se condensa gráficamente la historia de todos los tiempos.

Como guía ideológico del movimiento armado, Macías intentó proveer a las masas de conciencia política, otorgando un conocimiento del afán y sentido de su lucha, que terminan sin entender. Al final del relato y del movimiento armado, nuevamente a través de la fragmentación, como si fuera un mural, dio cuenta de un país escindido que tuvo que ir más allá de las armas para institucionalizarse. Con ello creó un mito, en el que el campesinado, a pesar de que conformó la mayor parte del paisaje nacional, no puede apropiarse del poder por la vía armada, y para ello sugirió que era necesario trasmutar a un estadio pensante y racional, de lo cual alevosamente se habían apropiado los militares victoriosos para hacer suyo el triunfo revolucionario.

Por esto, parecería que la novela y el autor se contradecían, pero más bien Azuela ponderó y contrapuso, en todo momento, la valentía y la lucha de las masas contra la traición de los hombres que se habían posicionado para dirigir la revuelta. "Azuela vio en la política de los dirigentes revolucionarios un sistema que sólo permitió una modificación de la clase dominante. *Los de abajo* no alcanzaron a percibir que ello se debía a una tendencia al sistema capitalista, ajeno a la fuerza revolucionaria, pero inherente a ella."

La década de los años veinte fue fundamental para entender la institucionalización del nuevo Estado mexicano. Como lo percibió Azuela, se trataba de un México dividido que intentó reagruparse desde la cúpula política. Incluyó a las masas obreras y campesinas en su discurso, pero nunca en la práctica; permeó un ambiente de traición y muerte, donde cundían las asonadas y los asesinatos, pero los dirigentes victoriosos (excepto Álvaro Obregón, que es asesinado) sobrevivieron para delinear el sistema político mexicano que aún pervive. El carácter antiépico o desmitificador de *Los de abajo* se aparejó de manera natural con el discurso posrevolucionario y repercutió claramente en la realidad mexicana.

En 2015, la novela de Mariano Azuela cumplió su primer centenario de vida, y aún mantiene su vigencia como una de las obras fundamentales de la literatura hispanoamericana; fue una influencia para muchos de sus contemporáneos (Martín Luis Guzmán, Rafael F. Muñoz, Nellie Campobello, entre otros) en el género de la novela de la Revolución mexicana, que concluiría con la publicación de *Al filo del agua*, de Agustín Yáñez, a finales de los años cuarenta. "*Los de abajo* resulta una obra fundamental en la literatura de nuestra época, que al desarrollar una temática nacionalista, logró reproducir fielmente cuadros genuinos y costumbres de la vida nacional", que en algunos casos se han negado a desaparecer.

Constitución de 1917

> Señores diputados: toca ahora a vosotros coronar la obra, a cuya ejecución espero os dedicaréis con toda la fe, con todo el ardor y con todo el entusiasmo que de vosotros espera vuestra patria, la que tiene puestas en vosotros sus esperanzas y aguarda ansiosa el instante en que le deis instituciones sabias y justas.
>
> Venustiano Carranza, *Discurso en la apertura de sesiones del Congreso Constituyente*, 1 de diciembre de 1916

El 5 de febrero de 1917 se promulgó la Constitución Política de los Estado Unidos Mexicanos. Sin embargo, a pesar de que después de la Convención Militar, celebrada entre 1914 y 1915, se consideró que el país estaría en calma, nuevamente se desató la lucha entre las facciones revolucionarias, lo que llevó al país a otro ciclo de violencia, en el que los grupos militares volvieron a ser los protagonistas. De lado convencionista, las fuerzas de Villa eran las más importantes, pero estaban obligadas a maniobrar en un territorio desconocido y distante de su zona de influencia tradicional y tuvieron que competir por los recursos con el otro grupo armado de la Convención, los zapatistas, cuyo peso militar era poco significativo. Del lado de los constitucionalistas, encabezados por Carranza, estaban los leales combatientes norteños, entre ellos Obregón y Pablo González, a quienes los caracterizaba su habilidad militar, que hasta ese momento los había mantenido militarmente invictos. Por otro lado, la decisión de Carranza de trasladarse a Veracruz, por el desconocimiento mutuo que hubo entre su persona y la Convención, le permitió comprar armas y municiones, cada vez más escasas y caras debido a las necesidades de la Primera Guerra Mundial, así como realizar una eficiente actividad diplomática ante el gobierno norteamericano.

La reorganización del escenario militar fue desfavorable para los convencionistas. Villa, hasta entonces invicto, sufrió importantes reveses frente a las tropas de Obregón (batallas de Celaya), provocando prácticamente su aniquilamiento, mientras que las fuerzas de Zapata se replegaron a su reducida zona de seguridad en Morelos. Los constitucionalistas comenzaron a avanzar sobre zonas de gran peso económico, como la petrolera del Golfo, la región industrial del centro y la cerealera del Bajío, además de que empezaron a interceder en favor de los campesinos y establecer pactos con organizaciones obreras, restando base social a la Convención. Así, los zapatistas no pudieron impedir que el constitucionalista Pablo González tomara la capital en agosto de 1915. La asamblea revolucionaria tuvo que trasladarse a Toluca, pero ante la fuerte presión militar pasó a Cuernavaca, donde dejó de tener representatividad y se diluyó como instrumento de los rebeldes morelenses. Tras estos hechos, cada uno de los grupos que la integraban tuvo que organizar su propia lucha frente a los constitucionalistas en condiciones precarias. En octubre del mismo año, Carranza fue reconocido como gobernante de facto por Estados Unidos, con lo que consolidó su triunfo.

Una vez obtenida la victoria militar y el reconocimiento norteamericano, el Ejército Constitucionalista dedicó sus esfuerzos a extender su dominio por casi todo el territorio nacional, particularmente por la zona del sureste del país, que había permanecido prácticamente ajena a los episodios violentos. También se ocupó de combatir a los últimos vestigios villistas en Chihuahua, a los zapatistas en Morelos, así como a otros levantamientos en la zona petrolera del Golfo, en Veracruz, Chiapas, Oaxaca y Michoacán. A la par que se desarrollaron las acciones militares y que se procuró restablecer la gobernabilidad del país, Carranza convocó a un congreso constituyente, que inició sus trabajos en diciembre de 1916 en la ciudad de Querétaro.

Antes y después del Congreso, Carranza trabajó para fortalecer algunas de las características más nacionalistas del documento de 1917. Quiso asegurarse de que hubiera un cuidadoso equilibrio de intereses de clase subordinados al control del Ejecutivo, porque sus metas y convicciones señalaban a una sociedad mexicana integrada dentro de un sistema de clases que proporcionó modestas reformas.

En la redacción del documento jugaron un papel destacado las ideas reformadoras de los representantes urbanos y rancheros de clase media, que procuraron establecer las bases de la modernización económica, pero también las normas que definieran las relaciones laborales.

La firma de la Constitución "significa la consumación ideológica de la Revolución mexicana y el fundamento normativo del nuevo Estado", señaló Carranza. Sin embargo, esto implicó un quiebre con respecto al proyecto liberal y el planteamiento de nación que terminaría por definir al siglo XX.

La Constitución de 1917 fue el esfuerzo más importante del carrancismo por afianzar su predominio político entre los distintos sectores sociales y regionales. El nuevo ordenamiento le dio a Carranza legitimidad para establecer su gobierno, pero también se convertiría en el instrumento para aglutinar las distintas tendencias políticas. Igualmente, la nueva Carta Magna recogió los principales reclamos sociales de la Revolución, a los que se vieron obligados a dar respuesta, en principio, los gobiernos emanados de esta gesta.

La nueva Constitución mantuvo la república federal, representativa y democrática, y la división en tres Poderes, pero a diferencia de su antecesora de 1857, dio predominio al Ejecutivo, en consonancia con la necesidad de un poder central fuerte. Aunque garantizó el respeto a la propiedad privada, sancionó la existencia de la colectiva, reclamo original del zapatismo. Asimismo favoreció la intervención del Estado en la economía, la educación y la religión. Igualmente se caracterizó por su nacionalismo, explicable en el contexto de las fuertes presiones norteamericanas sobre el país. De entre sus artículos cabe resaltar los que resultaron de actualidad y prospectiva para su época, como el artículo 3º, que establecía el control del Estado sobre la educación pública y privada; el artículo 27, que hacía lo propio con respecto a la propiedad de la nación sobre las aguas, las tierras y el subsuelo, y su control por parte del Estado; y el 123, que perseguía el equilibrio en las relaciones entre trabajadores y patrones.

A punto de conmemorar el centenario de la Carta Magna, el país aún es testigo de infinidad de carencias en los mexicanos. Lo que por largo tiempo se contempló en aquel documento como promesa de esperanza se fue trasformando en una polarización de las clases, miseria, falta de empleo y condiciones adversas para la supervivencia. Aún quedan cuentas por saldar en la actualidad que llevan a pensar en la necesidad de crear una nueva Constitución que dé respuestas a la realidad y las circunstancias de los mexicanos.

Vuelos comerciales

Convocase el público a enviar proposiciones a la Secretaría de Obras Públicas para el establecimiento de un servicio aéreo, diario, entre la capital y Tampico, Tamaulipas; transportando pasajeros, express y correspondencia.

Diario Oficial, 31 de marzo de 1921

El 20 de julio de 1921 se realizó el primer vuelo comercial en México. El pagador de la compañía Mexicana de Petróleo El Águila realizó un vuelo de la Ciudad de México a Tampico a bordo de un avión Lincoln Standard, pilotado por el capitán norteamericano Charles V. Pickup. Con esto se dio inicio a los trabajos de la Compañía Mexicana de Transportación Aérea (años después esta compañía se convertiría en la hoy extinta Mexicana de Aviación). Sin embargo, se debe considerar que aunque en los planes de dicha compañía estaba subsistir a través de la transportación de pasajeros, la idea resultaba "un servicio complicado y caro", a lo que se sumó la poca confianza de los potenciales usuarios. De tal modo, y sin cejar en el empeño, los directivos de la compañía continuaron con sus esfuerzos denodados por impulsar la novedosa forma de transporte, primero prestando el servicio, principalmente, a la industria petrolera, "auxiliando en numerosas labores de topografía, traslado de técnicos, y piezas de maquinaria, amén de llevar el dinero de las rayas a los campos petroleros", y luego realizando exhibiciones acrobáticas por distintas regiones de la República (se trataba de valerosos hombres circenses, que atados a la parte frontal de los aeroplanos aguantaban las piruetas de la nave, y quienes por cinco pesos soportaban "su bautizo de aire"), sobre todo en donde se podía conseguir algún llano o potrero, más o menos con cierta viabilidad, que permitiera despegues y aterrizajes.

Aunque los anales de la historia de la aviación mexicana reconocen esta fecha como la primera en que se realizó un viaje comercial, hacía más de una década que los aviones se habían comenzado a utilizar en operaciones militares. El capitán Alberto Braniff, hijo del acaudalado Thomas Braniff, trajo consigo a México en 1909 su propio avión, un Voissin, "serie 13 con motor de combustión interna ENV y escasos 60 caballos de fuerza". Después de hacer algunas mejoras al motor y al combustible, Braniff realizó un primer vuelo, el 8 de enero de 1910, considerado el primero en Hispanoamérica. Su afición por la aeronáutica lo hizo promover la importación de las naves y posteriormente de una pequeña línea de ensamblaje, facilitando con ello su ingreso al ejército y la utilización de los aviones con fines militares.

Igualmente, destacan dos hechos esenciales en los inicios de la aeronáutica mexicana. El primero de ellos de noviembre de 1911, cuando el presidente Francisco I. Madero voló por cuatro minutos sobre los campos de Balbuena acompañado de un piloto de apellido Diyot. A raíz de esta aventura, Madero ordenó comprar varios aparatos para incorporarlos a la incipiente escuadra militar. El otro hecho sucedió en abril de 1914, cuando el Ejército del Noroeste, comandado por Álvaro Obregón, marchaba hacia la Ciudad de México y encontró el puerto sonorense de Topolobampo sitiado por las fuerzas federales. A punto de perder la batalla por el hundimiento del buque *Tampico*, Obregón ordenó al capitán Gustavo Salinas realizar un vuelo a 3 mil pies de altura para bombardear los cañoneros *Morelos* y *Guerrero*, con el fin de ganar tiempo para recuperar la artillería de su barco. Y aunque la misión aérea no tuvo éxito y el capitán Salinas regresó a la playa realizando un aterrizaje más que forzoso, Obregón cumplió su cometido, ahuyentando al enemigo y recuperando el puerto para su causa.

Después de la década de los cuarenta, México se convirtió en un importante destino turístico, por lo que tuvo que desarrollar sus puertos y flotas aéreas para ponerlos a la altura de los más importantes y funcionales del mundo. Actualmente, y con la inercia de la competitividad, se ha propuesto la modernización y ampliación de los aeropuertos nacionales, entre los que se incluye el Benito Juárez de la Ciudad de México, uno de los más importantes del mundo.

La radio

Es indiscutible que en el futuro próximo, los grandes tras-
tornos sociales y militares tendrán por agente la flamante
intervención radiofónica. Las costumbres de las sociedades
serán seguramente metamorfoseadas por este mecanismo
que establece una comunicación directa entre las almas, con
todas sus consecuencias.

Anuncio radiofónico, 1923

El 24 de agosto de 1921 se realizó la primera emisión radiofónica
en México. Se trasmitió un mensaje del presidente Álvaro Obregón, quien se encontraba en la ciudad de Córdoba, Veracruz, para
conmemorar el centenario de los tratados en que se acordó la Independencia de México. Sin embargo, hay autores que dan dos fechas más a las que se acredita la primera trasmisión radiofónica en
el país. La primera de ellas, el 27 de septiembre de 1921, realizada
desde el teatro Ideal en la Ciudad de México, patrocinada por los
empresarios Adolfo Enrique y Pedro Gómez Fernández. Durante el evento, que duró dos horas aproximadamente, la hija de don
Adolfo interpretó varios tangos de la autoría de José Mojica. La
segunda fecha corresponde al 27 de octubre de ese mismo año, con
la trasmisión desde la ciudad de Monterrey, a través de la inversión
comercial de Constantino de Tárnava, quien desde años atrás había
venido experimentando en el campo de las ondas hertzianas, de un
programa que también incluyó números musicales clásicos, instru-
mentales y operísticos.

Durante los primeros años, la radiodifusión tuvo un impacto menor en el público, pues la demanda de aparatos era casi inexistente por su alto costo y porque quienes los podían adquirir los importaban casi todos de Estados Unidos.

Empresas consolidadas, como el periódico *El Universal*, aprovecharon la coyuntura para crear su propia estación, con el fin de publicitar los productos de sus patrocinadores y para hacer más extensivo su servicio noticioso. "En su edición del 2 de enero de 1923, el diario ofreció, como gran novedad, la posibilidad de que sus lectores disfrutaran de información exclusiva a través de un aparato receptor." Para 1923, la radiodifusión mexicana dio un giro de 360 grados, cuando *El Universal* se asoció con la empresa Casa de Radio, propiedad de la familia Azcárraga, para realizar los primeros programas de tipo comercial.

De hecho, en su informe presidencial, correspondiente a la segunda mitad de ese mismo año, el general Álvaro Obregón señaló que la radio había cumplido al hacer público oportunamente a los ciudadanos del eclipse total de sol ocurrido en el mes de septiembre, además de que el servicio que daba la hora había continuado su trasmisión sin interrupción alguna. Sobre esto último agregó: "El de señales inalámbricas, por medio de la estación de radio de Chapultepec", a la que se habían sumado "observaciones magnéticas en 18 lugares de diversos estados de la República". Sobre el servicio meteorológico afirmó: "La Casa de Radio se aprovecha diariamente como elemento de trasmisión radiotelefónica a las 13 horas 30 minutos, para enviar un mensaje meteorológico a las distintas regiones del país, avisando el estado del tiempo y la previsión para el día siguiente". Por otra parte, comunicó la inclusión en el sistema radiofónico de la Estación Difusora del Departamento de Aviación, que trasmitía mensajes similares al anterior que "a las 19 horas, con mayor número de datos, que por la vía telegráfica también se comunican a los observatorios y estaciones del país".

Sin acertar del todo en el camino idóneo, y aún en el campo experimental, la Casa de Radio programó varias trasmisiones que incluían la participación de artistas consagrados en el ámbito teatral y en el académico. Una de ellas, por ejemplo, programó las actuaciones de Andrés Segovia, Manuel M. Ponce y la tiple Celia Montalván, que interpretó "La borrachita". Para cerrar el programa, el poeta estridentista Manuel Maples Arce leyó algunos versos, provocando una dura crítica en la prensa escrita: "desgraciadamente nadie pudo arrancarse el cerebro y arrojarlo a los espacios estelares para lograr comprender la nueva poesía".

Durante los años veinte, la experimentación continuó, básicamente con espacios noticiosos y mensajes gubernamentales, con una programación artística muy limitada. En 1929, por ejemplo, el recién creado Partido Nacional Revolucionario (PNR) utilizó la radio para emitir su propaganda durante casi todo el año, con miras a las elecciones presidenciales que se llevarían a cabo en el mes de noviembre.

Sin duda alguna, 1930 fue un año muy importante para la radio mexicana. El 5 de febrero comenzó a operar el primer servicio de noticias por radio en México y probablemente en el mundo. Además, el 18 de septiembre inició sus trasmisiones la XEW, "la voz de la América Latina desde México", pionera y madre de la radiodifusión comercial en el país, emisora que marcó, a la vez, el final de una etapa y el inicio de una nueva en la historia de la radiodifusión mexicana.

Al paso del tiempo, escuchar la radio se fue convirtiendo en un espacio de convivencia colectiva y cohesión, no sólo en el hogar, sino en la sociedad por entero. Por años, las familias se reunieron alrededor de un aparato radiofónico para estar informadas y para escuchar la actuación de un desfile interminable de figuras del teatro, el cine, el deporte y la cultura, lo mismo que radionovelas: Agustín Lara, Emilio Tuero, *Cri Crí*, Álvaro Fuentes, *el Panzón Panseco*, Lucha Reyes, Pedro Infante, Jorge Negrete, *Kid Azteca* y *el Ratón* Macías, Silverio Pérez y *Armillita*, Beto Ávila, *el Santo* y el *Cavernario* Galindo; las radionovelas *El ojo de vidrio* y *Kalimán*, y los *jingles* comerciales escritos por Salvador Novo, por mencionar algunos.

Las radiodifusoras se multiplicaron y con ello su repercusión e influencia en los radioescuchas, y aunque existió un quiebre cultural con el nacimiento de la televisión, la radio continuó siendo un espacio indispensable para la sociedad. Los avances tecnológicos permitieron que su portabilidad acompañara a las personas a donde quiera que fueran.

La radio se transformó y sus programaciones se volvieron infinitas, y aunque hoy en día existe una gran diversidad para dar al público lo que desea y prefiere, la radio sigue siendo un vehículo para trasmitir y complacer las necesidades de los radioescuchas, exactamente igual que como nació.

Zoológico de Chapultepec

En la mayor parte de los casos, no son gobiernos o municipios los que cargan con el presupuesto del sostenimiento,
sino empresas particulares o sociedades científicas que sólo
cuentan con una ayuda del gobierno, las que con empeño
tienen y fomentan los parques zoológicos.

ALFONSO LUIS HERRERA,
fundador del zoológico de Chapultepec

El 6 de julio de 1923, el presidente Álvaro Obregón colocó la primera piedra para iniciar la construcción del zoológico de Chapultepec, "el primero en su tipo en toda Latinoamérica". Es importante señalar que desde tiempos ancestrales ha existido la noción de
"zoológico", algunos, según se explica, con la finalidad de preservar
algunas especies, otros para asegurar el alimento y la utilización de
sus pieles y plumas, y con un afán decorativo y de contemplación
de sus poseedores.

En México, antes de la institucionalización de su primer zoológico, se sabe, aunque no existen registros que den fe de los hechos, que durante los últimos años del porfiriato hubo un proyecto
para llevar a cabo la construcción de un "parque para animales", que
nunca se realizó. Sin embargo, los antecedentes de los zoológicos
durante la época prehispánica, principalmente en el tiempo de Moctezuma y la Conquista, son un hecho verificable.

Existen testimonios que ubican en varias zonas de la ciudad las
casas para animales del emperador, como la que se encontraba en la

esquina de la calle San Francisco, justo en el lugar que luego ocupó el atrio del convento de San Francisco. Sin embargo, Eduardo Matos Moctezuma señala que la mejor manera de saber con exactitud su ubicación es a través del llamado "Plano de Cortés" y de los escritos de los principales conquistadores. En lo que respecta al plano, el primero de México-Tenochtitlan (1524), enviado por Cortés al rey de España con la "Segunda carta de relación", Matos dice: "En él vemos la ciudad mexica y su vecina Tlatelolco, en medio del lago de Texcoco. Se observan otras ciudades rivereñas como Iztapalapa, Coyoacán, Tacuba, las grandes calzadas que unen con tierra firme. Sus puentes, el acueducto que venía desde Chapultepec y el albarradón que separaba el agua dulce de la salada". Pero lo que llama la atención del arqueólogo es el palacio del emperador y sus casas circundantes, entre las que sobresale el zoológico: "representado por ocho casilleros, en por lo menos cinco de ellos vemos aves, otro que muestra un animal que pudiera ser un felino y uno más tiene dos figuras aparentemente humanas o de simios. El zoológico, en relación con la representación de la ciudad, ocupa un lugar privilegiado y de grandes dimensiones".

En lo que respecta a las crónicas, Hernán Cortés lo describió de la siguiente manera:

Tenía [Moctezuma] una casa… donde poseía un muy hermoso jardín con cientos de miradores que salían sobre él, y los mármoles y las losas de ellos eran de jaspe muy bien obradas. Había en esta casa aposentamientos para aposentar dos muy grandes príncipes con todos sus servicios. En esta casa tenía diez estanques de agua, donde tenía todos los linajes de aves de agua que en estas partes se hallan, que son muchos y diversos todas domésticas; y para las de río, lagunas de agua salada, las cuales vaciaban de cierto a cierto tiempo por la limpieza […] a cada género de ave se daba aquel mantenimiento que era propio a su natural y con que ellas en el campo se mantenían […] sobre cada alberca y estanques de estas aves había sus corredores y miradores muy gentilmente labrados, donde el digno Moctezuma se venía a recrear y a ver.

Mientras que en su *Historia verdadera de la conquista de la Nueva España*, Bernal Díaz del Castillo aseveró:

Digamos ahora las cosas infernales, cuando bramaban los tigres y leones y aullaban los adives y zorros y las sierpes, era grima oírlo y parecía infierno. Dejemos y vamos a otra gran casa con muchos ídolos y de todo género de alimañas. Las más de ellas criaban en aquella casa, y les daban de comer venados, gallinas, perrillos y otras cosas que cazaban y cuerpos de indios que sacrificaban. Pues también tenían en aquella maldita casa muchas víboras y culebras emponzoñadas, y tenían unas tinajas y en cántaros grandes, y en ellos mucha pluma, y ahí ponían los huevos y criaban sus viboreznos.

Andrés de Tapia señala que en alguna ocasión oyó mencionar a un soldado que en el zoológico imperial se exhibían también "hombres deformes y enanos".

Cuatrocientos años después se intentó volver a la conquista "de los jardines de ensueño desaparecidos". El proyecto científico fue encargado al biólogo Alfonso Luis Herrera, quien con financiamiento de la Secretaría de Agricultura y Fomento y de un fondo al que contribuyeron empresarios y ciudadanos inició y constituyó el zoológico de Chapultepec. Su objetivo principal era "enseñar las especies nativas a los mexicanos, además de otras especies provenientes del resto del mundo". Después de varios viajes a Estados Unidos, India, Francia, Perú y Brasil, y a algunos estados del interior de la República, como Sonora, Veracruz y Campeche, obtuvo los primeros animales, 243 en total, destacando felinos, dos bisontes, aves y reptiles.

El zoológico fue inaugurado en 1924, pero la situación del país provocó que el apoyo económico que recibía del gobierno se restringiera, a tal grado que el propio Herrera tuvo que poner de su bolsillo para alimentar a los animales, hasta que la institución pasó a ser parte del subsidio federal en 1929.

Los malos manejos y el desinterés por parte de los gobiernos subsecuentes provocaron un grave deterioro del parque, casi hasta decretar el cierre definitivo. Sin embargo, a finales de los años noventa el zoológico pasó a ser parte del gobierno capitalino, que invirtió en su rescate, revitalización y mantenimiento.

Hoy en día, como en muchas partes del mundo, el zoológico de Chapultepec cumple con su cometido como una de las principales atracciones para el divertimento de nacionales y extranjeros.

Misiones culturales

No concibo que exista diferencia alguna entre el indio ignorante y el campesino francés ignorante o del campesino
inglés ignorante; tan pronto como unos y otros son educa-
dos, se convierten en auxiliares de la vida civilizada de sus
países y contribuyen, cada uno en su medida, al mejoramiento del mundo.

José Vasconcelos sobre las Misiones Culturales

El 17 de octubre de 1923 se expidió el Plan de las Misiones Federales
de Educación, como parte del programa cultural propuesto por el secretario de Educación Pública (SEP), José Vasconcelos. Desde 1921,
al crearse la SEP se inició uno de los esfuerzos institucionales más
importantes para extender la educación a todo el pueblo mexicano.
"En tal proyecto, la escuela rural, fue uno de los ejes principales de la
política educativa, pues se contemplaba como preocupación central
la enseñanza de las comunidades campesinas en el país." La "cruzada contra la ignorancia", como la denominaba Vasconcelos, buscaba
"incorporar a los indígenas y a los campesinos al proyecto de nación
civilizada y difundir en ellos un pensamiento racional y práctico para
terminar con el fanatismo religioso, los hábitos viciosos y llegar a un
saneamiento corporal y doméstico". Y aunque el programa arrancó
desde ese momento, no fue sino hasta febrero de 1926 cuando se
estableció formalmente la Dirección de Misiones Culturales.

Uno de los propósitos principales era capacitar a los maestros
de las zonas rurales. Los "misioneros modernos" debían fungir

como guías, "conocer la geografía de la región, las características de cada comunidad, las creencias, la alimentación, las enfermedades y el estado económico de la zona. Además de asesorar a la población en mejoras materiales, como la construcción de pozos de agua, huertas y sus propias viviendas". Se trataba, pues, de convertir a las escuelas rurales "en centros de la vida de cada comunidad para su transformación material y espiritual bajo los principios de la solidaridad social y el amor a la patria". Sobre todo considerando que el paisaje rural era el escenario predominante de los tiempos posrevolucionarios.

Datos estadísticos de la propia Secretaría de Educación Pública señalan que entre la fecha de arranque y hasta 1940 la cifra del programa creció considerablemente: "el número de misiones culturales aumentó de 1 a 18; el de misioneros de 7 a 150; el de maestros rurales de 876 a 17,047; el de alumnos matriculados, de 50,000 a 623,432 y el de personas que asistieron a las escuelas normales patrocinadas por las misiones culturales, de 147 a más de 4,000".

La primera misión se realizó en Zacualtipán, en el estado de Hidalgo. La propuesta formal fue diseñada en colaboración de la escritora chilena Gabriela Mistral, a quien el propio Vasconcelos había invitado a colaborar, entre otras acciones "en la reforma educativa rural".

Poco a poco, el programa se extendió y para una segunda etapa se cubrieron los estados de Sinaloa, Sonora y Baja California, así como las zonas de Nayarit y México; en una tercera y cuarta etapas se incorporaron Veracruz, Tamaulipas y Jalisco, y posteriormente Chihuahua y Durango; en la quinta misión se abarcó Tabasco, Campeche, Chiapas y Quintana Roo, y por último Zacatecas, Aguascalientes y San Luis Potosí.

Las Misiones Culturales promovieron el desarrollo de las actividades industriales, los productos naturales de cada zona del país, las comunicaciones de la zona y los mercados de la región; el aprendizaje sobre las actividades agrícolas, los cultivos naturales y el tipo de ganado; además del estudio de la organización económica rural, la explotación, el trabajo y el crédito.

Para tener un conocimiento real de la situación geográfica, económica y social de cada región, la SEP estudió las comunidades y posteriormente realizó un diagnóstico de las necesidades comunales más urgentes.

De acuerdo con las características de cada región, se esbozó el plan de trabajo de las misiones, dividiendo las necesidades en diversas líneas de acción temática. La SEP enviaba a un equipo integrado por una trabajadora social, un médico higienista, una enfermera visitadora y un agricultor experto.

Las funciones y ocupaciones que estos equipos debían emprender se dividieron en tres grandes rubros. Primero se ejecutaron acciones para lograr un mejoramiento cultural de los maestros. Después se desarrolló una acción social colectiva, es decir, proporcionar educación a la gente adulta en la industria y agricultura, y luego se dio orientación para la resolución de los problemas de las comunidades en aspectos económicos, domésticos higiénicos y sociales, con un trabajo conjunto con las escuelas rurales para alcanzar la homogeneización de la población y lograr la "rehabilitación económica y social de la masa campesina".

En 1928, las escuelas rurales contaban con 4 817 maestros, 117 inspectores y un director. En un principio existió la intención de contar con personal especializado en música para los institutos que debían crearse, así como en los deportes nacionales "y no procurar la implantación de deportes ajenos a nuestro medio y raza", así como de llevar a las misiones ciclos cinematográficos y de proyección física.

En el anteproyecto se asentaron las escuelas y los institutos en donde se impartirían clases de economía, gimnasia, juegos y deportes, carpintería, agricultura, higiene, jabonería, primeros auxilios, prevención de enfermedades, vacunas, alimentación, recetas, conservación de víveres, alimentación para cada edad, incluyendo puericultura, para lograr un mejor trato con los niños, así como costura y "labores femeninas", reuniones sociales y festivales.

Una vez que se había completado la labor de organización, el equipo se separaba de su cargo para que la comunidad continuara su desarrollo en la forma adecuada de trabajar. "Durante todos los años de gestión de las Misiones Culturales, las autoridades realizaron evaluaciones sobre los avances y frenos que acontecían en las labores." En la evaluación de 1931, José Manuel Puig Casauranc realizó un balance y afirmó que el programa no se había realizado de la mejor manera, asegurando "que una de las cosas que frenaba el funcionamiento de las Misiones era la duración de los institutos, lo que era insuficiente". A esto último se agregó la deficiencia en el conocimiento del profesorado. Y aunque el programa de las Misiones Culturales continuó intermitentemente, se sostuvo hasta la administración del presidente Lázaro Cárdenas, integrándose como un programa de las escuelas rurales campesinas.

Este proyecto cultural y educativo, que bien pudo tener su origen en los misioneros novohispanos, no logró los resultados deseados. El problema del analfabetismo continuó y se acrecentó, y no fue sino hasta la época del presidente Ávila Camacho cuando estas acciones dejaron de ser programas alternos para convertirse en programas institucionales, y en la actualidad se pueden comprobar su eficiencia y sus resultados.

Asesinato en La Bombilla

"Denles carne fresca", grita por la ventana el general, pero
la carne fresca tampoco los calma. Enervado y ansioso, al
cabo de una hora de ladridos, el último caudillo de la Revolución mexicana cree ver en la tenacidad de la jauría un au-
gurio formal de su destino. "Sé lo que quieren esos perros",
dice sobriamente a su chofer. "Quieren mi sangre".

Héctor Aguilar Camín citando a Obregón,
"Macbeth en Huatabampo", fragmento

El 17 de julio de 1928 fue asesinado Álvaro Obregón, el presidente
electo de México. Después de su arribo a la capital, visitó las oficinas del Centro Obregonista en la avenida Juárez. Dos días antes de
su llegada a la capital, el sonorense afirmaba en sus discursos: "En
los próximos seis años trabajaremos perseverante y honestamente,
para hacer tangibles, todas las promesas que hizo al pueblo la Revolución". "¡Viva el general Obregón! ¡Viva la Revolución!", fueron
los gritos que se escucharon. José de León Toral, desde la estación
Colonia del tren pensaba matarlo, pero se contuvo, temiendo herir
a otras personas.

Ese día, pasadas las doce del día, Obregón y un grupo de acom-
pañantes se dirigieron al restaurante La Bombilla, "especialista en
carne asada", ubicado en San Ángel. Se trataba de un banquete ofrecido por los diputados de Guanajuato. Durante el trayecto, Obregón hizo gala del humor negro que lo caracterizaba: "Si alguien
pretendiera quitarme la vida con una bomba, ésta tendría que ser

pequeña, pues estaremos en La Bombilla". Al llegar al sitio, con amplia sonrisa saludó a los periodistas y fotógrafos: "No, por favor, no tomen fotos. Vine a comer no a que me retraten. Van a ver qué buenas van a resultar las fotografías al terminar la comida".

Se escuchaba como música de fondo "Pajarillo barranqueño", interpretada por la orquesta típica de Miguel Lerdo de Tejada. *El Manco*, como se le conocía, ordenó cabrito enchilado. Después de los primeros bocados comentó con ironía: "Los que estamos aquí sabemos comer sin música. Últimamente he ganado algunos kilos y si sigo comiendo no voy a caber en el frac durante la ceremonia de la toma de posesión y en lugar de la banda presidencial me van a tener que envolver en un sarape".

Durante el festejo, un hombre de traje café claro estaba frente a la mesa principal haciendo dibujos de los comensales. "Es un caricaturista", dijeron. Para ese momento la orquesta había comenzado las primeras notas de la canción preferida del caudillo, "El limoncito": "Al pasar por la ventana/ me tiraste un limón;/ el limón me dio en la cara/ y el zumo en el corazón".

Toral, incrédulamente, se hizo parte del repertorio de invitados. Haciendo caricaturas de los comensales pudo llegar a la mesa principal, donde se encontraba el general invicto. Sentía nerviosamente las miradas desconfiadas de los que se encontraban al lado de Obregón. De repente, el dibujante se plantó a las espaldas del caudillo, quien trémulo comentó: "Éste es el último dibujo de mi vida, dentro de poco estaré muerto". De repente, el del lápiz y cuadernillo extrajo una pistola del cinto y vació su carga contra Obregón, quien se desvaneció y cayó debajo de la mesa. Toral disparó en cinco ocasiones contra caudillo sonorense, dejando una última bala para su inmolación, que resultó fallida. El arma encasquillada dejó vivo al asesino a merced de los obregonistas, quienes rabiosos gritaban: "No lo maten, no lo maten".

Una autopsia apócrifa acusa el fallecimiento del caudillo debido a una causa distinta a la que la historia nos ha hecho creer. Toral disparó en cinco ocasiones, pero el cuerpo del sonorense, velado en el Palacio Nacional, presentaba trece orificios, siete de entrada y seis de salida, de diferente calibre.

Obregón murió y la Revolución se convirtió en gobierno. El Estado se institucionalizó sin que el proyecto de nación fuera todavía un proyecto. Con su muerte se abandonó el tiempo de los caudillos para sustituirlo por el de las instituciones. Unos años antes, el escritor español Vicente Blasco Ibáñez había visitado el país para entrevistar a Obregón, a quien le preguntó sobre el final de sus días. El general respondió dónde y cómo moriría: "¿Dónde? En mi patria. ¿Cómo? Me es indiferente…".

Autonomía universitaria

La Universidad de México es una comunidad cultural de investigación y enseñanza; por tanto, jamás preconizará oficialmente, como persona moral, credo alguno filosófico, social, artístico o científico. Cada catedrático expondrá libre e inviolablemente, sin más limitaciones que las que las leyes consignen, su opinión personal filosófica, científica, artística, social o religiosa.

Antonio Caso sobre la autonomía universitaria

El 22 de julio de 1929 se aprobó la Ley Orgánica de la Universidad Nacional Autónoma de México, que le otorgó su autonomía.

El asesinato de Álvaro Obregón, en julio de 1928, trajo como consecuencia para la vida nacional un sinfín de episodios políticos y sociales: la fundación del Partido Nacional Revolucionario, el otorgamiento de la autonomía universitaria y los arreglos con la Iglesia católica, entre otros. Estos acontecimientos se encontraban entrelazados entre sí, con sus propias problemáticas y complejidades, aunque todos formaban parte de una estrategia política del gobierno para continuar manteniendo el control político del país.

Fundado el Partido Nacional Revolucionario (PNR), el escenario quedaba dispuesto para enfrentar su primera batalla "institucional": la lucha electoral contra el vasconcelismo en las elecciones presidenciales de 1929.

Desde octubre de 1928, José Vasconcelos había organizado el Comité Orientador Pro-Vasconcelos, conformado principalmente por estudiantes y jóvenes intelectuales de clase media. "Ellos serían quienes organizaran mítines, recolectaran cuotas y aportaciones individuales para poder pagar la propaganda."

Si la pretensión principal del PNR era convertirse en un instrumento de centralización política y concentración del poder, el vasconcelismo pretendió, por su parte, nutrir sus bases con el apoyo de una novedosa capa generacional, erigida principalmente en la juventud estudiantil mexicana de aquellos tiempos.

Los grupos estudiantiles, sobre todo los universitarios, comenzaron a ver en el vasconcelismo el cambio real en la vida democrática del país. Para ellos, Vasconcelos "reflejaba ciertos deseos latentes de las clases medias urbanas, deseosas de orden y hartas de asonadas y demás arbitrariedades de los militares, corrupción, desbarajuste de la hacienda, reforma agraria, conflictos religiosos y encuentros obreros".

Pese a esto, lo que comenzó como un mero sueño idealista pronto se transformó en una avalancha joven de apoyo incondicional al vasconcelismo y su líder. El mismo Vasconcelos se vio sorprendido por la inusitada respuesta de los jóvenes, a tal grado que le fue muy difícil encontrar un medio para controlarla y canalizar ese apoyo desmedido a su favor.

La desbandada universitaria de la capital, cada vez mayor y con más fervor, se sumaba al vasconcelismo, llevando sus ímpetus políticos a las aulas, cambiando los libros por panfletos y manifiestos en apoyo a la campaña democrática, a tal grado que muy pronto se encendieron los focos rojos del gobierno.

El gobierno, para apaciguar los ímpetus estudiantiles identificados con el vasconcelismo, argumentó que se estaba presentando un nivel alto de ausentismo escolar para aplicar una transformación radical de los programas de estudios. Propuso un cambio en los métodos de calificación del estudiantado (los primeros conflictos se originaron en la Escuela de Jurisprudencia, la Escuela Nacional Preparatoria y la Escuela de Medicina). Se intentó establecer la evaluación de los alumnos tres veces al año en forma escrita, en vez del acostumbrado examen oral realizado cada año. En el caso de la preparatoria, se propuso que se cursara en tres años en vez de dos, como hasta ese momento se realizaba. La respuesta del estudiantado no se hizo esperar, y para los primeros días de mayo la Federación Estudiantil Mexicana (que representaba a 54 escuelas de la capital y a un total de 25 mil estudiantes) estalló una huelga en las preparatorias, argumentando que "el nuevo plan de estudios significaría un sacrificio para los alumnos, ya que se les obligaría a adquirir conocimientos que no teniendo ninguna aplicación ni inmediata ni directa en la vida, sólo servirían para consumir tiempo e inteligencia". Las protestas estudiantiles terminaron con choques sangrientos entre los estudiantes y los cuerpos policiacos.

Los líderes estudiantiles, igualmente simpatizantes del antirreeleccionismo, lograron establecer mesas de trabajo con las autoridades estudiantiles para dirimir sus diferencias. Sin embargo, las respuestas por parte de las autoridades fueron arbitrarias, amenazando a los estudiantes con severas medidas correctivas. El presidente Emilio Portes Gil ordenó el cierre y desalojo de las escuelas utilizando la fuerza pública. Los estudiantes respondieron con la creación de un comité de huelga, con el fin de "centralizar las decisiones".

El comité de huelga armó un pliego petitorio, exigiendo castigo contra el jefe de la policía, retiro inmediato de las fuerzas del orden público de las cercanías de los centros estudiantiles, reconocimiento de los planes de estudio propuestos por los comités estudiantiles y organización de la vida universitaria con sujeción a sus propias normas, entre otros. La autodeterminación no era un ideal anárquico.

Ante la coyuntura se sugirió al Presidente la concesión de la autonomía de la Universidad, "pues a través de ella podría obtenerse un verdadero triunfo revolucionario, apoyado en elevada tesis filosófica escolar y que aumentara en el interior y exterior del país el prestigio del señor Presidente, dejando a su administración el mérito definitivo de una reforma trascendental en la organización universitaria". Esta decisión le daría a su gobierno el mérito de conceder la autonomía universitaria, impedir que la huelga estudiantil fuera manejada por el vasconcelismo, limitar la autonomía conforme a sus deseos, conservar el principio de autoridad en medio de una crisis política y dejar fuera de consideración las peticiones estudiantiles.

Bajo esos términos, el presidente Portes Gil negoció con los líderes estudiantiles conectados al vasconcelismo la manera de solucionar el conflicto, y el 29 de mayo envió al Congreso de la Unión la iniciativa de ley para otorgar la autonomía a la Universidad. La medida tuvo buena acogida, incluso fue recibida con agrado por Vasconcelos, quien calificó al presidente Portes Gil de "caballero civilizado", pues en su consideración había logrado resolver el asunto "rompiendo la tradición caudillista, es decir, con ideas y no con balas". Sin embargo, el objetivo no era complacer a Vasconcelos, sino establecer un freno total a su oposición partidista y poner las reglas del juego a favor del candidato oficial, cortando de tajo el apoyo natural del estudiantado a Vasconcelos. "La concesión de la autonomía limitó a los estudiantes de su participación política en el país y acotó sus inquietudes a cuestiones puramente universitarias."

Vasconcelos, a pesar del revés político, minimizó el hecho, manejándolo en su discurso como una derrota al gobierno, aunque posteriormente él mismo reconocería que la situación de la Universidad de hecho no le importaba en esos momentos y que lo "trascendente eran las elecciones presidenciales".

En el contexto nacional, si para mantener el poder era necesario crear un maximato, así sería; si para jugar en el ámbito democrático era necesario fundar un partido, así sería; si para avasallar al enemigo era necesario conceder una autonomía y persignarse ante la religión, así sería. Era la primera de un sinfín de advertencias de que el nuevo Estado mexicano nacido de la Revolución estaba dispuesto a apostar, pero nunca a perder.

Sin embargo, la autonomía universitaria se alza como uno de los logros más importantes para la vida académica del país, impactando en amplios sectores de la sociedad y con repercusiones que tienen vigencia hasta nuestros días.

Secretaría de Salud

No olvido en estos momentos a ninguno de mis colaboradores, ni menos a nuestros obreros que con maravillosa
intuición ejecutaron cada una de las partes del edificio y que
interpretaron admirablemente las cosas que tiene y que ni
ellos ni yo habíamos visto en ninguna parte.

CARLOS OBREGÓN SANTACILIA, *Discurso de inauguración*
del edificio de la Secretaría de Salud

El 20 de noviembre de 1929, tres días después de que se llevaron a
cabo las elecciones presidenciales en que el ingeniero Pascual Ortiz
Rubio triunfó sobre el candidato de la oposición, José Vasconcelos,
fue inaugurado por el presidente Emilio Portes Gil el edificio de la
Secretaría de Salud, obra del arquitecto Carlos Obregón Santacilia. Su construcción comenzó en 1925, bajo el gobierno del general
Plutarco Elías Calles. La obra fue pensada para ocupar una de las in-
tersecciones viales más importantes de la época: "La entrada al bosque de Chapultepec, en el triángulo formado por las calles de Lieja
y el inicio de la avenida Tacubaya, una de las zonas más hermosas
de las perspectivas urbanas de la ciudad". Como casi todas las obras
arquitectónicas de Santacilia, a partir de su "conjunción neoclásica
y nacionalista logra una síntesis de proporciones, espacios y volú-
menes que aplicó a la concepción de una arquitectura nueva". Se ha
dicho que la construcción aduce la anatomía del cuerpo humano.

Además de destacar por sus aportaciones arquitectónicas de
vanguardia (crujías proyectadas en forma de compás, base de trián-

74

gulo para alojar los laboratorios, cuatro alas para ubicar a los encargados de otorgar los servicios de salud, integración del conjunto por medio de rampas y puentes, que dan variedad y movimiento, organizados alrededor de un gran espacio de forma trapezoidal destinado a jardín y fuente monumental, y que "más allá de sus referencias formales contaba con un tanque elevado y unos pasos a cubierto") fue uno de los primeros inmuebles en que colaboró el muralista Diego Rivera para su decoración. En 1991, el edificio fue declarado monumento artístico por su valor estético y claro reflejo del art déco nacionalista de la posrevolución.

Este inmueble fue el primero que se construyó durante los años posrevolucionarios para la administración pública, cumpliendo con los principales preceptos de la Constitución de 1917 de otorgar a la población servicios de salud gratuitos.

El Partido Nacional Revolucionario

El naciente PNR proclamó ser el partido de los revolucionarios y sucesor político de los caudillos. En efecto, como
antes los caudillos, el PNR sería el factor de cohesión y disciplina políticas; incluso, en ambos sentidos, pronto se re-
velaría superior a los caudillos. El naciente PNR se impuso
alcanzar "centralización burocrática y disciplinada de una
institución", y convertirse en el gestor de las demandas y
árbitro de los conflictos sociales.

MIGUEL GONZÁLEZ COMPEÁN

El 4 de marzo de 1930 se fundó el Partido Nacional Revolucionario (PNR). Con esto dio inicio la institucionalización del nuevo
Estado mexicano. La Revolución hecha gobierno. "Con la muerte
de Obregón ha quedado cerrado en nuestra historia el ciclo de los
caudillos militares, y ahora sí va a comenzar la vida institucional de
México", señaló el presidente Plutarco Elías Calles en su último
informe de gobierno.

El Jefe Máximo pretendía materializar el proyecto de aglutinar
a todas las fuerzas sociales del país en un partido revolucionario
único. El momento se dio en enero de 1929, cuando se hizo pública
la convocatoria oficial para constituirlo.

La aparición de Calles al frente del comité organizador despertó suspicacias en varios sectores políticos, por lo que se apresuró
a presentar su dimisión al cargo, anunciando su retiro de la política para dedicarse exclusivamente a la vida privada. Desde luego,

mentía. Cobijado por las sombras de la política mexicana afinó las piezas y los mecanismos de lo que sería su "maximato". Uno de los elementos fundamentales para lograrlo fue el nuevo partido, a través del cual repartiría el poder a su antojo. "Si la quieren, fórmense", decía el viejo caudillo al referirse a las ambiciones que despertaba la silla presidencial.

Para garantizar que el partido funcionara como lo tenía planeado, era necesario controlarlo con gente identificada plenamente con el callismo. Si bien Aarón Sáenz representaba los intereses de los viejos obregonistas, que tras la muerte de su caudillo habían quedado sumergidos en una especie de limbo político, también podía asegurar la continuidad del proyecto callista, por lo que *el Jefe Máximo* favoreció inicialmente su candidatura. Pero la imposición no fue bien recibida por los caciques militares y decidieron presionar, casi hasta el límite de la rebelión. Calles comprendió lo delicado del asunto y, en un acto de magia típico del callismo, se sacó de la manga un as: un segundo candidato, desconocido, gris y manipulable: Pascual Ortiz Rubio, embajador de México en Brasil.

Todo parecía indicar que México entraba a una etapa institucional y que la justa por la candidatura presidencial se resolvería de manera democrática. Pero la realidad no correspondía a los hechos. En los primeros días de marzo, cuando se iniciaban los trabajos de la convención del PNR en la ciudad de Querétaro, los diputados y delegados asistentes ya habían recibido "línea" de Calles para impulsar el triunfo de Ortiz Rubio. Sin más, la convención debía convertirse en una aplanadora a favor de don Pascual.

El temor de los queretanos creció de inmediato por la gran cantidad de armas que traían los asistentes. Las autoridades locales afirmaron que era imposible "despistolizar a los delegados sólo con cuarenta gendarmes". En las calles hubo varios amagos de riña entre los simpatizantes de cada candidato. "¡Viva Ortiz Rubio!" gritaban unos empuñando sus ametralladoras Thompson. "¡Viva Sáenz!" respondían los otros desenfundando sus armas. La totalidad de asistentes era de poco más de 950 delegados y existen versiones de que por lo menos 800 de ellos estaban con Sáenz.

Calles puso la responsabilidad del triunfo de Ortiz Rubio en manos del diputado potosino Gonzalo N. Santos, quien se apresuró a inclinar a los delegados y ocupantes de curules para que llegado el momento votaran a favor de Ortiz Rubio. El propio Santos se apersonó a la entrada del recinto para recoger las credenciales de los delegados. Cuando tocó el turno a los partidarios de Sáenz sobrevinieron los primeros choques. Santos y su gente arrebataban las acreditaciones y se las arrojaban a la cara.

Los partidarios de Sáenz acusaban a los de Ortiz Rubio de duplicar las credenciales, y cuando los delegados guanajuatenses quisieron ocupar sus curules, ya se hallaban tomadas por otros individuos que portaban mantas a favor de Ortiz Rubio. Luego se supo que se trataba de miembros de la policía reservada de Querétaro que habían sido colocados por Santos para suplantar a los contrarios. Ante lo ocurrido, Aarón Sáenz señaló que no había asistido ahí para ser parte y "celebrar una mascarada", y se retiró del evento pidiendo a sus delegados que hicieran lo mismo.

Sin más obstáculos por enfrentar, la convención de Querétaro continuó sus trabajos, que concluyeron con la fundación del Partido Nacional Revolucionario. Pascual Ortiz Rubio fue proclamado candidato a la Presidencia de la República por una mayoría abrumadora de más de 850 votos a favor, pero nadie se tragó la farsa. A pesar de su buen desempeño, Santos no recibió recompensa alguna. Al contrario, Calles lo reprendió: uno de los partidarios de Sáenz a quien le fue arrojada su credencial a la cara era su hijo.

Aunque la unidad, voluntaria y obligada, de varios sectores sociales sería piedra angular del PNR y garantizaría su permanencia en el poder, el partido había surgido con un estigma imborrable que un editorialista de la época, con cierto humor, plasmó en una de sus columnas: "Nació chueco". Y como ahora se sabe, nunca se enderezó.

En 1990, el escritor Mario Vargas Llosa, durante un encuentro de intelectuales en México, señaló que "México era una dictadura perfecta. La dictadura perfecta no es el comunismo. No es la URSS. No es Fidel Castro. La dictadura perfecta es México, es la dictadura camuflada. Tiene las características de la dictadura: la permanencia no de un hombre, pero sí de un partido. Y de un partido que es inamovible".

Al parecer, y aún con el disgusto interno, Vargas Llosa tenía razón. La "presidencia imperial", como también se le ha llamado, cumplió uno de sus ciclos en el año 2000, con la alternancia en el poder de un partido de oposición. En 2012, los representantes de la vieja raigambre política priista regresaron con un triunfo metaelectoral.

En una de sus últimas entrevistas, el gran historiador Friedrich Katz comentó que, antes del movimiento revolucionario de 1910, México, y su gente, tenía muchas necesidades, "pero también poseía la esperanza de cambiar". Luego, advirtiendo que su papel de historiador le prohibía profetizar, subrayó: "en la actualidad, México tiene las mismas necesidades que en 1910, yo diría que aún más, pero carece de algo que hizo posible que el pueblo se sumara a la lucha armada, con el ánimo de cambiar, la esperanza".

Revista de la Universidad de México

> Es también propósito de la *Revista Universidad de México* proporcionar, además de la información objetiva y rigurosa de los acontecimientos culturales de mayor importancia, exposiciones, conciertos, espectáculos, conferencias, publicaciones, etcétera, los puntos de vista que revelen la actitud crítica y vigilante del público más sensible a su recepción.
>
> *Universidad de México. Órgano de la* UNAM, 1952

El 1 de noviembre de 1930 comenzó la publicación de la revista *Universidad de México*, que al paso del tiempo se convertiría en una de las publicaciones culturales más influyentes e importantes de habla hispana en el siglo XX. Después de 85 años, la revista continúa publicándose, pero su época dorada se debe al pasado. Durante los primeros años, y en concordancia con la inestabilidad del país, la revista tuvo serios altibajos, y tan sólo daba cuenta del funcionamiento de las diversas escuelas universitarias y de su legislación, e intentaba persuadir a sus pocos lectores de las bondades de la recién obtenida autonomía universitaria.

Al paso de los años, acorde a su dirección, se sumaron plumas ya reconocidas en el medio, otras más en cierne, y los que se consolidaron gracias a la *Revista*. Entre ellos "Ramón del Valle Inclán, Genaro Estrada, Antonin Artaud, Rafael Alberti, *Azorín*, Juan Ramón Jiménez, Alfonso Méndez Plancarte, Pedro Henríquez Ureña, Alfonso Reyes, Julio Torri", así como Fernando Benítez, Antonio Castro Leal, Alí Chumacero, Andrés Henestrosa, Efraín Huerta,

Julio Jiménez Rueda, José Luis Martínez, Edmundo O'Gorman, Samuel Ramos, Agustín Yáñez, Manuel Toussaint, José Vasconcelos, Agustín Yáñez y Leopoldo Zea.

En abril de 1946, al crearse la Dirección General de Difusión Cultural, "que conjunta la Escuela de Verano, Radio Universidad, el Servicio de Educación Popular y la Imprenta Universitaria", se encarga una nueva publicación universitaria dirigida al público en general.

Al paso del tiempo, en 1952, la revista creció a la par de la propia Universidad, que comenzó a construir sus nuevas instalaciones al sur de la Ciudad de México. El talentoso artista español Miguel Prieto se hizo cargo del diseño e incorporó a Vicente Rojo, quien "diversifica los contenidos visuales", a su equipo.

En 1953, el rector Nabor Carrillo Flores designó como director de Difusión Cultural a Jaime García Terrés, quien tomó en sus manos la dirección de la revista y así inició una de sus etapas más brillantes y productivas. En su editorial, la dirección de la revista en esta nueva época fijó sus objetivos, que se cumplirían a cabalidad, además de separarse radicalmente de sus antecedentes:

> La revista *Universidad de México*, al iniciar esta nueva etapa de su vida, pretendía ser el órgano de información más adecuado de las diversas actividades universitarias. Éstas no se conciben en un sentido estrecho, como la serie de sucesos, medidas y actos administrativos o académicos que ocurran o se practiquen en el claustro, sino de una manera más amplia que, además de lo anterior, comprende los quehaceres de sus maestros e investigadores, en conexión íntima con quienes se dedican, aun fuera de la Universidad, a las tareas propias de la cultura superior.

La publicación se empezó a enriquecer con las plumas de personajes de la talla de Carlos Fuentes, Octavio Paz y Juan Rulfo, quien para el décimo número publica un adelanto de *Los murmullos*, "que un año más tarde publicará el Fondo de Cultura Económica bajo el título de *Pedro Páramo*".

Además de la poesía y de temas de actualidad, como la educación, el indigenismo y el latinoamericanismo, la revista *Universidad de México* descubrió a sus lectores la literatura de Ezra Pound y Jorge Luis Borges.

Dos años después, la revista adquirió su propia identidad y comenzó a ser reconocida en Hispanoamérica, entre otras cosas por sus columnas definidas. Se suman entonces con sus colaboraciones personajes como Luis Cernuda, Julio Cortázar, Justino Fernández, Paul Westheim, Manuel Scorza, Tomás Segovia y Jomi García Ascot. A esto habría que sumar

> el equilibrado diseño de Prieto, los dibujos de Vicente Rojo y de Juan Soriano, las fotografías de Ricardo Salazar. Asimismo, la riqueza de la revista es un reflejo de la riqueza de actividades que surgen del impulso de quienes laboran en la Dirección de Difusión Cultural. Dos ejemplos: la serie de obras teatrales escenificadas por el grupo Poesía en Voz Alta, y los ciclos de conferencias en la Casa del Lago, ese antiguo espacio del Instituto de Biología que García Terrés y Juan José Arreola, Tomás Segovia y Juan Vicente Melo convierten en uno de los sitios más resonantes de la capital de México.

En 1959 se sumaron como secretarios de redacción Juan García Ponce y Carlos Valdés, quienes dos años más tarde causaron revuelo al dedicar un número especial al triunfo de la revolución cubana. Los sectores ultraconservadores tacharon de comunistas a la revista y al director García Terrés, quien presentó su renuncia, que no le fue aceptada. Justamente ese año cambiaría su nombre al de *Revista de la Universidad de México*, que se agigantaría con las colaboraciones del joven José Emilio Pacheco.

Paz inició una serie de colaboraciones bajo el título de "Corriente alterna", que se convertirían en un clásico de la literatura hispanoamericana. Al mismo tiempo comenzaron a colaborar Augusto Monterroso y Gabriel García Márquez, de quien se dijo: "este joven va a publicar pronto algo muy importante".

La esencia internacionalista de la revista le permitió acoger a los dos principales exponentes de la cultura *beat*, Allen Ginsberg y Lawrence Ferlinghetti, quienes colaboraron constantemente.

Congruente con su esencia, la revista abre espacios para jóvenes talentos como Emilio García Riera, Federico Álvarez, Elena Poniatowska y Jorge Ibargüengoitia, entre otros. Este último dejaría las páginas de la revista debido a una polémica con el joven Carlos Monsiváis, por la crítica que Ibargüengoitia realizó a la puesta en escena de *Landrú*, obra teatral incompleta de Alfonso Reyes.

Escribo este artículo nomás para que no digan que me retiré de la crítica porque Monsiváis me puso como Dios al perico [...] o porque me corrieron de aquí por mal crítico. No me voy ni arrepentido, ni cesante ni, mucho menos, a leer las obras completas de Alfonso Reyes. Me voy porque ya me cansé de tener que ir al teatro —actividad que he llegado a detestar—, escribir artículos de seis páginas y entregarlos el día 20 de cada mes. Los artículos que escribí, buenos o malos, son los únicos que puedo escribir.

Bajo la rectoría de Ignacio Chávez, quien ratifica en el puesto a García Terrés, la *Revista de la Universidad de México* volvió a tomar un giro innovador, de vanguardia, al incluir temas políticos, psicológicos, antropológicos y sociológicos, sin abandonar su carácter literario y cultural. Entre los textos destacaban los de Jean Hyppolite sobre Freud, de Herbert Marcuse, de Erich Fromm, de W. H. Auden, Lawrence Durrell, Frank O'Connor.

En 1964 ocurrió algo inédito. Se publicaron dos tomos de más de mil páginas cada uno con lo más destacado de la revista en los últimos diez años, bajo el título *Nuestra década*, que pronto se convertiría, hasta nuestros días, en un clásico y una referencia cultural del siglo xx.

En 1965, García Terrés dejó la revista y lo sustituyó Luis Villoro, quien conserva el perfil de la publicación. Sin embargo, no sólo la revista, sino también la Universidad y el país se convierten en víctimas de la polarización social y política que produjo el gobierno de Gustavo Díaz Ordaz.

La dirección de Villoro dura muy poco tiempo, siendo relevado en el cargo por Gastón García Cantú, y a pesar de mantener un nivel decoroso, comenzó a perder su anterior "esencia dorada", sobre todo cuando el nuevo director decidió darle su sello propio al proponer una publicación totalmente "mexicanista". Sin embargo, las colaboraciones de los intelectuales mexicanos, como Salvador Novo, Jaime Torres Bodet, Martín Luis Guzmán, Alfonso Reyes, Agustín Yáñez y Juan José Arreola, dotaron a la revista de mucha dignidad, hasta "ser consumidos por la burocracia inefable y una desarticulación que a leguas se evidenciaba".

En 1970 se publicaron los últimos números bajo la dirección de García Cantú. Durante su gestión, la *Revista de la Universidad de México* siguió abriendo sus puertas a las plumas consolidadas y a las promesas, pero también llegó a su fin una de las épocas más brillantes de la historia cultural de México, que definitivamente transformó el ambiente intelectual del país. La publicación sigue siendo en la actualidad un referente obligado de las letras universales.

Santa

En la eterna noche, de mi desconsuelo/ tú has sido la estrella, que alumbró mi cielo/ y yo he adivinado, tu rara hermo-
sura/ y has iluminado, toda mi negrura/ Santa, Santa mía,/
mujer, que brilla, en mi existencia/ Santa, sé mi guía/ en el
triste calvario del vivir.

Aparta, de mi senda, todas las espinas/ calienta, con
tus besos, mi desilusión/ Santa, santa mía/ alumbra con tu
luz, mi corazón.

AGUSTÍN LARA, "Santa", fragmento

El 30 de marzo de 1932 se estrenó la película *Santa*, considerada el primer largometraje sonoro en la historia cinematográfica del país. Sin embargo, unos años antes hubo otros intentos por abandonar el mutismo del incipiente cine mexicano. Las pretensiones por hacer cine hispano por parte de la industria hollywoodense ocasionaron un desastre financiero que fue aprovechado por algunos arriesgados inversionistas mexicanos, que al percatarse de aquella coyuntura invitaron a técnicos y artistas para realizar una producción netamente mexicana, *Santa*.

A aquel primer llamado hecho por los dueños de la Compañía Nacional Productora de Películas acudieron el director español Antonio Moreno y el fotógrafo ruso-canadiense Alex Phillips, así como técnicos y parte del elenco que habían ganado experiencia en los foros norteamericanos. La película contó con las actuaciones de Lupita Tovar, Carlos Orellana, Juan José Martínez Casado, Donal Reed, Antonio R. Frausto, Mimí Derba, Sofía Álvarez y Raúl de Anda, entre otros. El rodaje comenzó en noviembre de 1931 y de inmediato se agregaron los hermanos Rodríguez, Roberto y Joselito, con su innovador "sistema de grabación de sonido directo con el cual superaron las deficiencias técnicas de sus predecesores", ya que resultó satisfactorio y cabalmente industrial, cumpliendo así con las expectativas económicas de los empresarios y transformando para siempre la industria cinematográfica mexicana.

Ésta era la segunda ocasión en que se filmaba *Santa*, con un guión basado en la novela homónima del célebre escritor mexicano Federico Gamboa. La anterior fue realizada en 1918, bajo la dirección de Luis G. Peredo y protagonizada por Elena Sánchez Valenzuela. Según la crítica, su paso fue casi "inadvertido".

Aunque la trama fue trasladada del porfiriato a los años treinta del siglo XX, se continúa percibiendo un tufo hispanista, típico de los filmes estadounidenses de aquella época. *Santa* cuenta las desventuras de una joven de Chimalistac que es deshonrada por un militar y luego se convierte en amante de un torero y prostituta de un burdel de mala muerte. Algunos opinan que esta película "fue fundadora, no sólo del cine sonoro, sino también del género de las pecadoras, que tendría en el futuro amplios despliegues y desarrollo".

La película tiene un punto fundamental no sólo para entender el culebrón, sino la sociedad de aquella época. En la casa en que Santa ofrece sus favores sexuales hay un pianista ciego que la acompaña en sus actuaciones sicalípticas de cada noche y que la ama en silencio, hasta el grado de componerle una canción que lleva su nombre. Son los tiempos modernos que se niegan a ver lo que la realidad ofrece, pero aparentando una ceguera pertinaz se obliga a la sociedad a dividirse entre lo bueno y la clandestinidad de lo malo y lo perverso, que también existe para placer de los "descarriados". La letra de la canción fue escrita por Agustín Lara, quien además agregó un *foxtrot* y un danzón que Santa baila en ropa interior.

La película se estrenó en el cine Palacio y duró tres semanas en cartelera. El éxito fue tal que pronto se comercializó en Estados Unidos: "los resultados de taquilla, el despliegue económico, el publicitario y la técnica de sonorización, fueron razones suficientes para que los cronistas y gacetilleros de las páginas de cine la consideraran como la película inaugural de la cinematografía nacional".

Aunque las proyecciones cinematográficas llevaban más de treinta años en México, no cabe duda de que esta película cambió totalmente la percepción cotidiana de los mexicanos. El asombro de ver una película sonora continúa hasta nuestros días, sumando por supuesto los adelantos tecnológicos que día a día se generan.

Fondo de Cultura Económica

El libro y la cultura de cierta manera se confunden, el Fondo de Cultura Económica se ha integrado en forma definitiva a la vida y el desarrollo de México. Ahora es posible hablar del Libro, así, con mayúscula.

Arnaldo Orfila

El 3 de septiembre de 1934 se fundó la editorial Fondo de Cultura Económica (FCE), que hasta la fecha es una de las casas editoriales más importantes en Hispanoamérica. Unos meses antes, Daniel Cosío Villegas y Eduardo Villaseñor publicaron la revista *El Trimestre Económico*, considerada el antecedente del FCE, para "remediar la falta de un conjunto sistemático y educativo de libros de economía en español, así como satisfacer la necesidad de disponer de un órgano relacionado con esta área del conocimiento humano". La revista, en voz de sus fundadores, pretendía otorgar un conocimiento de la situación económica que se vivía, con el fin de formar profesionales en la materia, de acuerdo con el equilibrio y la modernidad que exigían los tiempos.

Esta idea se materializó cuando la sección de economía, dependiente de la Facultad de Derecho de la Universidad, tuvo su propia escuela, fundada en el mismo año de 1934 y dirigida por Jesús Silva Herzog. Sin embargo, el proyecto de Cosío Villegas tenía alcances más grandes, pues la formación de nuevos economistas requería de material especializado que ampliara la visión y el conocimiento del tema. De ahí que además de continuar con la traducción sistemática de libros y revistas especializados se propuso fundar una casa editora que satisficiera estas necesidades.

Con estas expectativas, en septiembre de aquel año se fundó el Fondo de Cultura Económica y se designó al primer cuerpo directivo para la traducción y edición de libros de economía que contribuyeran al estudio sistemático de esta disciplina. Además de fortalecer la profesión, las primeras publicaciones del FCE pretendían "formar cuadros capacitados para tripular las instituciones financieras del país, entre ellos, el Banco de México y la Secretaría de Hacienda". Sin embargo, en pocos años el enfoque de la editorial, dirigido sólo a temas económicos, pronto urgió al director y sus patrocinadores (los bancos Nacional Hipotecario Urbano y de Obras Públicas, Nacional de Crédito Agrícola y Nacional de México) a sumar otro, de tipo social, por lo que se tuvo que ampliar el catálogo hacia el campo de las humanidades.

Con la política cardenista, que abrió las puertas del país a los exiliados españoles, amén de la fundación de instituciones en las que colaboraron los recién llegados, se inauguraron la Casa de España en México y El Colegio de México, con la participación de destacados intelectuales, entre ellos José Gaos, Ramón Iglesia, José Medina Echavarría, Eugenio Ímaz, Manuel Pedroso, Javier Márquez, Vicente Herrero, Joaquín Díez-Canedo y Francisco Giner de los Ríos, quienes dieron forma al catálogo editorial, considerando las necesidades humanísticas del momento, principalmente en la literatura y la sociología. Progresivamente, el catálogo del Fondo de Cultura Económica se fue ampliando cubriendo rubros de antropología, historia y filosofía.

La diversificación de temas económicos y sociales permitió, al paso de los años, que el FCE ampliara su oferta a sus consumidores, creando una buena cantidad de colecciones, que incluyen una gran variedad de ramas del conocimiento para todas las edades, además de su crecimiento en diversos mercados del país y el extranjero. Destacan sus librerías en la República y en la Ciudad de México, en lugares como Ciudad Nezahualcóyotl, Aguascalientes, Apatzingán, Colima, Durango, Torreón, Guadalajara, León, Monterrey, Morelia, Saltillo y Tuxtla Gutiérrez, y en el extranjero en

Argentina, Brasil, Chile, Colombia, Ecuador, España, Estados Unidos, Guatemala, Perú y Venezuela. Últimamente, esta casa editorial ha innovado en su representación en algunos sitios no sólo a través de ferias, sino también en la promoción de *booktrucks*, con presencia en Los Ángeles, California.

En su catálogo se encuentran obras de los intelectuales y académicos más representativos de Hispanoamérica, como Alfonso Reyes, Martín Luis Guzmán, Juan Rulfo, José Vasconcelos, Juan José Arreola, Octavio Paz, Rosario Castellanos, Carlos Fuentes, Efraín Huerta, Jorge Luis Borges, Carlos Pellicer, Luis Cardoza y Aragón, José Gorostiza, Alí Chumacero, Salvador Elizondo, Ramón Xirau, José Revueltas, Gabriel García Márquez, Elena Poniatowska, José Emilio Pacheco. Y continuando con la vocación que le dio origen, sigue publicando en español a los escritores más importantes del mundo de todas las ramas del conocimiento, científico y humanista, y las obras completas de algunos de ellos.

Y aunque en la lista anterior se menciona sólo a los clásicos, el FCE también se ha caracterizado por estar a la vanguardia en sus publicaciones, con la edición de autores que tratan temas actuales de relevancia mundial, como la controvertida obra *El capital en el siglo XXI*, de Thomas Piketty, o revalorando la obra tan significativa de personajes de la vida cultural nacional, como Guillermo Tovar de Teresa, cuyo nombre se dio recientemente a una librería, además del proyecto de inaugurar una colección de arte a partir de su vasta obra.

Desde su fundación, el FCE ha transformado la vida editorial e intelectual del país. En nuestros días, tanto los mexicanos como otros lectores del mundo cuentan con la oportunidad de acercarse a las letras hispanoamericanas, en los más variados temas del conocimiento, de una forma oportuna y al alcance de sus expectativas.

Palacio de Bellas Artes

Hoy inauguro el Palacio de Bellas Artes, institución de cultura nacional que realizará uno de los puntos básicos del programa revolucionario.

ABELARDO L. RODRÍGUEZ, *Discurso de inauguración del Palacio de Bellas Artes*, fragmento

El 29 de septiembre de 1934 se inauguró el Palacio de Bellas Artes. El Presidente de la República, general Abelardo L. Rodríguez, dijo en su discurso de apertura que la Revolución había dado cima "a la obra que se emprendió hace treinta años. Los proyectos que se aprobaron entonces se modificaron toralmente. No se destina el soberbio edificio a una élite, sino al pueblo todo".

Efectivamente, la construcción del nuevo recinto cultural se decidió entre 1901 y 1903 para sustituir al recién demolido Teatro Nacional, construido por el arquitecto Lorenzo de la Hidalga en tiempos de Santa Anna, entre 1840 y 1844, y para colocar a México, con la inercia del porfiriato, en el concierto de las naciones. El nuevo teatro se proyectó, junto con otros inmuebles, para conmemorar el Centenario de la Independencia en 1910.

La construcción del nuevo teatro se encargó al arquitecto italiano Adamo Boari, quien junto con el ingeniero mexicano Gonzalo Garita seleccionó los terrenos del antiguo convento de Santa Isabel, con lo cual se terminaría la ampliación de la avenida 5 de Mayo y la demolición de los restos del convento. Casualmente, algunas de las propiedades fraccionadas en el sitio fueron pagadas al propio arquitecto De la Hidalga, que aparecía como dueño. Boari había dicho que el proyecto del inmueble tendría un costo de 4 millones 220 mil pesos y que su construcción tardaría cuatro años. Boari realizó varios viajes para visitar los más importantes teatros europeos y tener los parámetros de los teatros más importantes del mundo para desarrollar su proyecto. Su largo periodo constructivo, como lo señaló José Gorostiza en el informe final de la obra, se dividió en tres periodos: 1902-1916, 1917-1930 y 1930-1934, cuando se realizó su apertura. El primero se caracterizó por apegarse fielmente al proyecto original de Boari, los hundimientos del inmueble, la interrupción de la obra por el inicio de la Revolución en 1910 y la partida de Boari por la suspensión total de la construcción, en 1916. En el segundo periodo, aunque fue muy poco el avance, se realizaron algunos eventos, como exposiciones, presentaciones de libros, representaciones teatrales y exhibiciones cinematográficas, y hasta se le dio un uso comercial, para demostraciones automovilísticas. En la tercera y última etapa, ya bajo las órdenes del ingeniero Alberto J. Pani y el arquitecto Federico Mariscal, se realizaron cambios radicales, sobre todo para terminar la obra arquitectónica y definir la decoración. En este rubro destacan los trabajos artísticos de Géza Maróti, Leonardo Bistolfi, Agustín Querol, Gianetti Fiorenzo y Alessandro Mazzuccotelle, entre otros.

Por último, se debe mencionar un símbolo de Bellas Artes, su telón de cristal, que el propio Boari mandó realizar a la casa Tiffany de Nueva York, especialista en este material, y el cual fue decorado con el paisaje de los volcanes.

A la inauguración asistieron ministros, subsecretarios, cuerpo diplomático, estrellas de la cinematografía y personalidades destacadas de las letras, el comercio y la industria. Como primer acto se entonó el Himno Nacional, y posteriormente, bajo la dirección del maestro Carlos Chávez, la Orquesta Sinfónica de México interpretó la *Sinfonía proletaria*, titulada *Llamadas*. Por la noche, los festejos inaugurales continuaron con la presentación de la obra de teatro *La verdad sospechosa*, de Juan Ruiz de Alarcón, con la actuación de la primera actriz María Tereza Montoya. Sobre la inauguración, un periódico señaló: "es el sitio en el que seguramente sucederán, de hoy en adelante, las noches más grandes de espectá-culos culturales".

El Palacio de Bellas Artes ha sido testigo de las más significativas manifestaciones artísticas y culturales a nivel nacional e interna-cional. Por este recinto han desfilado cantantes, músicos, artistas, dramaturgos, literatos y bailarines. Por mencionar algunos, Carlos Chávez, José Pablo Moncayo, Arthur Rubinstein, Igor Stravinsky, Dimitri Mitropoulus, Leonard Berstein, Lang Lang, Yo-Yo Ma, Da-niela Liebman, María Callas, Plácido Domingo, Monserrat Caballé, Jessye Norman, Luciano Pavarotti, Fernando de la Mora, Diego Rivera, David Alfaro Siqueiros, Rufino Tamayo, José Chávez Mo-rado, Salvador Novo, Rodolfo Usigli, Juan Rulfo, Carlos Fuentes, Gabriel García Márquez, Guillermina Bravo, Alicia Alonso, Amalia Hernández, Pedro Vargas, Lola Beltrán, Juan Gabriel. El Palacio también ha sido recinto para eventos políticos, como la toma de po-sesión de algunos presidentes. También ha sido capilla ardiente para homenajear de cuerpo presente a figuras como Frida Kahlo, Octa-vio Paz, Gabriel García Márquez, *Cantinflas*, Juan Gabriel, etcétera.

A lo largo de más de ocho décadas, el Palacio de Bellas Artes ha sido y seguirá siendo la máxima referencia cultural de nuestro país en el mundo.

Instituto Politécnico Nacional

En 1937, al saber que había hecho algunas canciones que cantábamos los jugadores de futbol americano del IPN, se acercó a mí un grupo de muchachos y muchachas que estaban iniciando el primer núcleo de directores de la porra del Politécnico. Ahora bien, en el Poli, la palabra para reunir a los estudiantes era "huelga, huelga". Basado en esto, sugerí que se utilizara la palabra "huélum". Además, decidimos no se utilizara la palabra "rah, rah", porque ya estaba en el Goya y era una palabra porrística usada casi en todo Estados Unidos. Por otro lado, una muchacha hizo el comentario que el Poli era la "gloria". Otra persona insistía que la porra debía ser de mucho "pegue" y como consecuencia natural, brotó la "cachiporra". Total, después de un par de horas de pláticas y discusiones, salió la que ustedes conocen. ¡Huélum, huélum, gloria./ A la cachi, cachi porra,/ A la cachi, cachi porra,/ pim, pom, porra,/ pim, pom, porra,/ Politécnico, Politécnico,/ gloria!

Víctor Chambón Burgoa

El 1 de enero de 1936 se creó el Instituto Politécnico Nacional (IPN) por un decreto presidencial firmado por el general Lázaro Cárdenas del Río. Con esto se dotó al país de una de las instituciones educativas que más han influido en su desarrollo.

Desde los años veinte se habían creado diversas escuelas con un perfil técnico, como la Escuela Técnica de Maestros Constructores, el Instituto Técnico Industrial, que comenzó a funcionar en 1924, para la preparación de personal obrero y técnico especializado, y la Escuela Politécnica, en 1931. La idea de integrar y estructurar un sistema de enseñanza técnica en una sola institución se planteó por primera vez en 1932, por Narciso Bassols, entonces secretario de Educación Pública, proyecto que fue apoyado por los ingenieros Luis Enrique Erro y Carlos Vallejo Márquez.

Sus conceptos cristalizaron en 1936, gracias a Juan de Dios Bátiz, entonces senador de la República, y al presidente Cárdenas, quienes propusieron llevar a cabo los postulados de la Revolución mexicana en materia educativa, dando así nacimiento a una sólida casa de estudios. Lázaro Cárdenas se proponía impulsar el desarrollo industrial del país, por lo que era urgente contar con obreros y técnicos, así como con profesionistas en las carreras necesarias para el desarrollo económico y social del país.

De esta forma, México contaría con una institución que generaría el conocimiento básico para la formación de un país industrializado, de la que saldría el capital humano necesario para fomentar este desarrollo. Como parte del llamado proyecto de la educación socialista, este nuevo instituto estaba claramente orientado a los hijos de los trabajadores del campo y la ciudad.

El IPN se formó como una institución integrada por escuelas de diversas áreas que hasta ese momento habían funcionado de manera independiente, como la Escuela Nacional de Medicina y Homeopatía, la Escuela Nacional de Ciencias Biológicas, la Escuela Superior de Comercio y Administración, la Escuela Superior de Ingeniería Mecánica y Eléctrica y la Escuela Superior de Construcción, así como un bloque de escuelas del antiguo Instituto Técnico Industrial. En sus inicios, el Poli también contaba con seis prevocacionales y cuatro vocacionales en el Distrito Federal, además de una escuela superior en Río Blanco, Veracruz, y once prevocacionales en distintos estados de la República.

Cada una de estas escuelas estaba pensada en función del tipo de egresado que se quería obtener, con el objetivo de integrarlo a la vida laboral del país. Así, de las prevocacionales los alumnos saldrían como obreros especializados, de las vocacionales ya saldrían con nivel de técnicos y de las escuelas superiores y nacionales saldrían como profesionistas.

Sus fundadores concibieron al Politécnico como un motor de desarrollo y espacio para la igualdad, apoyando, por una parte, el proceso de industrialización del país y brindando, por la otra, alternativas educativas a todos los sectores sociales, en especial a los menos favorecidos.

El IPN surge sin ley orgánica, y en consecuencia sin la figura de director general, ocupando esa posición en los hechos el propio Juan de Dios Bátiz. No fue sino hasta el 20 de febrero de 1937 cuando en una ceremonia realizada en el Palacio de Bellas Artes se fundó oficialmente el Instituto Politécnico Nacional y se designó a Roberto Medellín Ostos como su director general.

Las instalaciones de las escuelas que formaron el Politécnico estaban conformadas por diversos edificios, la mayoría ubicados en el centro de la ciudad, por lo que era necesario darle un nuevo espacio para su desarrollo. Por este motivo se le adjudicaron los terrenos de la ex hacienda de Santo Tomás, que desde 1923 albergaban al Instituto Técnico Industrial. Ahí se construyeron sus primeros edificios de la Escuela Superior de Ingeniería Mecánica y Eléctrica, la Escuela Superior de Contaduría y Administración, la Escuela Nacional de Ciencias Biológicas, la Escuela Superior de Ingeniería Textil y la Escuela Superior de Medicina Rural.

Durante la gestión de Alejo Peralta Díaz Ceballos, entre 1956 y 1959, el Politécnico tuvo un importante desarrollo con el inicio, en 1958, de las obras de construcción de la Unidad Profesional Zacatenco, hoy llamada "Adolfo López Mateos", sobre los terrenos de los ejidos de Santa María Ticomán y San Pedro Zacatenco. El 19 de marzo de 1959, el propio Adolfo López Mateos, entonces Presidente de México, acompañado por el secretario de Educación Pública, Jaime Torres Bodet, y el entonces director general del IPN, Eugenio Méndez Docurro, inauguraron los primeros cuatro edificios, que fueron ocupados por la Escuela Superior de Ingeniería Mecánica y Eléctrica y la Escuela Superior de Ingeniería y Arquitectura.

Asimismo, Alejo Peralta puso las bases del Canal Once, que inició sus trasmisiones el 2 de marzo de 1959 en un estudio del

Casco de Santo Tomás, siendo la primera estación de televisión educativa y cultural de México, fundada sin fines comerciales, que hoy es considerada la decana de las televisoras culturales en América Latina.

Hoy el Politécnico es una de las escuelas públicas más importantes del país. El instituto ofrece 293 programas educativos divididos en 68 carreras técnicas, 77 carreras de nivel superior y 148 programas de posgrado, divididos en 28 especialidades, 61 maestrías y 42 doctorados. Actualmente cuenta con una matrícula inscrita de 162 mil 496 estudiantes, de los cuales aproximadamente 55 mil alumnos corresponden al nivel medio superior, 100 mil alumnos al superior y 7 mil al posgrado.

Un socialista en México

El desarrollo del arte es la prueba más alta de la vitalidad y
del significado de toda una época.

León Trotsky, México, 1938

El 9 de enero de 1937 llegó a México el líder bolchevique León
Trotsky, acompañado de su esposa Natalia. Desde 1927, su ideo-
logía y su posición política le habían traído confrontaciones con el
Estado soviético. Durante casi una década había peregrinado por
distintos países buscando asilo político, sin conseguirlo. En 1933
parecía que su panorama se aclaraba, cuando Francia aceptó recibir-
lo "bajo la condición de que su estancia se mantuviera en un secreto
casi total". Lo anterior lo obligó a emigrar a Noruega, donde los
problemas por su presencia resurgieron con más ímpetu. Para el
verano de 1936 su situación se agravó, debido a que el país nórdico
entabló relaciones comerciales con la URSS a cambio de procurar su
arresto domiciliario y "la prohibición de comunicarse con el mundo, ya fuese por vía postal, periodística u otra". Fue el momento en
que André Breton declaró para el mundo: "el mundo es un planeta
sin visa para León Trotsky". Pasó un largo tiempo, en el que grupos
socialistas y trotskistas alzaron la voz para pedir a los países del
mundo que le dieran asilo.

Y fue México el que lo hizo, cuando en los primeros días de
diciembre de 1936 anunció su disposición de acoger al líder socialista y su esposa. De esta manera, el día 10 de ese mes, él y su mujer
abordaron el buque noruego *Ruth*, que llevaba como destino un

puerto mexicano del Golfo de México. En altamar, Trotsky escribió: "lugar de desembarco aún no precisado [...]. Estoy leyendo ávidamente algunos textos sobre México. Nuestro planeta es tan pequeño, y sin embargo sabemos tan poco de él. Me he pasado así estos primeros ocho días, trabajando intensamente y especulando sobre este misterioso México".

Sin embargo, la situación en el país no era del todo fácil, ni mucho menos clara, para recibir al líder soviético. El Partido Comunista Mexicano, el Comité Nacional de la CTM, sus respectivas organizaciones filiales o periféricas y algunos individuos y organizaciones simpatizantes del estalinismo en el mundo entero exigían que se anulara la autorización y amenazaban con manifestaciones públicas.

Por su parte, y ante los hechos, después de varias entrevistas con el Buró Político de la Liga Comunista Internacionalista en México, Diego Rivera se ofreció a entrevistarse con el presidente Lázaro Cárdenas para dejarle ver su punto de vista sobre la situación. Primero acudió con el secretario de Comunicaciones y Obras, general Francisco J. Múgica, quien aparte de brindarle su apoyo le extendió una generosa misiva dirigida a Cárdenas, con el fin de que lo recibiera de inmediato: "Señor Presidente, tengo el honor de presentarle al gran pintor Diego Rivera quien es, además, un amigo y un correligionario. [...] Le conciernen asuntos muy interesantes, con los cuales está personalmente ligado y que expondrá ante usted con la esperanza, que también es la mía, de que encontrará en su generosidad un recibimiento sincero". Rivera viajó a Torreón, Coahuila, donde se encontraba Cárdenas encabezando el reparto de tierras en la zona de La Laguna.

Cárdenas recibió a Rivera, quien le explicó la situación de Trotsky y su petición para ser recibido en México. El Presidente, sensible al caso y apegándose a la tradición política mexicana, entregó un sí definitivo sobre el caso al artista Rivera. "El señor Trotsky puede venir a México. El gobierno que represento le acordará el asilo en su carácter de refugiado político [...] en razón de las circunstancias que, como ustedes me lo aseguran, ponen su vida en peligro. Se le brindarán todas las garantías necesarias [...] no estará preso [...].

Mi gobierno actúa con total independencia [...]. No les exigimos a ustedes ningún tipo de promesa, ya que Trotsky sabrá comportarse como un refugiado político [...]. Lo único que le exigimos es que, a su llegada, los trotskistas mexicanos se abstengan de organizar manifestaciones que pudiesen provocar choques con elementos hostiles a Trotsky".

Rivera se devolvió inmediatamente a México y se dirigió con el ministro de Relaciones, Eduardo Hay, quien contravino las instrucciones presidenciales, negando el visado para Trotsky y su esposa. Amén de que la noticia de la posible llegada al país del líder comunista se filtró a la prensa, provocando que los ánimos se caldearan aún más entre los grupos contrarios.

Al enterarse Cárdenas de la decisión de Hay, envió vía Múgica una carta en que le ordenaba hacer lo pertinente para admitir en México a la familia Trotsky:

Con referencia a quienes temen que la hospitalidad que se concede al señor Trotsky dé origen a perturbaciones interiores o a complicaciones con el exterior, creo pertinente declarar que considero infundadas esas aprensiones. Y, en todo caso, nada justifica que un país fuerte y perfectamente definido por instituciones propias, por objetivos sociales y económicos auténticamente nacionales y en franco proceso de realización, y por una política internacional congruente con sus limpias tradiciones, abrigue temores por la presencia de un hombre, cualquiera que sea su valimiento personal o su doctrina política. A mayor abundamiento, manifiesto a usted que no se descubren concretamente los riesgos que pueda correr la tranquilidad pública por la estancia en México de Trotsky, pues si éste acata nuestras leyes y no toma injerencia alguna en el juego de la vida social y política del pueblo mexicano —como corresponde a la condición de todo emigrado político— el hecho de que se entregue a sus labores intelectuales no puede alterar en lo mínimo la situación de un país como el nuestro, donde, al amparo del libre tráfico de la producción literaria, las mismas obras de Trotsky —como las de cualquier otro autor— siempre han estado al alcance del pueblo, sin taxativas ni censuras. En virtud de las razones anteriores, queda usted autorizado para que cuando se le presente la solicitud formal de asilo en favor del señor León Trotsky, la tramite usted de conformidad.

Tres días después, el secretario Hay hizo pública la orden presidencial.

Un mes después de la aceptación, Trotsky y su esposa Natalia desembarcaron en el puerto de Tampico. Ahí los esperaba una comisión encabezada por la pintora Frida Kahlo, George Novack y Max Schachtman para acompañar a la familia a la Ciudad de México en el tren presidencial *El Hidalgo*. Trotsky y Natalia no hablaban español; él sólo conocía algunas palabras y podía leer lentamente con la ayuda de un diccionario. Tenía 58 años de edad. Su salud estaba deteriorada, el cabello del viejo encaneció de un día para otro cuando se dio cuenta de que probablemente nunca más podría volver a la URSS.

A las diez de la noche, el cortejo abordó *El Hidalgo*. Trotsky no volvería a cruzar ninguna frontera; moriría asesinado por órdenes de Stalin el 21 de agosto de 1940, un poco más de mil días después de su llegada a la Casa Azul —"otro planeta" decía Natalia— de sus anfitriones Frida y Diego.

Después, entre 1939 y 1942, México abrió sus puertas a casi 25 mil españoles que huían de su patria perseguidos por el franquismo. Se ha contabilizado que este grupo de españoles representaba una gran mayoría de la élite intelectual de aquel país, por lo que a su llegada a México y con sus aportaciones (económicas, sociales, culturales, científicas, entre otras) y sus instituciones promovieron la transformación de la cultura, permitiendo su renovación y crecimiento. Destacan, por ejemplo, la creación de la Casa de España, el fortalecimiento del recién creado Fondo de Cultura Económica, del Instituto Politécnico Nacional y de la Universidad Nacional Autónoma de México. Este grupo se convirtió en la tercera generación intelectual de México en el siglo XX y por su influencia en una de las más importantes de todos los tiempos.

Expropiación de la industria petrolera

El Gobierno ha tomado ya las medidas convenientes para que no disminuyan las actividades constructivas que se realizan en toda la República y para ello, pido al pueblo, confianza plena y respaldo absoluto en las disposiciones que el propio Gobierno tuviere que dictar.

LÁZARO CÁRDENAS, *Mensaje a la nación con motivo de la expropiación de la industria petrolera*, fragmento

El 18 de marzo de 1938, el presidente Lázaro Cárdenas nacionalizó la industria petrolera. Hasta la fecha, este acto es considerado como la segunda independencia nacional.

La singularidad del acto expropiatorio cardenista tuvo muchos significados. El principal, sin duda alguna, su carácter nacionalista, cuyos ecos aún retumban en la mente y las entrañas de la mayoría de los mexicanos. El acto logró reunir en una sola voz los distintos intereses de varios grupos sociales (obreros, campesinos, burócratas, e incluso la Iglesia). Sin embargo, no hay que olvidar los reclamos de ciertos sectores, sobre todo de la clase media, que se opusieron a la expropiación, y que fueron rotundamente acallados por la enorme ola del nacionalismo (gubernamental y popular) que en esos momentos se vivía por "el escándalo mejor sonorizado del año", como dijo Salvador Novo.

Pero Cárdenas tomó la decisión de expropiar las compañías petroleras porque se negaron a cumplir con los principios regulatorios del Estado, no porque fuera un radical nacionalista. De hecho, para el Presidente la convivencia armoniosa entre capital y trabajo era uno de los factores de debía llevar al progreso de México; sin embargo, lo que le irritó sobremanera fue el comportamiento intransigente de los petroleros, no su carácter capitalista.

La historia dice que se debió a una huelga del sindicato petrolero dirimida ante la Junta de Conciliación y Arbitraje, la determinación de un conflicto económico, un fallo favorable a los trabajadores que incluía el pago de una compensación salarial por 26 millones de pesos, la negativa obcecada de las compañías a cumplirlo, una serie de negociaciones empantanadas con Cárdenas como mediador, y un nocturno mensaje presidencial a la nación trasmitido por la radio anunciando la expropiación.

La decisión fue inesperada para muchos, incluido el embajador norteamericano Josephus Daniels: "fue como un rayo en el azul", aseguró; no se diga para el Departamento de Estado norteamericano, que tenía sus sospechas pero no consideraba que el asunto llegara a tanto. Consumado el acto, y no obstante haber soportado las quejas de los petroleros, el gobierno de Washington consideró mejor conservar una relación amistosa con México que buscarse problemas con los latinos, sobre todo cuando en ultramar el horizonte comenzaba a oscurecerse por las nubes de una nueva guerra europea. El gobierno inglés tampoco intervino por las mismas razones, y porque no le convenía ponerse en contra de su viejo aliado; el ejército norteamericano y su infraestructura, sin olvidar su petróleo, serían más necesarios en un futuro cercano.

Las compañías petroleras chillaron, se rasgaron las vestiduras, acusaron al gobierno mexicano de confiscador, comunista, pero el presidente Cárdenas ni se inmutó, y recurrieron sin éxito a la Suprema Corte de Justicia en busca de amparo. Finalmente, y a pesar de todos sus argumentos de defensa, aceptaron un cheque que los indemnizaba por la nacionalización de sus bienes, fondos que de ningún modo fueron el producto de la colecta organizada para pagar la deuda petrolera y cuyo destino permanece en el misterio. Existe una serie de fotos que retrata aquellos momentos en que largas filas de gente del pueblo se apiñaban en el salón principal del Palacio de Bellas Artes para depositar sus bienes para apoyar al gobierno. Incluso una de ellas muestra al propio hijo del presidente, Cuauhtémoc, quien con su alcancía de marranito esperaba su turno.

Aparte del dinero, existía un consuelo mayor para las compañías. Hacía tiempo que sus poderosos pozos habían dejado de producir más de 100 mil barriles diarios de crudo, por lo que con anterioridad habían mudado parte de sus activos a otros países, como Venezuela. Lo cierto es que sus propiedades se habían depreciado mucho hasta el momento de la expropiación. Otro motivo de su enojo estribaba en que con esa acción México podría sentar "el mal ejemplo" y se desatara una cascada de nacionalizaciones, lo cual sucedió algunos años después, en casos contados y mucho más moderados o con resultados distintos, como los de Perú y Venezuela en los años setenta.

Existe cierto debate sobre si la expropiación cardenista fue una decisión que culminó un proceso de larga duración o fue un acontecimiento netamente coyuntural. Algunos historiadores se inclinan por la primera corriente. La llamada "controversia" o "el problema" del petróleo en México se había iniciado durante la primera década del siglo XX, cuando el presidente Francisco I. Madero reguló la industria a través de la imposición de nuevas cargas fiscales a la producción de las compañías; posteriormente, la cuestión se consolidó con la promulgación de la Constitución de 1917, cuyo artículo 27 devolvía a la nación su derecho original a los recursos del subsuelo. Después, en los años posrevolucionarios, los mandatarios enfrentaron de nuevo la resistencia de las compañías, pero se logró un acuerdo, entre Calles y Morrow, que permitió a los petroleros seguir operando sin muchas preocupaciones sobre sus derechos de propiedad. Las políticas nacionalistas de Cárdenas, inclinadas hacia la izquierda, habrían dado fin a este acuerdo. Por su parte, otra corriente historiográfica reconoce estos antecedentes y señala que la decisión de expropiar no fue el resultado de años, ni siquiera de meses, de controversia petrolera, ni fue tampoco un plan armado con anterioridad por el gobierno. Cárdenas expropió bajo condiciones políticas, económicas y sociales concretas muy distintas a las que predominaban en la década de los veinte.

Para cuando los años treinta se acercaban a su fin, la industria petrolera se encontraba a la baja y padecía los embates de las huelgas, la economía en general sufría una depresión, los empresarios comenzaban a quejarse de los cortes en el suministro de combustible por causa de los paros. El Presidente no permitiría que una crisis de energía detuviera las actividades económicas, pues necesitaba ingresos para financiar sus programas sociales. En pocas palabras, lo que quería era orden, y ese orden se encauzaría a través de una meta conjunta, un objetivo común. De esta manera, Cárdenas buscó el espíritu de unidad nacional provocado por la expropiación para finalizar, más que prolongar, su programa de movilización.

La expropiación atrajo un amplio apoyo reflejado en una exhibición sin igual de patriotismo mexicano, grandes y pequeñas manifestaciones de solidaridad con el Presidente y en contra del "imperialismo", representado por las compañías petroleras. Muchas de estas manifestaciones fueron espontáneas, pero otras fueron cuidadosamente planeadas y controladas por el gobierno, y otras más que ni siquiera venían al caso con el hecho, como las de los universitarios, quienes se manifestaron porque el rector Luis Chico Guerne aparecería junto al Presidente, considerando que este hecho debilitaría la autonomía de la Universidad. Sin embargo, todo esto reveló una capacidad renovada no sólo para aprovechar el apoyo popular, sino también para manipular a las organizaciones de masas, que fue sin duda una de las principales herencias de la Revolución.

De esta manera, el general Cárdenas planeó su batalla considerando varios frentes distintos: en el primero se encontraban la integridad del Estado, sus leyes y la figura presidencial. Ahí no cabía la posibilidad para la retirada. Las compañías petroleras, confiadas en su arsenal diplomático y sintiéndose imprescindibles, realmente calcularon mal sus fuerzas y al final se quedaron solas. En un segundo frente, el general debía controlar al movimiento obrero y otros sectores radicales de izquierda, fuerzas que habían crecido bajo su amparo y que para ese momento representaban un peligro si no se les ponía un límite. Por último, debía enfrentar de alguna manera a los críticos, conservadores y sectores de derecha que no estaban nada conformes con las políticas de su gobierno. Para salir avante,

Cárdenas convirtió hábilmente la expropiación en un vals que puso a bailar al unísono a izquierda y derecha; no más lucha de clases, no más huelgas; no más demandas sindicales; la solidaridad nacional debía imperar. La expropiación resultó el catalizador de este giro político que sin duda puso a los conservadores anticardenistas en el pódium de los ganadores. Ése fue el fin de la decisión del Presidente, decoroso y sin derramamiento de sangre, un fin que abrió el paso a una nueva etapa en la historia de México, la del resurgimiento político del centro y la derecha.

El petróleo se convirtió a partir de 1938 en el símbolo nacional por excelencia; tanto que petróleo y nación se convirtieron en una misma cosa para los mexicanos. Sin importar todos los problemas que aquejaron, y aquejan, a Petróleos Mexicanos (Pemex), siempre habrá un motivo para celebrar el 18 de marzo.

De un tiempo para acá este hito histórico ha adquirido una vigencia monumental. Las reformas estructurales energéticas han vuelto a poner sobre la mesa de discusión las voces a favor y en contra del nacionalismo petrolero.

El Partido Acción Nacional

Acción Nacional es un movimiento de mexicanos esfor-
zándose por cumplir con su deber, para ver si es posible
lograr que haya en México un positivo renacimiento de la
ciudadanía, base única en la que puede fincarse la vida limpia, suficiente y libre de una Nación.

Manuel Gómez Morín

El 16 de septiembre de 1939 se conformó la asamblea constituyente
del Partido Acción Nacional (PAN), y aunque se fundó desde los
primeros meses del año, no fue sino hasta el último tercio que esta
agrupación política operó de manera formal. Al paso del tiempo y
por muchos años, este partido se convirtió en la principal fuerza
política de oposición al régimen priista. Para Manuel Gómez Morín, su fundador, se convirtió desde el inicio de los años posrevolucionarios en su principal proyecto político. Carlos Castillo Peraza
uno de sus ideólogos sostiene que en 1928, cuando José Vasconcelos pensaba en hacerse candidato a la Presidencia, Gómez Morín le
propuso formar un "partido político permanente". Le dijo: "sin un
partido, si usted gana, no va a tener cómo ni a quien gobernar, pero
si pierde, con usted terminará el proyecto". Vasconcelos no aceptó
y su proyecto político se diluyó con su derrota en las elecciones
presidenciales de 1929.

Para el último tercio de 1938 y durante la primera mitad de 1939
se desató el "futurismo político" para la sucesión del presidente Lázaro Cárdenas. Algunos grupos que consideraban que las políticas

cardenistas habían escindido a la sociedad mexicana, se organizaron y empezaron a conformar agrupaciones políticas contrarias al régimen. Sin embargo, el propio Gómez Morín se percató de que las "ambiciones personales y caudillistas continuaban insubordinándose a un proyecto de cambio a largo plazo".

"En su largo peregrinar por el país para encontrar ideas", Gómez Morín se topó con el pensador político Efraín González Luna, quien se encargó, durante la asamblea constituyente, de redactar los principios doctrinarios del partido, basados en la filosofía moderna social católica. "A pesar de sus raíces católicas, el partido se define como laico y abierto, emulando con ello los principios de vocación democrática defendidos por Madero y Vasconcelos". De este modo, muchas corrientes populares con identidad católica, entre ellos liberales y conservadores, se identificaron con las propuestas y acudieron al llamado partidista, con el fin de afiliarse. Entre sus principales encomiendas destacaban "el rechazo a la educación socialista, el reparto agrario y la utilización de los sindicatos como medio de control político". Enrique Krauze señala que de esta manera "Gómez Morín iniciaba una lucha que se convertiría en una brega de la eternidad".

Llegados los tiempos políticos, Acción Nacional tomó la decisión de abstenerse de presentar un candidato a la Presidencia, bajo el argumento de formar primero una "escuela de ciudadanía", antes que buscar puestos políticos. Al respecto, Gómez Morín declaró: "al postular la primacía de la nación, el partido pretende que se afirmen los valores esenciales de tradición, de economía y de cultura. Busca también inspirar la ordenación jurídica y política de la nación en el reconocimiento de la persona humana concreta, cabal, y de las estructuras sociales que garanticen verdaderamente su vida y desarrollo".

Y aunque Gómez Morín en un principio buscó presentar un candidato, considerando que las contiendas electorales eran las coyunturas para "difundir sus doctrinas y el contenido de las plataformas políticas del partido", sabiendo que no tenían oportunidad de ganar y "sí de desilusionar a sus seguidores" ante una inminente derrota, la primera asamblea nacional del PAN decidió no contender con un candidato propio y apoyar al de oposición, el general Juan Andrew Almazán, quien había aceptado la candidatura por parte del también recientemente creado Partido Revolucionario de Unificación Nacional (PRUN).

Las elecciones de 1940, caracterizadas por la violencia y la "cargada" gubernamental, dieron el triunfo al candidato oficial, Manuel Ávila Camacho.

Gómez Morín continuó a la cabeza del partido, aunque hubo malestar al interior cuando mostró su apoyo al Presidente de la República por el estado de guerra en 1942, sobre todo porque en el PAN había muchos militantes que simpatizaban con los países del eje.

Acción Nacional se presentó por primera vez en 1943 a una contienda electoral federal. Inscribió a 21 candidatos para diputados, pero sólo le reconocieron el 1% de las votaciones.

En diciembre de 1945, un suceso significativo cimbró no sólo los cimientos del partido oficial, sino también los de Acción Nacional, cuando en las elecciones locales para elegir presidente municipal de León, el PAN, en alianza con la Unión Cívica Leonesa y la Unión Nacional Sinarquista, obtuvo la victoria en voz de su candidato Carlos A. Obregón. Sin embargo, el partido oficial hizo caso omiso del resultado y programó la toma de posesión de su candidato, Ignacio Quiroz, para el primer día de enero del año siguiente. Una multitud de personas quiso tomar por la fuerza el palacio municipal, pero los soldados y la policía local abrieron fuego contra ellos. Aun así, Quiroz tomó protesta como alcalde de la ciudad. Se dijo que hubo 26 muertos, y la matanza se conoció como "la noche de los mártires".

En 1946, después de hacer una campaña nacional, el partido ofreció su candidatura para la Presidencia a Luis Cabrera, quien declinó la oferta por su edad. Nuevamente sin candidato, el PAN volvió a observar cómo los resultados favorecieron al candidato oficial, Miguel Alemán Valdés. La "brega de la eternidad" no tuvo frutos consistentes sino hasta los años ochenta y posteriormente en el año 2000, cuando su candidato, Vicente Fox, ganó la Presidencia de la República, iniciando con ello una debacle ideológica del partido. Sucedió aquello que Gómez Morín temía. El proyecto de "nación ciudadana" se convirtió en una caricatura de corrupción y poder desmedido. La alternancia, que duró dos sexenios, terminó con la lucha generacional y la brega eterna alcanzó sus límites temporales. Aquella opción partidista creada en 1939, que conjuntó voces nuevas al ofrecer una opción novedosa, a través de "una organización de todos aquellos que, sin prejuicios, resentimientos ni apetitos personales, quieren hacer en la vida pública su convicción en una causa clara, definida, coincidente con la fuerza real de la nación y conforme con la dignidad de la persona humana", prácticamente se desmoronó.

Huapango

Muchos melómanos suponen que el *Huapango* de Moncayo, especie de segundo himno nacional mexicano, debiera
ser materia perfectamente conocida para nuestros músicos.
Por desgracia, suele ocurrir lo contrario, y no es infrecuen-
te enfrentarse a malas ejecuciones de esta obra, causadas
por aproximaciones rutinarias y descuidadas por parte de
orquestas y directores que creyendo que conocen el material a la perfección lo interpretan con desgano y soberbia
singulares.

JUAN ARTURO BRENNAN

El 13 de agosto de 1941 se estrenó en el Palacio de Bellas Artes el
Huapango del compositor mexicano José Pablo Moncayo. La pieza fue dirigida por el maestro Carlos Chávez e interpretada por la
Orquesta Sinfónica de México. A la fecha, esta obra maestra sigue
siendo considerada como el segundo himno nacional mexicano.

Desde muy temprana edad, Moncayo inició sus estudios musicales, destacando prontamente en las percusiones y el piano, bajo la
tutela del maestro Eduardo López Moncada. Posteriormente, cuando ingresó al Conservatorio, se dedicó casi por completo al estudio
de la composición bajo la dirección de Carlos Chávez y Candelario
Huízar. El mismo Moncayo alguna vez comentó que paralelamente
a sus estudios musicales realizaba frecuentes viajes a las montañas
mexicanas, como el Popocatépetl y el Iztaccíhuatl, para "estar de
cerca y contemplar la naturaleza que lo inspiraba", a la vez que toca-

ba el piano en cafés y realizaba acompañamientos en programas de radio, con el fin de ganar dinero para mantener sus estudios.

Pero su verdadera oportunidad para consolidarse le llegó en 1931, a los 19 años, cuando fue invitado por su maestro Carlos Chávez para formar parte de la Orquesta Sinfónica de México como pianista y percusionista. Sin embargo, sus ímpetus lo llevaron a más. Durante el recién inaugurado sexenio cardenista, en 1935, Moncayo buscó un poco de independencia y creó una agrupación de cámara, conocida como Grupo de los Cuatro, entre los que destacaban su colega y amigo Blas Galindo.

Armando Torres Chibrás comentó que en alguna ocasión, al final de la década de los treinta, el maestro Carlos Chávez invitó a Moncayo y Galindo a realizar un viaje al estado de Veracruz, con el fin de hacer una investigación sobre los sonidos musicales de la región. Al llegar a Alvarado, se encontró con la "fiesta del fandango", lo que le cambió la vida. "Hay evidencia documental de que Moncayo hizo dibujos de los instrumentos, describió como un musicólogo en qué tonalidades estaban afinadas las cuerdas, plasmó de manera académica todos los materiales que revisó, se hizo de ellos y comenzó a trabajarlos. Él no hizo arreglos de sones de Veracruz, sino inspirado en esos ritmos llevó a cabo una obra brillante, maestra", *Huapango*.

Tomando como base algunos sones veracruzanos, entre ellos "Ziqui-zirí", "Balajú" y "El gavilán", Moncayo, dice el director Enrique Barrios, "tomó su lápiz y escribió una pieza musical en unas pocas semanas la cual ha perdurado dentro de los repertorios de las orquestas por décadas, décadas y décadas como una obra de arte y una de las piezas favoritas que el público que no se cansa de escuchar y que las orquestas y directores no se cansan de tocar".

El tiempo no se hizo esperar, y en agosto de 1941, en el Palacio de Bellas Artes, la Orquesta Sinfónica de México bajo la batuta de Carlos Chávez interpretó por primera vez *Huapango*. La crítica periodística comentó:

[El] *Huapango* de José Pablo Moncayo, fue cordialmente aplaudido por el público, reunido en el salón. Fue el número predilecto. ¿Por qué?, tal vez porque en él la gracia orquestal se impuso a todas nuestras reservas y milagrosamente nos transformó el pulcro escenario en una plataforma de aldea con sus parejas, sus tacones, su vivacidad, su verdad, en definitiva. Huapangos directamente trasladados desde su origen al Palacio de Bellas Artes. Escenas vehementes de colorido indígena insuperable, arrancadas con gran tino y trasplantadas desde Veracruz y Tamaulipas. Los oyentes supieron corresponder a la atinada faena de Moncayo en la que tan espléndidamente colaboró la orquesta apasionadamente dirigida por Carlos Chávez.

El estreno superó con creces las expectativas de todos al unísono, comprobando y mostrando una "nueva faceta de la identidad mexicana". Con la obra de Moncayo, continúa Chibrás, "y con la de Silvestre Revueltas tenemos una música que destaca por su brillantez, genialidad, contrastes, ritmos; con Carlos Chávez por la inteligencia, la construcción, la objetividad, por el uso de idiomas, técnicas y estilos que estaban utilizando en todo el mundo".

La obra de Moncayo recorrió el mundo con un éxito abrumador, y aunque compuso nuevas piezas maestras, entre las que destacan *Tierra de temporal*, *Sinfonietta*, *Cumbres*, *Bosques* y *La mulata de Córdoba*, que igualmente retratan el paisaje mexicano, nunca superó el impacto del *Huapango*. El compositor murió el 16 de junio de 1958, a la edad de 45 años. Poco tiempo antes había incursionado como compositor para ballet con la puesta en escena de *Tierra de temporal*, un homenaje a Emiliano Zapata. Igualmente, durante una gira por Estados Unidos estrenó varias piezas, entre ellas sonatas y nocturnos, y un merecido homenaje a su maestro Carlos Chávez.

Sería injusto limitar a Moncayo sólo a las notas de su exitoso *Huapango*, pues su obra es más extensa y de mucha calidad. Sin embargo, ésta fue su pieza más representativa y hasta nuestros días es reconocida en el país y el mundo entero, y para orgullo de todos los mexicanos el tiempo le ha otorgado un sitio de privilegio como parte de la identidad nacional.

México en la Segunda Guerra Mundial

> Al adoptar México un estado de guerra contra las potencias del eje responde a su honor, ya que el ataque que no es rechazado o no encuentra resistencia no es guerra sino una intervención armada. Nuestro gobierno no podía aceptar una declinación del destino patrio permaneciendo indiferente ante estos acontecimientos.
>
> *El Nacional*, 26 de mayo de 1942

El 22 de mayo de 1942, el Congreso de la Unión emitió la declaratoria de "estado de guerra" contra los países del eje: Alemania, Italia y Japón. Desde el gobierno anterior, el presidente Lázaro Cárdenas había confirmado la neutralidad de México ante la inminencia de la guerra en Europa. Sin embargo, imposibilitado para mantenerse ajeno al conflicto, condenó las invasiones de los países del eje a Etiopía, Austria y Checoslovaquia. El 2 de octubre de 1938, el presidente Cárdenas aseveró: "la amputación que acaba de sufrir Checoslovaquia por la agresión de Alemania apoyada por Italia y sancionada por Inglaterra y Francia no asegurará la paz en Europa".

Aun sin tener nada que ver directamente con el conflicto, el gobierno mexicano, a los ojos de los países del eje, comenzó a involucrarse "involuntariamente", primero durante el último tercio de los años treinta, al abrir sus puertas a los refugiados que huían de Europa, y después, durante el sexenio presidencial de Ávila Camacho, el gobierno mexicano tomó tres decisiones que lo hicieron faltar a su política de neutralidad. Primero se unió a la declaratoria panamericana, con la que se consideraba "que el ataque a una sola nación americana sería tomado como dirigido a todas en su conjunto"; posteriormente estableció el registro al servicio militar nacional, para reclutar a todos los mexicanos con 18 años cumplidos, y luego acordó con Estados Unidos romper relaciones internacionales con los países del eje, dejando de ser su proveedor de petróleo, para dotar del oro negro únicamente al vecino del norte. Esto, por supuesto, tuvo consecuencias a nivel nacional e internacional.

Internamente, la decisión gubernamental de promover el reclutamiento de civiles para engrosar las posibles tropas mexicanas causó un cisma nacional. Las familias mexicanas protestaron en masa, aduciendo que equivalía a una acción "de la antigua leva porfiriana". Ante esto, el gobierno mexicano salió al paso, respondiendo prontamente que sólo se trataba "de una medida que respondía a los programas de modernización castrense". La respuesta gubernamental no fue suficiente y se desató una avalancha de manifestaciones de protesta, sobre todo por parte de las madres de familia, considerando que sus hijos serían enviados a la guerra sin adiestramiento alguno, "como carne de cañón". Las repercusiones internacionales fueron mayores, sobre todo cuando los países del eje consideraron que la neutralidad mexicana era falsa por la decisión de suministrar petróleo exclusivamente a Estados Unidos. La situación empeoró cuando México decidió incautar las embarcaciones de Alemania e Italia que se encontraban en aguas nacionales, además de declarar a Estados Unidos como país no beligerante, permitiendo el libre tránsito de su flota aérea por el espacio mexicano.

Es algo poco sabido que el escritor mexicano Juan Rulfo, en ese entonces agente de la Oficina de Inmigración, tuvo bajo su custodia a los tripulantes de los barcos italianos y alemanes, "tenían por cárcel la ciudad de Guadalajara y diario les pasábamos lista".

En realidad, el gobierno mexicano, más que estar convencido de representar una fuerza bélica, quería mostrar a Estados Unidos "su buena voluntad", e inició una política de unidad nacional, que en principio diera la imagen de que todo el país estaba unido y era un aliado fiel de las políticas norteamericanas. Esta política abarcó todos los rubros: económico, social, político y cultural. Y para hacer más evidente sus intenciones, convocó a todos los ex presidentes de la nación a que se reunieran y se presentaran ante el público en un templete frente al Palacio Nacional. Junto al presidente Ávila Camacho aparecieron entonces Plutarco Elías Calles, Emilio Portes Gil, Pascual Ortiz Rubio, Abelardo L. Rodríguez y, por supuesto, Lázaro Cárdenas, como secretario de la Defensa Nacional. El primero y el último tuvieron que saludarse y convivir forzadamente, ya que en 1936 Cárdenas había expulsado a Calles del país por motivos políticos.

A principios del mes de mayo de 1942, se ha dicho, submarinos alemanes surcaban las costas de América del norte y el Golfo de México y que hundieron cinco embarcaciones petroleras mexicanas: *Potrero del Llano*, *Faja de Oro*, *Tuxpan*, *Choapas*, *Amatlán* y *Oaxaca* (existe también la versión, dicha por Juan Rulfo, de que nunca hubo hundimiento alguno, que se trató de accidentes provocados por los fogoneros mexicanos, quienes desconocían los mecanismos de los submarinos alemanes incautados). Ante estos hechos, el gobierno del presidente Ávila Camacho envió inmediatamente al Congreso de la Unión una iniciativa para declarar la guerra a los países del eje. Ante tal iniciativa, el líder alemán Adolf Hitler "sonrió y dijo que tal intención era comparable a la de un gorrión que pretendiera intervenir en el conflicto entre un elefante y un tigre". La sociedad mexicana respaldó la decisión presidencial. Sin embargo, el ímpetu bélico se diluyó rápidamente cuando se realizaron simulacros de apagones en todo el país (aparentando los bombardeos europeos), pero sobre todo cuando el gobierno mexicano autorizó que todos aquellos mexicanos que se encontraban registrados en el Servicio Militar Nacional formaran parte de las tropas norteamericanas.

Para 1944, el gobierno mexicano decidió que el país debía participar en el conflicto bélico de manera activa, aunque éste ya casi había finalizado. Se mandó al Escuadrón 201 para adiestrarse en Estados Unidos y al final de su "preparación" fue enviado a Filipinas, bajo las órdenes del general Douglas MacArthur. Aunque tuvo poca acción en el frente y hubo algunas bajas, los dichos populares aseveraban que murieron "porque se caían solos".

La "participación de México en la Segunda Guerra Mundial trastocó radicalmente a la sociedad mexicana, acostumbrada al estado de paz". Sin embargo, su colaboración de "buen vecino" le permitió despuntar económicamente, al grado que en los años siguientes el país alcanzó un progreso industrial inusitado y nunca antes visto. A partir de esto, México vivió un sueño dorado de desarrollo que perduró por más de dos décadas.

Instituto Mexicano del Seguro Social

El centro de Seguridad social, ofrecerá calidad para satisfacer al usuario, en cada servicio que se otorgará, innovando para estar a la vanguardia del sector salud, con impacto en la imagen de nuestra comunidad, empatía con nuestros derechohabientes, ante sus necesidades, logrando la motivación de los trabajadores y la rentabilidad futura que garantice permanencia de la seguridad social.

Declaración de valores del IMSS, 1943

El 19 de enero de 1943 se publicó en el *Diario Oficial de la Federación* la Ley de Creación del Instituto Mexicano del Seguro Social (IMSS), con lo que se cumplía, aunque tardíamente, con una de las principales demandas formuladas en la Constitución de 1917. El decreto señalaba que la medida era para "garantizar el derecho humano a la salud, la asistencia médica, la protección de los medios de subsistencia y los servicios sociales necesarios para el bienestar individual y colectivo", y estipulaba que para un mejor funcionamiento se daría un financiamiento tripartita (trabajadores, patrones y gobierno), con la finalidad de cubrir la demanda de la mayoría de la población. El IMSS comenzó a prestar sus servicios un año después.

Este proyecto no era una novedad, pues años atrás ya se habían puesto sobre la mesa varias propuestas para su creación. Lo verdaderamente importante es que a partir de esa fecha el Estado mexicano tomó bajo su tutela la seguridad social, que anteriormente, desde la época virreinal (bajo el esquema del protomedicato:

peluquerías y salas de operaciones cerebrales a la vez) y durante casi todo el siglo XIX, estuvo en manos de la beneficencia.

Con las leyes de Reforma y el proceso de secularización las obras de beneficencia que eran monopolio de la Iglesia católica comenzaron a debilitarse, pues los bienes desamortizados por el Estado pasaron a sus manos o de particulares y paulatinamente los gobiernos empezaron a llenar este vacío. Sin embargo la concepción inicial del apoyo a sectores sociales específicos continuó considerándose como un acto de beneficencia, y el término tardó mucho tiempo en modificarse y evolucionar hacia la noción moderna de seguridad social.

Y aunque Juárez fue uno de los primeros mandatarios en implementar medidas públicas de "salud, socorro y previsión sanitaria", no fue sino hasta 1887 cuando el presidente Porfirio Díaz propuso la fusión de un sistema de loterías para recaudar fondos y destinarlos a "propósitos sociales", como la salud y la higiene públicas. Además, durante aquella etapa de industrialización creciente, varios gobernadores demandaron seguridad social para los empleados por accidentes de trabajo.

Luego de la lucha armada de 1910 y la promulgación de la Carta Magna en 1917, aunque no se incluía específicamente un derecho a la salud, los artículos 3° y 123 ponderaron como parte de los derechos a la educación y al trabajo la necesidad de implementar medidas y condiciones de higiene.

Con la consolidación del Estado posrevolucionario y el establecimiento de sus instituciones se comenzó a perfilar la creación de estructuras gubernamentales dedicadas a la salud pública, como la Dirección de Pensiones Civiles y de Retiro, en 1925 (antecedente del Instituto de Seguridad y Servicios Sociales de los Trabajadores del Estado, ISSSTE); el Departamento de Salubridad, en 1926; la Secretaría de Salubridad Pública, en 1934, y la Secretaría de Salubridad y Asistencia Pública, en 1938.

De hecho, antes de la ley de creación del IMSS existieron varios esbozos de proyecto de seguridad social. El primero de ellos en 1925, formulado por Manuel Gómez Morín, pero desechado por el Congreso dada la situación económica que vivía el país. El segundo en 1931; después de que el presidente Pascual Ortiz Rubio promulgó la Ley Federal del Trabajo, el Congreso de la Unión otorgó facultades para que se expidiera una Ley del Seguro Social. Sin embargo, no se concluyó. Finalmente, el proyecto propuesto por el presidente Cárdenas en 1938, fue formulado desde 1935 pero igualmente desechado por la Cámara Baja, por considerarlo "no prioritario" ante la expropiación de la industria petrolera, que invadía todo el ambiente político de aquellos tiempos.

Ya durante el gobierno del presidente Ávila Camacho, una nueva propuesta por fin vio la luz. La directriz política avilacamachista puso especial énfasis en los rubros de educación y salud. Su secretario de Salud, Gustavo Baz, "orientó la planeación de una red de hospitales y reforzó la formación de médicos para darle al país un sistema de sanidad social". El Instituto tardó en arrancar, pero no pasó mucho tiempo para que los asegurados comenzaran a recibir los beneficios de salud, asistencia y apoyo económico, sobre todo "en casos de jubilación, pensión, invalidez y accidentes en el trabajo".

Al respecto, Enrique Krauze señala:

> Ávila Camacho no era médico, pero como buen paciente, se supo rodear de buenos médicos que resultaron espléndidos fundadores. Al final de sexenio, operaban ya dos clínicas del IMSS, que aunadas a los flamantes institutos nacionales de Cardiología, fundado por el doctor Ignacio Chávez en 1944, de Nutrición, fundado por el doctor Salvador Zubirán en 1946 y al Hospital Infantil creado en 1942, sentaban las bases de un nuevo sistema de salud y asistencia social.

Actualmente el Instituto enfrenta una severa crisis por la corrupción, un sindicato inmenso, los recortes presupuestales y el desabasto de medicamentos. De hecho, en los últimos años se ha mencionado su posible quiebra por la insuficiencia de recursos para el mantenimiento de sus instalaciones y el pago de pensiones. Hasta 2015 se encontraban afiliadas cerca de 19 millones de personas.

De cualquier modo, con la creación del IMSS una buena parte de la población encontró sentido al famoso dicho de que "la Revolución les había hecho justicia", beneficiándose con su legítimo derecho a la salud.

Campaña nacional de alfabetización

> No hay problema social que no rescate como raíz recóndita
> la ignorancia. El alcoholismo, la criminalidad, la mendici-
> dad y el desarrollo precario de la agricultura y de las indus-
> trias pueden atribuirse a muchos orígenes; pero en todos
> estos orígenes hallaremos, más o menos cercana, presente
> siempre, una sombra dramática: la incultura.
>
> Jaime Torres Bodet

El 21 de agosto de 1944, el presidente Manuel Ávila Camacho expidió la Ley de Emergencia que estableció la Campaña Nacional
contra el Analfabetismo, con lo que trataba de terminar con el
gravísimo problema del atraso educativo en México, que en cifras
arrojaba lo siguiente: para 1943 el país contaba con 21 millones 649
mil habitantes; de ellos, 3 millones 928 mil vivían en la capital de la
República y 17 millones 721 mil correspondían a la población rural.
De este total, 47.88% eran iletrados. Es decir, 9 millones y medio
de personas no sabían leer ni escribir. El 23% correspondía a la ciudad y el otro 70% a los estados.

Pero el proyecto era más ambicioso. Apenas en diciembre de
1943, al tomar posesión como secretario de Educación Pública, el
licenciado Jaime Torres Bodet presentó un programa en el que se
requerían casi tres cuartas partes del presupuesto total de la federación (800 millones). Luego de posponerse, se desechó por costoso
e inviable. Aun así, Torres Bodet trabajó arduamente en algunos
aspectos del programa, que derivarían y fortalecerían la propuesta

de la Ley de Emergencia para la Campaña Nacional contra el Analfabetismo: "El 3 de febrero inauguró las labores de la Comisión Revisora y Coordinadora de Planes Educativos. Programas de Estudio y Libros de Texto, el 23 de abril presidió en Saltillo el Congreso de Educación Normal y el 10 de julio colocó la primera piedra para la construcción de la Escuela Normal Superior". A esto siguió la firma de la ley el 21 de agosto, y finalizó el año inaugurando el Museo Nacional de Historia en el Castillo de Chapultepec, el 27 de septiembre, constituyendo el Comité Administrador del Programa Federal de Construcción de Escuelas y el Instituto Federal de Capacitación de Escuelas, y dando inicio a la publicación de los fascículos de la Biblioteca Enciclopédica Popular.

El plan de emergencia que se estableció con la Campaña Nacional contra el Analfabetismo estipulaba que debido a las circunstancias "se impone a todos aquellos mexicanos entre 18 y menores de 70 años, que supieran leer y escribir y no estuvieran incapacitados, la obligación de enseñar a leer y a escribir a quienes, entre los seis y los cuarenta años de edad, no sepan hacerlo". Para ajustarse al número de analfabetas en el país, se imprimieron 10 millones de cartillas con las indicaciones para los instructores, además del material necesario y el programa para los alumnos. "Las cartillas incluirán además un cupón dividido en tres secciones para llevar el control de enseñanza."

Se propuso que la campaña se realizara en tres etapas. La primera comprendía desde el comienzo de la vigencia de la ley hasta el último día de febrero de 1945. "En ella se dedicará a la organización del trabajo y a la repartición de cartillas." La segunda, a lo largo de un año, comprendería "la enseñanza". Y en la tercera se evaluarían los resultados obtenidos, hasta el 31 de mayo de 1946.

"Ley de emergencia", "cruzada" y "campaña nacional" son algunos de los apelativos con que se conoció a este proceso, al que se le dio tanta importancia que el mismo presidente Ávila Camacho convocó al Palacio Nacional a periodistas de medios escritos y de radio para leer su mensaje a la nación, para solicitar su apoyo, no sólo el de su medio, apelando a la moral y al nacionalismo. Por supuesto que todos acudieron al llamado presidencial para apoyar la campaña. Las siguientes semanas, periódicos, revistas y anuncios radiofónicos ocuparon su espacio y tiempo para fortalecer la iniciativa gubernamental. Por supuesto hubo uno que otro "contrario" que alegó que sólo se trataba de una "campaña política más, como en otros tiempos". El secretario Torres Bodet salió al paso para detener las suspicacias: "Sé muy bien que la educación de un pueblo no radica exclusivamente en eliminar el analfabetismo. Pero sé, con igual claridad, que el primer paso indispensable es enseñar a leer y a escribir y que mientras la mitad de los mexicanos esté compuesta por iletrados, ninguno de los otros problemas sociales que confrontamos podrá ser planteado con la esperanza de una completa y lógica solución". También quedó estipulado que se premiaría con diplomas y menciones de honor a quienes cumplieran con "celo y patriotismo" su labor, y a quienes no lo hicieran una futura ley impondría las sanciones pertinentes. Algunas semanas después, cuando la campaña se encontraba en marcha, un periodista cuestionó al secretario Torres Bodet si él también se encontraba alfabetizando a su iletrado. Torres Bodet contestó que su tiempo era muy limitado por lo que implicaban las responsabilidades del ministerio, pero que con sus propios recursos le pagaba a una persona que se encontraba realizando dichas labores.

Al final de las fechas establecidas, el saldo no fue el esperado. No se alcanzó a cubrir ni siquiera el 25% del total nacional de analfabetos. Sin embargo, la Campaña Nacional de Alfabetización se institucionalizó y a partir de entonces contó con un presupuesto autónomo para su desarrollo.

En la actualidad el país tiene un porcentaje mínimo de analfabetismo (hasta 2014 se presumía la cifra de tan sólo 6 millones de personas iletradas, en su mayoría mayores de 65 años). Y aunque aún quedan cuestiones por resolver, desde la campaña de 1943 se dio un paso muy importante en este tema de gran trascendencia para el desarrollo del país.

En sus memorias, Torres Bodet reflexionó sobre la importancia de llevar a cabo aquella empresa. Sin embargo, él mismo ponderó que la alfabetización no sería suficiente, pues de no completar el ciclo se correría el riesgo de crear "analfabetas por desuso". Se refería aquellos que de chicos o jóvenes fueron a una escuela y "por falta de libros, de diarios o de revistas, olvidaron lo que aprendieron". En nuestros días, sus vaticinios parecen haberse cumplido. Somos uno de los países con algunas de las ferias internacionales de libros más importantes, así como de premios literarios reconocidos en el mundo, pero también somos una de las naciones que menos lee, y que lee mal.

La Familia Burrón

A lo largo del año escolar 1986, mientras fui profesor visitante en Austin College, mi madre me enviaba puntualmente por correo las revistas *Proceso* y *La familia Burrón*. En tiempos prehistóricos anteriores a la red, era su forma de mantenerme en comunicación con México, pero también con la parte más profunda de lo que como familia éramos. Los Burrón eran parte de nosotros, al igual que seres y objetos del barrio de La Lagunilla, donde nacimos y nos criamos […]. Las revistas llegaban acompañadas de una carta con la letra grande, fresca y clara de mamá.

Vicente Quirarte

El 1 de diciembre de 1948 se publicó el primer número de *La Familia Burrón*, la historieta del caricaturista Gabriel Vargas. Es "el reflejo de nuestro México", dijo alguna vez Carlos Monsiváis. Y de verdad, cada uno de sus personajes muestra una faceta de los mexicanos de la época. Es como un compendio de formas de ser, como lo señaló atinadamente Vicente Quirarte: "Desde que el ciudadano entra como protagonista en el cuerpo de la Historia, aparecen sucesivos inventarios de sus hábitos y comportamientos particulares. A la mitad del siglo XIX, algunas de las mejores plumas de la época concibieron la obra titulada *Los mexicanos pintados por sí mismos*, con litografías del gran Hesiquio Iriarte".

Pero este retrato maravilloso de los mexicanos de la mitad del siglo XX no aparece solo, es un reflejo más de la transformación que sufrió el México revolucionario y que se notó en buena parte de sus expresiones artísticas, populares y culturales, como el cine, el teatro, la música y la literatura. Una de las grandes virtudes de Vargas en *La Familia Burrón* es que a lo largo de la historieta se concibe "una lotería" agigantada de cada uno de los personajes que componen a la sociedad: el jefe de familia (don Regino Burrón "encarna la zona aburrida, moralizadora, el sermón, la suma y el compendio de todas las virtudes"), la esposa (Borola Tacuche es "la mujer que manda, la versión femenina de Jilemón Metralla, es el pícaro español que ahora ejerce en los mercados, en las fiestas de vecindad y en los viajes de burócrata a Acapulco"), los hijos (Macuca y Reginito, "en general mero detalle escenográfico, cobran vida cuando al autor se le ocurre criticar la falta de orientación y trabajo constructivo en la juventud"), la sirvienta (Cuataneta), la familia (Foforito y Cristeta Tacuche), el ratero (Ruperto Tacuche), el músico (Isidro Cotorrón), el borracho y pepenador (Susano Cantarranas), el usurero (don Caimán), entre otros personajes. Todos ellos al unísono crean sus problemas cotidianos y los "resuelven con heroísmos y resistencia al transformar la pobreza en orgullo, la vecindad en núcleo del universo".

La Familia Burrón nació, señala Monsiváis, con dos características fundamentales que la hacen pervivir y trascender para pasar a la inmortalidad: su elaboración artesanal, "cuyo rechazo de los esquemas inexorables y cuya improvisación, tan desigual en cuanto a resultados, le es rudimentaria", y su carácter totalmente mexicanista, "con el objeto de enfatizar un hecho encomiable: que se desentiende de la imitación extralógica y del plagio y que se nutre de fuentes propias. Y es preciso decirlo porque de las historietas nacionales poco se puede decir: la mayoría son ediciones piratas, en lo que a tema y concepción se refiere, de las malas historietas norteamericanas". Los primeros intentos de los Burrón se iniciaron en el celebérrimo *Pepín*, bajo el nombre de "El señor Burrón o vida de Perro"; ahí, el mismo Vargas concibió *Los Súper Sabios*, donde "el héroe", o antihéroe, es "don Jilemón Metralla y Bomba", estereotipo de la villanía y abuso sobre los que están por debajo de su categoría.

Sin embargo, al crear *La Familia Burrón*, Vargas logró desprenderse de los modelos norteamericanos, "principal abrevadero de imitación nacional", y dar cohesión y estilo propio a sus historietas, relatando las aventuras de la vida diaria a través de una familia que hizo de su cotidianidad un absurdo y logrando que quien se acercara a leer y revisar la historieta se identificara con alguno de los personajes.

Los personajes de *La Familia Burrón*, sin ninguna pretensión antropológica, sociológica o académica, utilizan la mexicanidad para burlarse de ellos mismos y de los cánones sociales a través de un humor propio, camuflado, que muy pocos entienden, y quien repara en ello hasta se ríe sabiendo que en el fondo no lo entiende. Desde tiempos antiguos, los del "pueblo", los "de abajo", se burlan y se desfogan a costillas de los "ricos y acomodados" a través de lenguajes o códigos de comunicación que crean para no ser reprendidos o reprimidos. En las carpas de principios de siglo, el peladaje que asistía a estos lugares se tuteaba y se albureaba por igual con los artistas de barriada que se presentaban porque pertenecían a ellos mismos.

Al paso del tiempo, *La Familia Burrón* se "deformó involuntariamente", quizá por el abuso de la moralidad expuesta, que ya no respondía a las circunstancias de la temporalidad, a las ambiciones desmedidas de los personajes de un México que había desaparecido, además del crecimiento y la deformidad urbanística con que explotó la ciudad.

Aunque difícilmente los lectores de la actualidad pueden identificarse con este clásico de las historietas mexicanas, sus personajes y sus vivencias poseen una vigencia ilimitada que aparece en cada mexicano de la actualidad. La tecnología y los medios proporcionan hoy en día millones de ofertas de todas partes del mundo, pero la frescura de la obra creada por Gabriel Vargas, luego de iniciar como una historieta, se convirtió en una historia para poder acercarse a comprender, como afirmó Carlos Monsiváis: "la expresión de un mundo muy personal, que logra captar y esencializar comportamientos y que logra además trasmitirlos a través de un sentido del humor que es un estilo verbal".

México en la Cultura

Hasta hoy, la casi totalidad de nuestros suplementos eran simples desvanes donde iban a verterse los desechos de los diarios. *Novedades* ha superado esta deficiencia y abre una nueva perspectiva. Aspira, en primer término, a convertirse en un resonador de la cultura nacional... Abrimos una ventana al paisaje entrañable de México, al de su cultura que es en nuestros días conturbados, motivo de orgullo y una lección de callado heroísmo. Lo mexicano con trascendencia universal y lo universal que fecunde lo mexicano podrían servir como lema.

México en la Cultura, primer editorial

El 6 de febrero de 1959 se publicó por primera vez el suplemento *México en la Cultura*, en el periódico *Novedades*. Bajo la dirección de Fernando Benítez, apareció por más de una década todos los domingos. "Haber aparecido durante un periodo importante (1949-1961), contar con una vasta circulación, una selecta nómina de colaboradores y buena factura editorial, así como la colaboración de los críticos de más extendida trayectoria y mejor reputación", hicieron de este órgano de la prensa cultural mexicana uno de los más importantes e influyentes de todos los tiempos.

Por sus páginas pasaron, a decir de Víctor Manuel Camposeco, las plumas más talentosas de cinco generaciones, desde el Ateneo de la Juventud (Alfonso Reyes, José Vasconcelos y Artemio de Valle Arizpe), la de 1915, la del 29 y la de Medio Siglo, además

128

de la del 68. Colaboraron entre otros: "Carlos Pellicer y Rodolfo Usigli; Octavio Paz, Juan José Arreola, Juan Rulfo, Alí Chumacero, José Luis Martínez, Gastón García Cantú y Emilio Uranga; Carlos Fuentes, Emmanuel Carballo, Rosario Castellanos, Jaime García Terrés y Elena Poniatowska, Carlos Monsiváis y José Emilio Pacheco", entre otros. León Felipe, Luis Cernuda, Pablo Neruda, Gabriel García Márquez y Jorge Luis Borges, etcétera, también ocuparon un lugar de privilegio en sus páginas.

La década de los cincuenta marcó el tiempo de la modernidad, el cambio y la transformación de México, y la cultura, la literatura, el ensayo, la crítica y el arte no fueron la excepción. De manera paralela al floreciente cosmopolitismo, los escritores, críticos y artistas más importantes del momento publicaron sus obras literarias, que provocaron un giro de 360 grados al renovar con sus propuestas la concepción cultural y literaria de México. Entre 1949 y 1958 aparecieron *El laberinto de la soledad*, de Octavio Paz; *Confabulario*, de Juan José Arreola; *El llano en llamas* y *Pedro Páramo*, de Juan Rulfo; *Balún Canán*, de Rosario Castellanos, y *La región más transparente*, de Carlos Fuentes.

Sin embargo, y para bien, *México en la Cultura* no sólo fue el escaparate para los "consolidados", sino también un semillero y laboratorio para las nuevas plumas. La crítica que se empezó a cultivar en sus páginas permitió observar la evolución literaria de escritores noveles, que al paso de los años se consolidaron de manera rotunda.

Esto propició su evolución. "Durante los primeros años, el suplemento parecía interesarse poco en la crítica literaria de obras de nueva aparición y dedicaba mayores espacios a la plástica europea, al muralismo mexicano, la cultura prehispánica, autores clásicos, extranjeros y nacionales, filosofía, ciencia y otras materias". Sin embargo, Benítez y su equipo, al permitir el acceso a aquellos que con grandes bríos de renovación iban reinterpretando las letras mexicanas, provocaron el "despertar e interés de los críticos". "Ello propició el desplazamiento paulatino de los temas antes preponderantes y dio lugar a la tercera fase de desarrollo de la publicación: la llegada de los críticos especializados en literatura y la necesidad de dotar al suplemento de esquemas editoriales que satisficieran la llegada a la redacción de obras nuevas."

El trabajo extenuante de los realizadores, los errores (in)voluntarios de algunos colaboradores que aprovechaban otros foros para hacer críticas férreas a los "compañeros", la creación de grupos y/o "mafias" al interior y exterior de la edición, el "Olimpo" inamovible de los consagrados y los perfilados, así como el desplazamiento de muchas de las secciones exitosas y permanentes por anuncios publicitarios comenzaron a marcar su descenso y caída.

Para finales de 1952, aún sin quedar del todo claras las razones, la dirección del periódico exigió a Benítez su renuncia. Con él se fueron más de 30 colaboradores. Después de más de una década, *México en la Cultura* dejó de existir. La hecatombe que provocó su finalización abrió otros espacios y propició la conjunción de otros grupos literarios y culturales; aunque todos de una valía enorme, ninguno con la posibilidad de repetir los logros del anterior. Con la última aparición del suplemento, en diciembre de 1961, se dio fin a una de las etapas más brillantes de las letras mexicanas de todos los tiempos. Hoy en día, sus páginas son imprescindibles.

Centro Urbano Presidente Alemán

La política de crecimiento de la ciudad no puede ser la de
extenderse, sino la de aumentar su densidad demográfica
para que pueda contar con los servicios necesarios, y que
éstos resulten costeables. A la vista de esta realidad, ya se
han hecho en México algunos intentos tendientes a supe-
rarla, como son los multifamiliares.

MARIO PANI

El 2 de septiembre de 1949 se inauguró el Centro Urbano Presidente Alemán (CUPA), conocido también como "multifamiliar Alemán". La obra es considerada una de las más importantes de la arquitectura moderna, pues a través de una propuesta constructiva
nunca antes realizada en México se comenzó a dar solución a uno de
los problemas urbanos que implicaba el crecimiento demográfico.

Tomando como ejemplo el proyecto de la Ville Radieuse, de
París, del arquitecto suizo Le Corbusier, en el que con una obra
habitacional de gran escala se podía aumentar la capacidad de las
zonas urbanas y, al mismo tiempo, mejorar el medio ambiente y la
eficiencia de la ciudad, el arquitecto Mario Pani "comparte el en-
tusiasmo y comprende las virtudes del modelo para densificar la
Ciudad de México y el impacto formal de dicha transformación".

A casi un mes de haber tomado posesión como presidente de
México, y como parte de su amplio proyecto social (educación,
salud y vivienda), Miguel Alemán instruye al director de Pensiones
Civiles, Esteban García de Alba, para que convoque a un "concurso

131

de ideas" con la finalidad de crear un proyecto arquitectónico de vivienda para los trabajadores al servicio del Estado. El arquitecto Pani recuerda que el licenciado José de Jesús de Lima, subdirector de esa institución, lo buscó para comentarle que existía el interés de construir 200 casas para los burócratas en un terreno de 40 mil metros cuadrados que se encontraba en avenida Coyoacán. "Pues me parece una idea malísima, porque en un terreno de 40 000 metros cuadrados se debería hacer una gran unidad, compacta, de una intensidad mayor que la que pueden tener 200 casuchas." Con esa idea, Pani solicitó tres semanas para realizar un anteproyecto "con edificios altos, que en lugar de hacer 200 casas, se construyan más de 1 000 departamentos".

La propuesta presentada por Pani consistía en la construcción de nueve edificios de trece pisos y seis edificios de tres pisos, los cuales ocuparían entre 20 por ciento y 25 por ciento del total de la superficie, y lo demás estaría dedicado a jardines, guardería infantil, escuela (con capacidad para 600 alumnos), auditorio, local para juegos, alberca semiolímpica, lavandería mecánica, dispensario médico y comercios. Estos últimos ubicados en la planta baja de los edificios.

Pani entregó el anteproyecto a García de Alba, quien lo consideró aceptable, tanto que le preguntó si podría arrancar la obra en una semana. Pani le respondió que era imposible, pues aún no contaba con un presupuesto ni con los estudios técnicos, solicitando quince días para realizarlo, los cuales le fueron concedidos por el director de pensiones.

El arquitecto Pani llamó al ingeniero Bernardo Quintana, quien contaba con 26 años, para pedirle que realizara el estudio de la mecánica de suelos. Aceptado el trato, montaron una oficina y llevaron a cabo el proyecto ejecutivo y el presupuesto, trabajando 24 horas diarias en turnos de 8 horas. Poco tiempo después, y a partir de ese proyecto, Bernardo Quintana y su pequeño grupo de trabajo dieron inicio a un despacho propio, Ingenieros Civiles Asociados (ICA), que en la actualidad es una de las oficinas constructoras más importantes en el mundo.

Cuando el plazo llegó a su fin se entregó el proyecto, que abatía de entrada el precio de construcción por metro cuadrado de 200 pesos a 184 pesos. El contrato se firmó al día siguiente, y como una novedad en las cláusulas se estipuló que las economías obtenidas de la construcción se utilizarían para las mejoras de la propia obra. Con esos ahorros, afirma el propio Pani, se pudo contratar a los artistas plásticos José Clemente Orozco y Carlos Mérida para realizar un mural y unas figuras en la guardería, respectivamente.

La obra se terminó en un tiempo récord de menos de dos años. El resultado fue "un experimento exitoso que podía superarse". Los principales edificios

se ligan en zigzag siguiendo una de las diagonales del terreno y los más bajos están aislados sobre los frentes de calles más cortas. El conjunto se orienta norte-sur permitiendo que casi la totalidad de las habitaciones disfruten de vistas a oriente-poniente. Los edificios de liga se orientan al sur. Toda la supermanzana pasa a ser peatonal y los automóviles se estacionan en el perímetro. Las plantas bajas están destinadas a comercio y a pórticos de circulación y los departamentos son de dos niveles teniendo en el de acceso la cocina y el comedor y en el otro —subiendo o bajando— las recámaras y el baño. Los pasillos de circulación se reducen a uno por cada tres pisos.

A pesar de que el "multifamiliar" recibió críticas severas, comparándolo con un "campo de concentración", los derechohabientes que fueron llegando se convencieron de su funcionalidad, sobre todo porque cada uno de los mil 80 departamentos del complejo contaban con los servicios que se ofrecieron desde el principio, amén de todos los que ofrecían los tiempos modernos, como luz eléctrica, radio, teléfono, gas, incineradores de basura, elevadores, purificador y calentador de agua en la alberca, edificio de administración con servicio de correo y telégrafo, etc. La obra construida por Pani y sus asociados superó incluso la propuesta lecorbusiana, creando "una pequeña ciudad dentro de la ciudad", logrando satisfacer la demanda de vivienda para un sector de la sociedad y otorgando un sentido práctico al urbanismo floreciente de aquellos tiempos.

Pani quiso superarse a sí mismo y años después intervino en la propuesta y construcción de los multifamiliares Juárez y Tlatelolco. Sin embargo, la obra arquitectónica del CUPA fue una solución urbana adelantada a su tiempo que transformó definitivamente el paisaje urbano, sin que pudiera superarse a sí misma.

Mambo

Los arreglos, precisos, ricos y enfocados, casi no dejaban lugar para las improvisaciones, pero tenían la sencillez necesaria para que los bailadores pudieran captar fácilmente las deliciosas síncopas [estrategia musical que consiste en cambiar el ritmo de una melodía acentuando una nota débil o semifuerte] subyacentes en la intrincada textura sonora.

Jaime Almeida sobre el mambo

El 12 de diciembre de 1949, la compañía discográfica RCA Victor sacó al mercado el disco de 78 revoluciones por minuto titulado "Mambo", de Dámaso Pérez Prado. En la primera cara aparecía "Que rico mambo" y en la segunda el "Mambo No. 5", desatando con esto "la mambomanía". Este ritmo musical, heredero del danzón, revolucionaría la música tropical, siendo México su máximo escaparate.

Aparentemente el origen de este ritmo es ambiguo. Algunos especialistas coinciden en que surgió en el continente africano; otros que nació como contradanza contestataria al imperialismo francés en las islas del Caribe, y los que más coinciden dicen que se trata de una evolución rítmica del danzón, nacido en Cuba. De hecho, Orestes López, "pianista, contrabajista y compositor en los años treinta, creó un danzón cuya parte final denominó mambo, con un motivo sincopado similar al que se utiliza para el ritmo montuno. Poco después esta innovación fue adoptada por la orquesta de Antonio Arcaño, añadiendo una instrumentación en la que ya aparecían un piano y un cencerro".

Pérez Prado, su máximo intérprete, alguna vez declaró: "Mambo es una palabra cubana. Se usaba cuando la gente quería decir cómo estaba la situación; si el mambo estaba duro era que la cosa iba mal... Me gustó la palabra... Musicalmente no quiere decir nada, para qué voy a decir una mentira. Es un nombre. Hasta ahí no más".

A los 24 años, Pérez Prado viajó de su natal Matanzas a La Habana, donde participó como arreglista y pianista de algunas agrupaciones musicales. En 1946 formó su propia orquesta, realizando viajes a Argentina, Venezuela y Estados Unidos. Su estancia en el país del norte le dejó muchas enseñanzas, sobre todo por la influencia de las grandes bandas, especialmente la de Stan Kenton. Es cuando decidió incorporar sonidos de jazz y metales a sus arreglos.

El México cosmopolita y nocturno de la década de los años cuarenta le abrió sus puertas en 1948. Con una armonización más moderna y con el buen uso de las disonancias, amén del apoyo de colegas cubanos y mexicanos, ya consolidados en el país, como Yolanda Montes *Tongolele* y María Victoria, formó una nueva orquesta musical, incorporando como cantante a Benny Moré, lo que le permitió abrirse camino en teatros y centros nocturnos. Las compañías disqueras cubanas que habían decidido dejar de grabarlo, por considerar su música como "infernal, de salvajes y de arranques de caníbales y una vil copia de la huaracha", lo volvieron a buscar, aunque infructuosamente, ya que por consejo e invitación de Kiko Mendive firmó con la RCA Victor, que con la regrabación de "Que rico mambo" en 1949 vendió miles de discos y lo proyectó al mercado internacional. El propio Benny Moré fue quien le dio el sobrenombre de *Cara de Foca*: cuando allá en México, en la década de los cincuenta, estrenó "Locas por el mambo", un número suyo que decía: "¿Quién inventó el mambo que me sofoca? ¿Quién inventó el mambo que a las mujeres las vuelve locas? ¿Quién inventó esa cosa loca? Un chaparrito con cara de foca".

Debido al éxito inusitado, Pérez Prado incursionó en el cine mexicano. Primero como arreglista y compositor y posteriormente como artista. Participó en 122 películas, logrando consolidarse como una de las principales figuras del celuloide nacional de aquellos años. Entre sus participaciones cinematográficas destacan *Coqueta*, *Pobre corazón*, *Perdida*, *Al son del mambo*, *Aventurera* y *Víctimas del pecado*, entre otras. En 1950, por razones no sabidas, Pérez Prado desapareció intempestivamente del escenario nacional. Los que saben argumentan cuestiones políticas, pues afirman que era tal su éxito que intentó hacer el Himno Nacional de México en versión mambo, lo que le provocó un conflicto con el gobierno mexicano, por lo que se vio obligado a irse del país por un tiempo.

Para mediados de los años cincuenta, el apogeo del mambo había pasado, aunque su influencia seguía vigente. Las nuevas interpretaciones incluían en sus repertorios cha-cha-chá-mambo, guarachas-mambo, boleros-mambo y hasta renovados danzones-mambo. Lo cierto es que este novedoso ritmo influyó notablemente en la creación de toda la música tropical posterior.

Se dice que Pérez Prado componía tantos mambos, acorde con la intrépida velocidad del tiempo, que decidió sólo numerarlos, como piezas de música clásica. Dedicó sus melodías a los temas más variados, como universitarios, politécnicos, ruleteros, artistas, instrumentos, nombres propios, etcétera. De estos últimos destacan "Rosa", "Lupita" y "Patricia". Fue tan grande su éxito a nivel mundial que ya pasado el clímax del mambo, en 1960, Federico Fellini musicalizó una parte de su *Dolce vita* con este ritmo. Aún se recuerda a Anita Ekberg moviendo su cuerpo al ritmo de "Patricia", uno de los más populares mambos —con 5 millones de copias vendidas— de aquel talentoso compositor, pianista y director de orquesta, mujeriego y extravagante en el vestir al que amigos y enemigos llamaban por igual *Cara de Foca*.

El mambo aportó la vitalidad que requería el cosmopolitismo mexicano de los años cincuenta, transformando la música y dotándola de un nuevo espíritu. Hoy en día su influencia es inevitable en sus versiones musicales que se aferran a la sobrevivencia de sus intérpretes. En 1963, Alejo Carpentier afirmó sobre el mambo que "era una página extraordinaria en el dominio de la música popular contemporánea mundial".

Debut del Trío los Panchos

Tus besos se llegaron a recrear,/ aquí en mi boca,/ llenando de ilusión y de pasión,/ mi vida loca./ Las horas más felices de mi amor,/ fueron contigo,/ por eso es que mi alma siempre extraña, el dulce alivio.

Los Panchos, "Contigo", fragmento

El 28 de diciembre de 1949 debutó en el centro nocturno El Patio el trío Los Panchos, considerado como el primero en su género que vino a revolucionar la música mexicana en conjunto. Con su estilo, acorde a los tiempos de modernidad citadina y urbana, propuso una nueva forma de interpretar la música romántica, que algunos años atrás sólo se hacía con temas y ritmos de corte campirano (el trío Garnica Ascencio, los Trovadores Tamaulipecos, los Hermanos Martínez Gil, el Trío Avileño, entre otros), excepto la trova yucateca, que tuvo su esplendor entre 1922 y 1928. Este género, a través de sus letristas e intérpretes, entre los que destacaban Ricardo Palmerín, Pepe Domínguez y Guty Cárdenas, transformó el bolero al acelerar su ritmo, más acompasado en sus orígenes, como se percibía en sus antecedentes inmediatos del bolero cubano y el bambuco colombiano, caracterizados "por sus alegres acentos rítmicos de origen negro". Una de las piezas más famosas de Palmerín es, sin duda alguna, "Peregrina", que mandó escribir el líder socialista Felipe Carrillo Puerto para Alma Reed.

Los Panchos se formaron en Nueva York en 1944. El trío estaba integrado por "Chucho" Navarro, Alfredo "el Güero" Gil y Hernando Avilés. *El Güero* Gil había participado con sus primos en el conjunto de los Martínez Gil, pero se separó de ellos en 1938 para formar el trío de El Charro Gil y sus Caporales con su hermano Felipe y Chucho Navarro. Alfredo Gil destacaba no sólo por su interpretación musical y como primera guitarra, sino también por su talento como letrista. Muy pronto se ganaría el mote de *Dedos de oro* por su invención y aportación al género bolerista del requinto, con el que "enriquecía la calidad sonora con un sonido más ligero y más incisivo, cuya agilidad lo hacía especialmente útil en las ornamentaciones y rápidas estilizaciones de las melodías. El requinto iniciaba una introducción muy libre del tema de la canción y al terminar el ciclo de versos, se reintroducía antes de la repetición o para ir a la tradicional segunda parte". Destacan entre los temas de su autoría "Ya es muy tarde", "Me castiga Dios", "No trates de mentir", "Solo" y "Caminemos", que se convertirían en clásicos con Los Panchos.

Por su parte, Chucho Navarro, nacido en Aguascalientes, había mostrado sus dotes y afición por la música desde sus años mozos. Y aunque estudió la carrera de medicina, la abandonó para dedicarse de lleno a la música. Antes de unirse al trío de El Charro Gil y sus Caporales había realizado varias incursiones como guitarrista en la Orquesta Típica de México, que dirigía el maestro Sebastián Lerdo de Tejada. Como letrista destacaron sus canciones "Mi último fracaso", "Un siglo se ausencia", "Rayito de luna" y "Sin un amor", entre otras.

Durante una gira por Estados Unidos, y cuando el conjunto del Charro Gil se había separado, Gil y Navarro conocieron e invitaron al puertorriqueño Hernando Avilés para formar un trío, al que llamaron Los Panchos. Avilés inició su carrera musical en su tierra natal y al integrase al trío tomó el sitio de la primera voz. Nunca destacó como un gran músico, y aunque a veces hacía acompañamientos de guitarra y maracas, su tono melódico lo consolidó como una de las mejores voces en la historia de los tríos.

Los Panchos "iniciaron sus presentaciones en Estados Unidos, haciendo largas giras por los campamentos militares cantando para los soldados durante los años de la segunda guerra mundial. Posteriormente fueron contratados por la Cadena de las Américas, radiodifusora norteamericana que los dio a conocer en toda América".

El éxito indiscutible de su actuación en El Patio, en la Ciudad de México, los colocó rápidamente en el gusto de la gente, que asistía al mejor centro nocturno de aquella época para admirarlos. Su popularidad no sólo les permitió realizar otras más, durante un año, sino que los catapultó para tener actividad en radio, cine y teatro. Además, empresarios de Centro y Sudamérica viajaron a México para presentarlos en Cuba, Puerto Rico, Santo Domingo, Colombia, Venezuela y Brasil. Sus giras se extendieron por varias ciudades de Estados Unidos, España y Japón.

Hernando Avilés se separó del trío en 1951 y, al paso de los años, su sitio lo ocuparon seis primeras voces durante el resto de los 35 años que duró la agrupación. Entre ellos destacaron Julio Rodríguez, Johnny Albino, Enrique Cáceres y Rafael Basurto. Grabaron más de 2 mil 500 canciones en 250 discos. Ganaron infinidad de premios y recorrieron con su música todo el mundo. Aunque anunciaron su despedida de los escenarios en 1978, se retiraron formalmente en 1987.

La influencia de Los Panchos desató la fiebre de los tríos en México. Una cascada de agrupaciones boleristas nació a partir de ellos, como Los Tres Caballeros, Los Tres Ases, Los Diamantes, Los Dandys, Los Tres Reyes, por mencionar algunos. A su vez, con el apogeo de la canción romántica, los tríos dieron luz a canciones de compositores de gran renombre, como Vicente Garrido, Álvaro Carrillo, Roberto Cantoral, Federico Baena, Güicho Cisneros, Chamín Correa, Claudio Estrada, José Antonio Michel y Tata Nacho, entre otros.

Al paso del tiempo y con el nacimiento de "una nueva sensibilidad" social, la música de los tríos fue desplazada por otros ritmos, como el rock and roll. Sin embargo, la calidad musical y el estilo impuestos por los tríos, especialmente por Los Panchos, dejó una huella que no sólo traspasó fronteras, sino que creó una atmósfera musical que continúa vigente hasta nuestros días.

La grandilocuencia del bolero mexicano es tan significativa que, en las últimas épocas, artistas de media talla y hasta grandes estrellas recurren a los boleros para rescatar de las cenizas sus carreras, que brillan por la mediocridad.

La televisión comercial

En cada anuncio,/ una promesa,/ una promesa que se cumple./ Cada industria al anunciar sus productos contrae con usted la responsabilidad y el compromiso de responder con verdad a lo que anuncia. Porque cada anuncio es: una promesa,/ una promesa que se cumple./ Usted puede tener confianza en los productos que se anuncian.

Anuncio televisivo, Asociación Nacional de Publicidad

El 31 de agosto de 1950 comenzaron las trasmisiones del primer programa de televisión comercial en México. Sin embargo, años antes ya se habían hecho algunas, realizadas por el ingeniero Guillermo González Camarena. En 1934, inventó una cámara y un sistema tricromático secuencial de trasmisión. Entre 1940 y 1942 obtuvo dos patentes de su invento, una en México y otra en Estados Unidos, de tal forma que desde su casa realizó las primeras trasmisiones a color (combinando la tricromía: rojo, verde y azul). En 1946 se inauguró la primera estación de televisión experimental, con el auspicio de la Dirección de Telecomunicaciones. La señal quedó registrada con las siglas XHIGC-Canal 5, usando las iniciales de González Camarena. Uno de los primeros programas incluyó entrevistas y la presentación de grupos musicales. La locución estuvo a cargo de Luis M. Farías, presentando al conjunto de los Bocheros, y por supuesto bajo la dirección del propio González Camarena. Las trasmisiones experimentales se extendieron por dos años, y por la inexistencia de aparatos televisivos, los programas se trasmitían cada sábado para ser vistos en los cines de la capital.

El éxito fue tal que a finales de 1947 el presidente Miguel Alemán Valdés comisionó a González Camarena y Salvador Novo para que viajaran a Europa y "realizaran un estudio sobre el funcionamiento de la televisión y determinar las condiciones necesarias para traerla a México". Novo analizaría los aspectos culturales, educativos y socioeconómicos y González Camarena los técnicos. El viaje resultó del todo fructífero, y casi un año después González Camarena realizó varios programas. Para uno de ellos, el de septiembre de 1948, que se trasmitió desde el Estadio Nacional, ya contaba con siete receptores televisivos (de su propiedad), que se distribuyeron por varios puntos de la ciudad. Los temas fueron variados, sobre todo dedicados a productos de las casas comerciales y muebleras que apoyaron con dinero las trasmisiones. Sin embargo, prevalecieron los temas de la agenda presidencial ("Exposiciones objetivas de la Presidencia").

Y aunque González Camarena obtuvo la concesión televisiva para la trasmisión de su canal 5, paradójicamente, un empresario (de radio y prensa escrita) vio en la televisión un negocio con un potencial inacabable. En 1949, Rómulo O'Farrill acompañado de su hijo viajó a Estados Unidos y realizó un convenio con la compañía RCA para traer a México todos los implementos técnicos y poder instalar una estación de televisión, que tuvo su primera sede en los pisos 13 y 14 del edificio de la Lotería Nacional. "Fue tal la conmoción, la sorpresa y la curiosidad de las personas que causó la instalación de la antena trasmisora y el receptor de microondas, que el tráfico estuvo detenido por más de cuatro horas."

El 26 de julio de 1950 se realizaron las primeras trasmisiones de prueba. Apareció a cuadro Gonzalo Castellot leyendo las noticias del periódico *Novedades* y posteriormente Aurelio Pérez hablando sobre toros. De hecho, al día siguiente el mismo Aurelio Pérez (quien firmaba sus crónicas periodísticas bajo el seudónimo de *Villamelón*) trasmitió en vivo una corrida desde la Plaza México.

Las pruebas y experimentos habían terminado, y el 31 de agosto de 1950 se realizó la primera trasmisión comercial de televisión en

México. Al evento de inauguración, realizado en el salón principal de Jockey Club, asistieron el presidente Alemán y la mayor parte de su gabinete. El secretario de Comunicaciones, Agustín García López, declaró oficialmente inaugurada "la primera planta de televisión, XHTV, constituida por Televisión Mexicana". La emisión se realizó a través del canal 4 y en el programa aparecieron, entre otros, Adolfo Girón, el mago Frank, el Ballet Chapultepec, la soprano Alicia Noti y el tenor Ernesto Velázquez, Marilú, el conjunto de Tierra Blanca, el pianista Salvador Ochoa y la pareja cómica formada por Rosita Fornés y Manuel Medel. Para no dejar pasar el impacto que había causado el espectáculo, al otro día se trasmitió íntegro el informe presidencial de Miguel Alemán. Paulatinamente, las programaciones se fueron ampliando, y con ello la fila de anunciantes fue creciendo, destacando los promocionales de Bonos del Ahorro Nacional, RCA, Goodrich Euzkadi, Cervecería Modelo, Ron Potrero, cigarros El Águila y Casino, Novedades y Ford.

Definitivamente, la televisión transformó a la sociedad mexicana. Se convirtió en un elemento cohesionador de las familias, aunque con el tiempo provocó el deterioro de algunos hábitos del desarrollo intelectual. Y peor aún, la aplicación máxima de la tecnología ha convertido a este medio y sus contenidos en un medio de desculturización y manipulación política, restando capacidad de decisión a los televidentes, contra lo que se profetizó el día de su inauguración:

En la historia del hogar mexicano empieza en este día una nueva era. Sus hijos gozarán sin peligro alguno de espectáculos especialmente planeados para ellos. Las noticias que conmueven al mundo llegarán a usted, con verismo, con una realidad jamás soñada antes. Los más soñados astros del deporte jugarán sólo para usted. Rutilantes estrellas del cine y del teatro actuarán en su propia sala.

Y por supuesto comenzaron los bombardeos de anuncios para que la gente adquiriera su "espejo mágico", Admiral de 48 centímetros, que advertía: "no se agache, no se hinque y no haga bizcos".

El laberinto de la soledad

> "Otredad" esencial: la Conquista es un suicidio y una salva-
> ción, el periodo virreinal un orden opresivo y armónico, el
> liberalismo del siglo XIX una hazaña y una máscara, el por-
> firiato un primer intento de modernización y una "simu-
> lación" colectiva. Sólo la Revolución mexicana parecía sal-
> varse, disolver la "otredad" colectiva. Pero ¿qué revolución,
> de entre todas las que estallaron? ¿Cómo conciliar la fe en
> esa revolución con el régimen autoritario que engendró?
> ¿Y dónde, en fin, colocar la democracia, tan ajena al "ser"
> histórico de México, que Paz apenas se refirió a ella en *El
> laberinto de la soledad*?
>
> ENRIQUE KRAUZE

En 1950, Octavio Paz publicó en la revista *Cuadernos Americanos*
su obra titulada *El laberinto de la soledad*, considerada una de las
más importantes de la literatura universal. En ella, Paz retoma los
valores tradicionales de la crítica francesa del siglo XVII y los latinoamericanos del siglo XIX, donde a través del temperamento y de la
moral busca la identidad de la mexicanidad (en el caso de algunas expresiones artísticas nacionales, como ejemplos anteriores a su obra
aparecen Martín Luis Guzmán, José Vasconcelos y Samuel Ramos,
en la literatura; Diego Rivera, David Alfaro Siqueiros y José Clemente Orozco, en la pintura; Carlos Chávez y Silvestre Revueltas,
en la música). Como siempre lo sostuvo él mismo, no es un ensayo
antropológico ni mucho menos psicológico, sino un estudio de los

fenómenos históricos que dan razón al "ser" (mexicano) sobre una simple esencia de "mexicanismo". "Los mexicanos tienen carácter, genio y alma", entonces se trata de estudiar un orden histórico del porqué "los mexicanos somos como somos". Cronológicamente, en los nueve capítulos que conforman el libro, el mexicano aparece en estado de soledad, abandonado física e ideológicamente, como menciona Enrique Krauze: "en particular el pueblo azteca, en estado de radical soledad. No sólo 'naufragan sus idolatrías', sino la identidad misma y la protección divina: los dioses lo han abandonado. Pero a la vez, la voz individual se vuelve colectiva, precisamente, para descubrir la propia voz". Continúa Krauze: "Venturosamente, luego de la ruptura cósmica de la Conquista adviene un orden, sustentado en la religión y 'hecho para durar'. No una 'mera superposición de nuevas formas históricas', ni siquiera sincretismo, sino 'organismo viviente', lugar en donde 'todos los hombres y todas las razas' encontraban sitio, justificación y sentido". "Por la fe católica —agrega Paz—, los indios, en situación de orfandad, rotos los lazos con sus antiguas culturas, muertos sus dioses tanto como sus ciudades, encuentran un lugar en el mundo […] el catolicismo devuelve sentido a su presencia en la tierra, alimenta sus esperanzas y justifica su vida y su muerte."

Durante la época virreinal, los casos son aislados, cuando los indios buscan reencontrar su identidad "predicando la restauración de sus antiguos dioses", y sin querer, como afirma, Christopher Domínguez, "los vuelve incipientes nacionalistas". Los une la orfandad y los reúne la religiosidad cristiana, sin saber, aún, exactamente, quiénes son. Afirma el propio Paz: "nada ha trastornado la relación filial del mexicano con lo sagrado. Fuerza constante que da permanencia a nuestra nación y hondura a la vida afectiva de los desposeídos".

El siglo XIX y sus batallas intestinas. Paradójicamente, como con Cristo, tres negaciones definen o no al mexicano: no indio, no español y no católico. Se imposta y le imponen ideologías y creencias que siguen sin definirlo, de acuerdo con sus circunstancias. Por esto, a pesar de su origen y estirpe, niega nuevamente al porfiriato, y es el movimiento revolucionario una de sus "muchas revoluciones", la que comienza a darle sentido. Sobre toda aquella que tiene que ver con el zapatismo, el origen y sentido de su padre, de sus resentimientos y de su ser. El arraigo a la tierra y a su pertenencia. En ese periodo, el individuo comulga con sus correligionarios; pelean por su causa, luchan en colectivo por lo que consideran su pertenencia y que los define. "La explosión revolucionaria es una portentosa fiesta en la que el mexicano, borracho de sí mismo, conoce al fin, en abrazo mortal, a otro mexicano."

Sin embargo, hay características latentes en el ser del mexicano que sobreviven permanentemente, sobre todo aquellas que al verse soterrado, solitario, traicionado, lo hacen volver a la máscara de la impostación. Paz vuelve con rabia a la imagen de su padre que lo ha traicionado y lo ha volcado solo al mundo. Considera hasta negar aquella revolución que por primera vez ha cohesionado su pensamiento, y con ello hasta los hechos más puros que lo han llevado a ese punto, como el constitucionalismo de 1857 y el liberalismo nacionalista de la segunda mitad del siglo XIX y la primera década del XX. Pero vuelve consciente al orden y la crítica que lo definen y ayudan a definir al mexicano: reivindicando a los próceres que le dan sentido al ideal del incipiente democrático, Juárez, Madero, Zapata, o sea su propia estirpe.

Años después, quizá menos rebelde pero más crítico, de lo individual y lo colectivo, el propio Paz concluyó sobre México y el mexicano, una definición que hasta nuestros días se muestra más que vigente: "son lo que soy yo, también lo que no soy y no quiero ser. Quisiera ser el desconocido que me habita, una tentativa por desenterrarme y verme y viéndome, ver el rostro de mi país, de mis semejantes".

Los olvidados

Los olvidados, una realidad que excede la fantasía. Una película que va más allá de cuanto usted se ha imaginado. Es un drama que ocurre hoy, que ocurrió ayer; una historia verdadera aquí y allá; un problema de todas partes y de todos los tiempos. Todos los conflictos y dolores de un mundo ignorado, el mundo de los olvidados.

Anuncio oficial de la película

El 9 de diciembre de 1950 se estrenó en el Cinema Mexicano, de la capital del país, la película *Los olvidados*, del director español Luis Buñuel. Este drama, que retrataba la vida de los arrabales de la Ciudad de México, provocó un rechazo casi unánime de la crítica y del público, por lo que fue retirada a los cuatro días. Oscar Dancigers, el productor del filme y amigo de Buñuel, no asistió al acto temiendo la airada respuesta del público. Tampoco acudieron los actores, ni siquiera los amigos y colaboradores cercanos. No obstante, la hostil acogida pronto se convirtió en admiración luego de presentarse con gran éxito en el Festival de Cannes, donde obtuvo el premio del jurado a la mejor dirección.

En sus prolíficas memorias, Luis Buñuel contó pormenorizadamente sus primeros acercamientos con la cultura americana y las aportaciones intelectuales de su bagaje. En 1930 llegó por primera vez al continente americano. Se instaló en Los Ángeles, California, con la consigna "de ver los adelantos técnicos del cine de Hollywood". Departió con Chaplin, Marlene Dietrich y Dolores del Río. Al año siguiente regresó a Francia para continuar con sus menesteres de militancia política y sus relaciones cotidianas con el grupo de los surrealistas, que por aquellos tiempos comenzaban a consolidarse. En 1946 volvió a América, pero esta vez a México, donde permaneció 15 años, realizando una carrera cinematográfica con más de treinta películas.

Su primera incursión en el cine mexicano, invitado por el productor Dancigers, fue para escribir y dirigir dos películas comerciales en tres años: *Gran Casino*, protagonizada por Jorge Negrete, y *El gran calavera*, donde Fernando Soler encabezaba el elenco. Pero vino el tiempo de *Los olvidados*, el verdadero comienzo de su privilegiada carrera como cineasta profesional.

Durante cinco meses se paseó por los arrabales de la Ciudad de México, a veces acompañado del director cinematográfico Luis Alcoriza, para conversar y escuchar, pero sobre todo para observar a la gente de los sitios que visitaba. Muchos eventos que atestiguó quedaron plasmados en la película. De hecho, escenas tan bien logradas llegaron a enfrentar críticas, tachándolas de inventadas. Buñuel mismo recuerda que una escena filmada dentro de una barraca fue cuestionada duramente porque la miseria retratada no permitía lugar "para camas de bronce". Él defendió la escena argumentando que lo había visto y que incluso le habían confesado que las parejas sacrificaban otras cosas para adquirir una cama de ese tipo para casarse.

Buñuel refiere que siempre quiso reflejar lo que vio y escuchó, pero se lo prohibieron. Habrá que recordar que en esos momentos el país vivía el "milagro mexicano" y que en la concepción gubernamental de ninguna manera podía existir aquel ambiente, al extremo marginado. Incluso al principio algunos de los técnicos se negaron a colaborar, argumentando que el director debía hacer "una película mexicana verdadera, en lugar de una tan miserable como aquélla". Pedro de Urdimalas, argumentista y actor (el célebre *Topillos* en *Nosotros los pobres*, *Ustedes los ricos* y *Pepe el Toro*, protagonizadas por Pedro Infante, realizadas en 1948), colaboró con Buñuel para asesorarlo en los diálogos, pero con la condición de que su nombre no apareciera en los créditos.

La película fue rodada en 21 días. Buñuel cobró 2 mil dólares y fue retirada de la cartelera sin haber durado ni siquiera una semana. El día del estreno, recuerda el director, "la gente salía como si viniera de un velorio". Algunos de los presentes se portaron desdeñosos, incluso agresivos, como "Bertha, la esposa de León Felipe, quien se me lanzó a la cara para arañarme, gritando que acababa de cometer una infamia, un horror contra México". Otros más, como Siqueiros, lo felicitaron conservando la seriedad.

Un año después Buñuel regresó a Francia y sus propios partidarios lo criticaron por su "aburguesamiento". Sin embargo, a partir de la presentación de *Los olvidados* en el Festival de Cannes todo cambió, incluso, Octavio Paz, en la puerta repartía a los invitados una reseña suya calificando el filme como uno de "los mejores de la historia de la cinematografía".

El éxito internacional en los principales festivales de cine permitió que se estrenara comercialmente en México, aunque tan sólo por cuatro meses. Al paso del tiempo también triunfó en el país, ganando los principales premios en todos los rubros. En 2010, al cumplir 60 años, la película se remasterizó y se agregaron escenas que habían sido descartadas en un principio. De hecho, en esta nueva versión cuenta con un final alterno.

Los olvidados marcó un cambio radical en la manufactura de la cinematografía nacional. Mostró una cara real del país y el autoritarismo del gobierno, que se negaba a reconocer.

Las escenas surrealistas propuestas por Buñuel presentaban aparentemente un país fuera de la realidad. Sin embargo, la película retrató un México que se negaba a desaparecer y que pervivía como un cáncer que afectaba la imagen de las políticas gubernamentales, que en muchos sentidos sobrevive hasta nuestros días.

Ciudad Universitaria

Estamos aquí, en suma, haciendo Universidad en el más amplio sentido, integrando el pensamiento, el anhelo y la labor de todos a través de la cultura. No estamos poniendo una primera piedra en el primer edificio de la Ciudad Universitaria, estamos poniendo una piedra más en la fervorosa construcción de nuestro México.

Discurso pronunciado en la colocación de la primera
piedra de la Ciudad Universitaria, 1950

El 20 de noviembre de 1952 se inauguró la Ciudad Universitaria, y aunque las obras de construcción aún se encontraban inconclusas, el presidente Miguel Alemán dispuso su apertura simbólica (característica peculiar de casi todo su sexenio, "seguía la costumbre de iniciar obras y de inaugurarlas en la condición que estuviesen: por lo general, a medias, y así se quedaban porque al fin y al cabo ya se habían inaugurado"). Se trataba de la mayor obra de infraestructura escolar para satisfacer uno de "los tres programas de largo aliento que los gobiernos posrevolucionarios promovieron para reconstruir el país: hospitales, viviendas y escuelas". Con esta inercia, igualmente en el sector escolar, apenas unos años antes, en 1947, se había inaugurado la Escuela Normal para Maestros bajo la proyección del arquitecto Mario Pani. Era lógico que "debía continuarse con la anhelada Ciudad Universitaria".

La idea de construirla ya llevaba algún tiempo, pero no fue sino hasta mediados de los años cuarenta que el proyecto comenzó a definirse. Al principio hubo una serie de disputas políticas sobre cuál sería su ubicación. De hecho, una primera propuesta gubernamental sugería que fuera en la parte alta de Lomas de Sotelo y parte de Polanco. Sin embargo, la idea se desechó prontamente cuando se hizo público el rumor de que esos terrenos, como los de la colonia Anzures, pertenecían a compañías desarrolladoras cuyos dueños eran del primer círculo presidencial y de las cuales el propio presidente era socio.

Entre 1943 y 1946 todo fue en beneficio de la Universidad: se formó la Comisión Técnica Directora para empezar a conseguir recursos (10 millones de pesos), se adquirieron los terrenos en la zona del pedregal (2 millones de metros cuadrados, de un total de siete), el Congreso expidió la Ley sobre la Fundación y Construcción de CU y, en abril de 1946, quedó instalada la Comisión Constructora de la Ciudad Universitaria.

En 1949, dicha Comisión nombró a los arquitectos Mario Pani y Enrique del Moral como directores del proyecto. Éstos, a su vez, formarían grupos para que se encargaran de la proyección de cada una de las escuelas que compondrían el campus. "Nunca antes se había conjuntado en una obra tan grande a tantos arquitectos e ingenieros; llegaron a 70 el número de los proyectistas; fueron más de 200 los residentes, contratistas y supervisores, y 10,000 los obreros, en tres turnos, quienes trabajaron en la gran obra". El propio mandatario otorgó los nombramientos de gerente general de obras y presidente del patronato al arquitecto Carlos Lazo y a Carlos Novoa, respectivamente.

Aunque los trabajos de construcción se iniciaron en 1948 (drenajes, túneles y puentes), la falta de recursos y el cambio de autoridades en la Universidad comenzaron a retrasar las obras. Formalmente, en junio de 1950 se colocó la primera piedra del que sería el primer edificio universitario, la Torre de Ciencias. La ceremonia estuvo encabezada por el rector, Luis Garrido, y el secretario de Gobernación, Adolfo Ruiz Cortines. Para conseguir la unidad y armonía del conjunto, de acuerdo con el proyecto ejecutivo, "se limpió el inmenso terreno, se definió la ubicación de cada edificio y se inició la construcción. Lazo y los directores del proyecto de conjunto restringieron el uso de los materiales a las estructuras libres de concreto, la piedra volcánica que se extraería de las excavaciones para escalinatas y paredones, vitroblock hueco azul y café, y manguitería tubular de lámina doblada". Esto otorgaría la tan ansiada unidad al conjunto y sería, como lo señaló el propio Lazo, "a prueba de estudiantes".

Desde el inicio del proyecto se contempló la unidad arquitectónica y la pedagógica, dividiendo el espacio en zonas escolares, habitaciones para estudiantes y profesores, espacios deportivos, áreas comunes y artísticas. Con fines didácticos se incluyó un museo de arte. "Se determinó que el conjunto se proyectara para alojar un máximo de 25 mil alumnos, ya que en esa fecha la UNAM contaba con menos de 15 mil."

Aún sin concluir las obras y con la zozobra de la falta de liquidez financiera para hacer frente a la nueva aventura universitaria, la mudanza de la vieja Universidad al nuevo campus, considerado por su ubicación "una barrera de la ciudad", comenzó en 1953, pero no fue sino hasta el 22 de marzo de 1954 cuando formalmente se dio el banderazo para el inicio del primer ciclo escolar.

La obra arquitectónica de la Universidad destaca en su conjunto y también en cada una de las obras de sus creadores: la Biblioteca Central de Juan O'Gorman y su decoración artística, "códice de piedra", como se le conoce; el estadio olímpico de Augusto Pérez Palacios, cuya solución técnica provocó una visita inesperada para la contemplación elogiosa de Walter Gropius y Franck Lloyd Wrigth; el pabellón de Rayos Cósmicos de Reynaldo Pérez Palacios, quien con la colaboración de Félix Candela solucionó la obra a través de una bóveda para funcionar como laboratorio para la medición de los rayos; la torre de Rectoría de Pani y Del Moral, un inmueble de cuatro fachadas que se ilumina individualmente y con su presencia da la entrada al campus; el edificio de Medicina de Roberto Álvarez y Pedro Ramírez Vázquez, etcétera. A la lista podrían sumarse cada uno de los edificios de las facultades (Ingeniería, Arquitectura, Filosofía y Letras, Derecho, Economía, los espacios deportivos, etcétera), sus constructores (José Villagrán, Francisco J. Serrano, Alberto T. Arai, Enrique de la Mora, Enrique

Yáñez, Javier García-Lascuráin, entre otros), sus artistas (Diego Rivera, Luis Barragán, José Chávez Morado, David Alfaro Siqueiros, por mencionar algunos) y todos los rincones que componen el casco universitario. No mencionarlos a todos resulta injusto, pero una obra de estas dimensiones merecería, literalmente, el espacio completo de una enciclopedia.

Desde su proyección, la Ciudad Universitaria fue digna de halagos. En su construcción participaron los más destacados grupos de arquitectos, ingenieros y artistas, quienes plasmaron su talento para dejar una huella inmanente en una de las obras cumbres de la arquitectura mexicana contemporánea. Lamentablemente, hoy en día su capacidad es superada por la demanda. Aun así, la Universidad Nacional Autónoma de México (UNAM), por su arquitectura y por su nivel de enseñanza, ocupa merecidamente uno de los primeros lugares en el mundo.

Adiós, compadre

Mirando torear a Silverio/ me ha salido de muy dentro lo gitano de un cantar;/ con la garganta sequita, muy sequita la garganta,/ seca de tanto gritar./ Silverio, Silverio Pérez,/ diamante del redondel,/ tormento de las mujeres/ a ver quién puede con él./ Silverio, torero estrella,/ el príncipe milagro de la fiesta más bella./ Carmelo que está en el cielo, se asoma a verte torear./ Monarca del trincherazo,/ torero, torerazo, azteca y español./ Silverio, cuando toreas no cambio por un trono/ mi barrera de sol.

AGUSTÍN LARA, "Silverio Pérez", fragmento

El 1 de marzo de 1953, una de las más grandes figuras del toreo, el llamado *Faraón de Texcoco*, Silverio Pérez, se retiró de los ruedos, causando un gran dolor a sus seguidores y al público en general. Si bien es cierto que a partir de la construcción e inauguración de la Plaza de Toros México muchas figuras se consagraron con sus presentaciones (Manolete, Luis Miguel Dominguín, *Armillita*, Arruza, Manuel Capetillo, Manolo Martínez, entre otros), también ha sido testigo de grandes adioses que han dejado huella.

La fiesta brava ha sido uno de los eventos culturales de herencia colonial más venerados. Fue traída a las nuevas tierras para deleite de un grupo selecto, pero fue adoptada por todas las clases sociales, aunque en las plazas aún se dividen los que pagan sol o sombra. México ha dado toreros excelsos que han engrandecido la fiesta taurina. Célebres entre los grandes, Gaona, *Armilla* y, por supuesto, Silverio Pérez. Todos ellos y muchos otros brillaron en las plazas importantes de México y España antes de su consagración ante el público de la capital mexicana, que vio halagado su gusto con la construcción de la plaza más grande del mundo. Ahí Silverio vio sus más grandes triunfos y derrotas. Tuvo corridas mano a mano con los mejores, como aquella tarde de febrero de 1946, la segunda corrida del serial inaugural, cuando alternando con *Manolete* consiguió cortar un rabo al toro "Barba Azul", de Torrecilla.

Sobre su actuación de ese día se dijo que no hubo suerte por la mansedumbre de las reses y "el mal juego de los astados". Cosa curiosa, el periodista José Pagés Llergo le regaló un séptimo, "Malagueño", de la ganadería de San Diego de los Padres, de donde había venido "Michín", el burel que le quitó la vida a su hermano Carmelo el 18 de octubre de 1931.

La fiesta brava se convirtió en uno de los espectáculos predilectos de los capitalinos en la primera mitad del siglo xx. Para los que acudían con anterioridad a los cosos de Bucareli, Cuatro Caminos y la Condesa, pasando por los que hallaron su querencia permanente en la México, hasta los que empezaron a disfrutar de la tauromaquia en el seno familiar a través de la televisión, ahí elevaron a sus ídolos del toreo-verdad y repudiaron a los pasistas y su temor a ser cogidos. Ahí amaron y alabaron a Silverio, como lo hizo Agustín Lara en el pasodoble y le lloraron, como Carmelo desde el cielo, cuando su padrino, Fermín Espinosa *Armillita*, quien le había concedido la alternativa quince años antes, le cortó la coleta. Al desprendérsela, México se entristeció. Se retiraba de la fiesta taurina uno de los más grandes toreros del mundo. La prensa capitalina recogió las palabras de quien lo bendijo: "Hoy se va para siempre de la fiesta de los toros, el torero más mexicano. Al que todos queremos por bueno, por noble y por generoso. Yo me uno a la plegaria de tu esposa, de tus hijos y del Ángel que está en el cielo, para implorar la Ayuda Divina y te proteja de todo mal. Como sacerdote te doy la bendición y como hombre te digo: ¡Que haya suerte, matador!"

Pedro Páramo

La célebre línea con que inicia la novela —"Vine a Coma-
la porque me dijeron que acá vivía mi padre, un tal Pedro
Páramo"— posee la fuerza profética de las obras maestras.

JORGE VOLPI

El 30 de septiembre de 1955 se publicó bajo el sello del Fondo de
Cultura Económica la novela *Pedro Páramo*, del escritor jalisciense
Juan Rulfo, dos años después de haber publicado su libro de cuen-
tos *El llano en llamas*. A la fecha, la novela está considerada como
una de las obras literarias más importantes de Hispanoamérica. Sin
embargo, hay que señalar que cuando salió a la luz fue duramente
criticada, pues el tema de "paisaje campirano, de rancheros e indios" resultaba anacrónico para los tiempos de modernidad que en
aquella época se vivían. "Enfrentaba una lucha encarnizada entre
el nacionalismo y el cosmopolitismo." Incluso los compañeros de
aula del autor en el Centro Mexicano de Escritores descartaban su
sobrevivencia. "Para Ricardo Garibay era absurdo escribir sobre indios cuando ya los Cadillac rodaban por las calles de México y la
gente desayunaba *ham and eggs*, y más absurdo resultaba una novela en la que los muertos hablaban." Por su parte, Alí Chumacero
siempre reprochó a Rulfo "la dispersión de su trama narrativa, la
excesiva fragmentación del relato". Por último, Juan José Arreola,
su paisano, "refirió siempre que en encuentros amistosos hablaba
de la novela en proceso y le sugería algunos cambios, sobre todo en
lo que se refiere a su estructura". Tiempo después, el propio Rulfo

señaló que *Pedro Páramo* era una novela difícil de entender, "se requiere de tres lecturas, por lo menos, para entenderla. Es difícil volver a escribir una novela así. Aparentemente no tiene estructura pero es la propia estructura la que sostiene a la novela".

Si bien es cierto que la crítica literaria ha pontificado que la novela de la Revolución finalizó con *Al filo del agua*, de Agustín Yáñez, también es verdad que aunque el tema de la novela de Rulfo retrata un paisaje rural, su técnica literaria nada tiene que ver con los recursos narrativos de aquella corriente. Aunque esto no implica, como lo han señalado los estudiosos de su obra, que Rulfo no haya abrevado de "las leyendas tradicionales de una comunidad para dar dimensión psicológica y psíquica a sus personajes". Dichas influencias fueron asimiladas por Rulfo de sus gustos literarios por los autores escandinavos, como "Hamsun, Sillanpaa, Gjörnson, Laxness y Jacobsen", entre otros. Precisamente, sobre los personajes de su novela Rulfo dijo: "éstos se inventan y luego también hay que inventarles su manera de hablar. No tienen rostro. El rostro de uno es el rostro de todos al mismo tiempo y actúan sin ninguna racionalidad".

Miguel Ángel Flores, un estudioso rulfiano, señala que otro de los críticos de Rulfo fue el también escritor mexicano Carlos Fuentes, que por aquella época se encontraba trabajando en su novela *La región más transparente*, "baluarte de la modernidad mexicana", que en uno de sus apartados consignó una caricaturización de *Pedro Páramo*:

Después de Apatitlán viene un llano seco y luego se sube a San Tancredo de los Reyes. Allí como que las nubes son más bajas, y las gentes tristes. La tierra no da nada, sólo tunas y desolación. Se divisan los indios bajando de la sierra, con los machetes como banderas. Esto no me lo contaron, lo vi. Y más adelante hay un bajonazo y se empieza a sentir el calor. Es que nos vamos acercando a Chimalpapán, donde ya se da una hierba cruda y el gobierno empezó a construir una presa. Allí viven los Atolotes, una gavilla de caciques que traen asolada a la comarca y se roban a las mejores viejas. De eso me acuerdo…

Rulfo quedó sorprendido de haber sido encajonado como un "escritor de la tierra", y sin entrar en polémicas afirmó: "los paisajes son inventados y nadie los ha podido ver físicamente. El ideal no es retratar la realidad tal como es. Ésa es palpable, día a día".

Al paso del tiempo, el propio Fuentes recapacitó sobre su percepción de la novela de Rulfo, pero nuevamente erró en su percepción al afirmar que

> *Pedro Páramo*… se presenta ritualmente con un elemento clásico del mito: la búsqueda del padre. Juan Preciado, el hijo de Pedro Páramo, llega a Comala: como Telémaco, busca a Ulises. Un arriero llamado Abundio lo conduce. Es Caronte y el Estigio que ambos cruzan es un río de polvo. Abundio se revela como hijo de Pedro Páramo y abandona a Juan Preciado en la boca del infierno de Comala. Juan Preciado asume el mito de Orfeo: va a contar y va a cantar mientras desciende al infierno, pero a condición de no mirar hacia atrás. Lo guía la voz de su madre, Doloritas…

Rulfo volvió a responder: "El tiempo está roto. Se trabajó con muertos y eso facilitó que aparecieran y desaparecieran cuando era necesario, sólo eso y nada más".

También otros escritores y críticos cambiaron la percepción que tuvieron sobre la novela en los primeros años. En principio, y agrupados bajo la tutela de Fernando Benítez en el suplemento *México en la Cultura*

> entendieron que la marca más profunda de la modernidad era la fragmentación con que se presentaba la realidad a los ojos del artista, y que esa fragmentación iba acompañada en algunos autores por la fragmentación del yo empírico, y que la angustia del hombre inscrito en una realidad que no alcanzaba a aprehender en todas sus facetas o que se desintegraba ante sus ojos —pensemos en Kafka, en Musil— constituía el drama del hombre del siglo XX. Que la noción del tiempo se había modificado y el hombre podía tener la experiencia de ser vivido por varios tiempos en relación con su estado de conciencia. A ellos se debe, en parte, que los lectores se hubieran animado

a hacer la lectura de *Pedro Páramo* siendo conscientes de que tenían que desentrañar un código lingüístico que no tenía antecedentes en la literatura mexicana.

Incluso el propio Octavio Paz definió la novela de una manera que la inscribía, de manera justa, de una vez y por todas, en la modernidad:

> Si el tema de Malcolm Lowry es el de la expulsión del paraíso, el de la novela de Juan Rulfo es el del regreso. Por eso el héroe es un muerto: sólo después de morir podemos volver al edén nativo. Pero el personaje de Rulfo regresa a un jardín calcinado, a un paisaje lunar, al verdadero infierno. El tema del regreso se convierte en el de la condenación; el viaje a la casa patriarcal de Pedro Páramo es una nueva versión de la peregrinación del alma en pena.

De ahí en adelante la novela se convirtió en un verdadero clásico de la literatura hispanoamericana, en un referente del realismo mágico que al paso del tiempo, y en cada una de sus líneas, sigue sugiriendo novedosos planos interpretativos que otorgan posibilidades infinitas para la continuación reflexiva. A más de 60 años de su publicación, la novela de Pedro Páramo cuenta con más de una veintena de ediciones y reimpresiones, ha sido traducida a 28 idiomas y ha vendido cerca del millón y medio de copias.

En 1977, en una entrevista para la televisión española, Juan Rulfo señaló que se encontraba preparando una nueva novela, "una noveleta, aclaro", y que si hallaba "tranquilidad y serenidad, la terminaría muy pronto". Sin embargo, Rulfo no volvió a publicar otro libro y, como se dijo en un tiempo, "se convirtió en el único autor que se volvía más famoso con cada obra que no publicaba".

Knock out al *ratoncito*

> Todo se lo debo a mi mánager y a la Virgencita
> de Guadalupe.
>
> RAÚL *EL RATÓN* MACÍAS

El 15 de junio de 1955, Raúl Macías perdió una de las peleas más importantes de su vida. Conmovió al pueblo mexicano, que se había paralizado durante el encuentro. La idolatría popular creció y se acendró por *el Ratón*, el boxeador de las multitudes, "de familia numerosa y humilde era éste gran ídolo del boxeo mexicano, considerado el más grande superando a Rodolfo *Chango* Casanova, José *Toluco* López y Rubén Olivares, porque éstos no supieron controlar sus pasiones".

Era un hombre que encarnaba la simbiosis entre un estereotipo de identificación nacional (guadalupanismo-mexicanismo) y el hombre, amigo, hermano y buen hijo que peleaba y daba la cara por su familia y por México; peleaba, literalmente, por cada uno de los que conforman el pueblo que lo aclamaba y le exigía que se sacrificara por él.

Por aquellos años de la década de los cincuenta se decía en México que "poblar era hacer patria". Doña María del Carmen, su madre, hizo mucha patria. Tuvo trece hijos. Siete hombres y seis mujeres. Su esposo, don Gabriel, era zapatero y trabajaba en el taller de la casa, en Granaditas 139, en el corazón de la nada, en Tepito, en donde si no estás "te pito pa' que salgas", se decía. Don Gabriel tenía un argumento simple que explicaba "tanta patria", tanto

Los hermanos Bouvi promoviendo las funciones cinematográficas en México, ca 1905.
Colección particular.

Inauguración de la primera ruta del tranvía eléctrico en la ciudad de México que recorría de Tacubaya a Chapultepec. Sinafo/SC/INAH, núm. de inventario 427082.

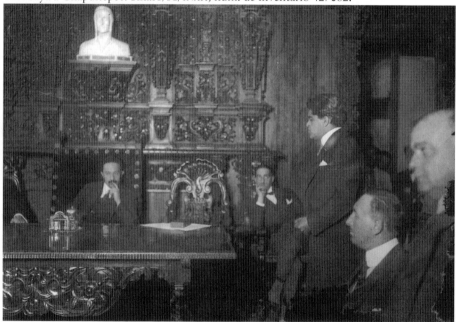

Antonio Caso y Vasconcelos en una reunión realizada en el salón de actos de la Escuela Nacional Preparatoria, ca. 1910. Sinafo/SC/INAH, núm. de inventario 208625.

El presidente Porfirio Díaz durante la inauguración del Hemiciclo a Juárez como parte de las celebraciones del Centenario de la Independencia. Sinafo/SC/INAH, núm. de inventario 551929.

Francisco I. Madero otorgando nombramientos de general a Pascual Orozco y de coronel a Francisco Villa al inicio de la Revolución mexicana en Ciudad Juárez. Colección particular.

Primer vuelo comercial de México a Tampico. Sinafo/SC/INAH, núm. de inventario 131152.

Primeras trasmisiones radiofónicas en México. Sinafo/SC/INAH, núm. de inventario 98512.

El Partido Nacional Revolucionario
Primer Comité Ejecutivo del Partido Nacional Revolucionario. Entre otros aparecen el general Plutarco Elías Calles, Basilio Vadillo, Aarón Sáenz, Luis L. León, Gonzalo N. Santos y Manuel Pérez Treviño. Sinafo/SC/INAH, núm. de inventario 72990.

Revista de la Universidad de México
Consejo de redacción de la *Revista de la Universidad de México*. Entre otros aparecen Juan Vicente Melo, Juan Rulfo, José Emilio Pacheco, Rosario Castellanos y Juan García Ponce. Archivo Ricardo Salazar, UNAM.

Palacio de Bellas Artes
Conclusión de las obras del Palacio de Bellas Artes. Colección Particular.

Expropiación de la industria petrolera
Mensaje a la Nación del presidente Cárdenas anunciando la nacionalización de la industria petrolera. Sinafo/SC/INAH.

Vista del Centro Urbano Presidente Alemán, primer multifamiliar en México. Fundación ICA.

Dámaso Pérez Prado
Sinafo/SC/INAH, núm. de inventario 349364.

Debut del trío Los Panchos
Sinafo/SC/INAH, núm. de inventario 510502.

Primeras trasmisiones televisivas. Sinafo/SC/INAH, núm. de inventario 19078.

Vista aérea del Campus de Ciudad Universitaria. Fundación ICA.

Despedida de los ruedos del matador de toros Silverio Pérez, "el Compadre". Sinafo/SC/INAH, núm. de inventario 24979

La Torre Latinoamericana. Primer rascacielos en Latinoamérica. AGN.

Ciudad Satélite y su emblemática escultura creada por Luis Barragán y Mathias Goeritz. Sinafo/SC/INAH, núm. de inventario 495574.

Llegada a la Ciudad de México de los restos de Pedro Infante. Los reciben su hermano Ángel Infante y Mario Moreno *Cantinflas*. Sinafo/sc/INAH, núm. de inventario 18709.

El Secretario de Educación Pública Jaime Torres Bodet haciendo entrega de los libros de texto gratuitos. AGN.

El presidente de México saluda al pueblo después del anuncio de la nacionalización de la industria eléctrica, AGN.

Inauguración del Museo Nacional de Antropología. Acompañan al presidente López Mateos, el arquitecto pedro Ramírez Vázquez y el Secretario de Educación Jaime Torres Bodet. Sinafo/SC/INAH, núm. de inventario 247126.

Tanquetas militares ocupando Ciudad Universitaria. IISUE, UNAM.

La selección de Brasil, encabezada por Pelé, obtuvo la copa Jules Rimet al ganar la IX copa mundial de futbol. Sven Simon-DPA-Corbis.

Juan Pablo II fue el primer pontífice en visitar México. Bettman-Corbis.

El terremoto de 1985, propició una de las más grandes representaciones de solidaridad de la sociedad la historia de México. El presidente Miguel de la Madrid recorriendo las calles de la ciudad. Archivo Procesofoto.

Veinte años después del movimiento del 68 las organizaciones estudiantiles se posicionaron de nuevo a nivel nacional. Huelga estudiantil en Ciudad Universitaria, 1987. IISUE, UNAM.

El subcomandante Marcos encabezó el levantamiento zapatista para intentar poner un alto a la marginación indígena en el estado de Chiapas. Archivo Procesofoto.

José Emilio Pacheco es uno de los seis escritores que han sido galardonados con el Premio Cervantes de Literatura. AFP Photo, Fernando Villar.

Al convertirse en el estado 32 de la república mexicana, la Ciudad de México inició una nueva etapa política hacia la modernidad social y democrática. Fotografía Alex Hernández F.

pueblo. Como le gustaban los curados que vendían en la pulquería Los Tigres, de la calle González Ortega, mandaba a Raúl (entonces simplemente Raúl) a comprar "esa vitamina", y cuando el niño volvía don Gabriel decía: "Pulquero, muchachero". Doña María del Carmen fue, pues, la madre patria de las medicinas de don Gabriel.

La familia de la señora de Macías se las arreglaba para vivir, felizmente, en tres cuartos. Ella los vio crecer, uno a uno. Y uno a uno los fue dejando ir. Raúl era el octavo asalto de aquel combate amoroso pactado a 13. La mamá vio a Raúl vender leche en La Rosita, en la calle de Peña y Peña, y de bolero en los Baños Granaditas. Y supo que se bañaba alguna vez en ellos, porque en la vecindad lo vio hacer mandados a don Raymundo López, *el Coco de los Zapateros* de la zona, y recibir diez centavos por cada encargo. Doña María del Carmen vio a su hijo comer tacos de nopales en la avenida del Trabajo y lo besó cuando terminó la primaria; nada más la primaria. No supo cuándo se metió al gimnasio, donde lo comenzaron a conocer como *el Ratón* al iniciarse en el deporte de los puños "porque cuando subía al ring a mover pesos completos se metía entre sus piernas y le decían: pareces un ratón". Fue "botana" en la Coliseo y luego ganó los Guantes de Oro. Le lloró cuando su *Ratoncito* se fue a los Centroamericanos de Guatemala y a los Panamericanos de Buenos Aires y a los Olímpicos de Helsinki. Escuchó cómo debutó su hijo en el ring de paga. En silencio, como toda la ciudad, siguió las muchas peleas; contra Coury, Nava, Brooks, y en silencio lloró la derrota en la revancha ante Peacock.

Doña María del Carmen le dijo un día al *Ratón*: "Hijito, quiero una casa", y Raúl respondió: "Tendrá su casa, mi jefecita". Y la tuvo, grande como toda una vecindad. *El Ratón* le dijo a Luis Andrade, su manejador: "Quiero una casa grande, grande como la suya, pa' mi mamacita". La señora abrió unos ojos del tamaño del mundo cuando vio aquella residencia de cinco recámaras, cinco baños, comedor, jardín y estacionamiento. Raúl le regaló después una televisión, para que lo viera pelear, y para evitar que cayera en la provocación de seguir haciendo patria.

Con todo, su madre le sentenció: "Quiero que te retires del boxeo, mi hijito, ya tengo bastante preocupación con tus hermanos".

El idolazo se retiró dando gracias a su madre, a su madre superiora, la Virgencita de Guadalupe, y a su mánager. Doña María del Carmen murió días después, tranquila y serena: había poblado, hecho patria y formado a un héroe nacional.

"Hoy en Los Ángeles: Macías *vs.* Peacock." Así cabecearon casi todos los diarios capitalinos aquel miércoles 15 de junio de 1955 la pelea entre el ídolo mexicano y el norteamericano Billy Peacock. "Los manejadores de nuestro héroe siguen buscando la taquilla en lugar del progreso para nuestro joven peleador." Para eso lo enfrentan esta noche al negrito Peacock a quien ya le ganó aquí en México. Deportivamente Raúl nada tiene que ganar y sí mucho que perder. Ojalá salga con bien."

Todo estaba decidido, pues ese día en la noche se realizaría la pelea de revancha por el cetro gallo, de los 54 kilos. Sería la primera vez que *el Ratón* se embolsaría la gigantesca suma de 50 mil dólares.

Sólo para tener una idea de lo que representaba aquella suma. Los periódicos *Esto* y *El Universal* costaban 50 centavos; entrar al cine Orfeón para ver el estreno de la película *Raíces*, del afamado y multipremiado director cinematográfico Benito Alazraki, costaba tres pesos; acudir al teatro 5 de Diciembre para ver *El lecho nupcial*, con Carmen Montejo y Rafael Banquells, bajo la dirección de Salvador Novo, equivalía a cuatro pesos. Pero, ¡oh maravilla!, la población podía adquirir los nuevos modelos de la televisión Majestic "sin enganche y con la comodidad de pagar el aparato en dos años por 48.30 pesos las mensualidades". Ahí podrían disfrutar las peleas del *Ratón*.

El 16 de junio, México amaneció desolado por la tragedia nacional. *El Ratón* Macías había sido derrotado. Billy Peacock lo noqueó en el tercero. Le rompieron la mandíbula. Nadie daba crédito a la noticia que llegaba instantáneamente desde el Olimpic Center de Los Ángeles. El pueblo entero lloró de tristeza, de impotencia, de coraje, de rabia. "*Ratón*, te lo advertí". Charles Wright escribió desde Nueva York: "deja los tentáculos de esos que te están chupando la sangre sólo por dinero".

En México, con la moral por los suelos por la derrota de su *Ratoncito*, todos querían manifestar su tristeza y su pesar, principalmente los del barrio, los del pueblo, al que pertenecía *el Ratón*; como el cantinero: "No me lo explico, él es muy hábil para dejarse prender como lo hizo"; el chacharero: "Yo no sé cómo pudo caer si es el mejor de todos. A lo mejor descuidó su condición porque estaba seguro de ganar"; el peluquero: "Quiso acabar pronto y no me pasa por la cabeza cómo fue a descuidarse para que lo echaran al suelo"; el refresquero: "No se imaginan cómo siento lo que le pasó al *Ratón*, es un muchacho re abusado y muy bueno pa' los golpes. A lo macho, el ratoncito es muy bueno, aunque haya perdido"; el ayate-ro: "Inflaron a Raúl, el otro soltó las manos y lo prendieron. Estaba muy confiado y se fue al suelo. Ni hablar ya ni lágrimas tengo".

Testimonios más o menos, la verdad es que Raúl se repuso de aquel encontronazo y dio continuas alegrías al pueblo mexicano, convirtiéndose en uno de sus hijos predilectos. Sin embargo, el dolor que les causó aquella derrota marcó un precedente en el de-venir de la historia nacional, exactamente igual que una derrota en las armas.

En nuestros días, Raúl *el Ratón* Macías ocupa un lugar de privi-legio en el "salón de la fama" del imaginario popular mexicano. Son contados sus miembros y por eso se valora más. En una historia llena de tragedias, todos los triunfos saben a gloria, como un con-tundente *knock out*.

El voto femenino

Alabemos ahora a las primeras sufragistas que, antes que
nadie, creyeron en la humanización que el voto les confe-
riría porque les otorgaba a sus actos esa suprema virtud de
la elección que puede ser la ciudadanía. Ellas lo soportaron
todo, burlas, vejámenes y condescendencia de quienes no
estaban capacitados para entenderlas, intolerancia, agravios
de la estupidez machista y su ideario prostitutario, retrasos
burocráticos, engaños políticos, ellas prosiguieron y desfilaron y salieron a la calle no para conquistar las primeras
ocasiones, sino con tal de abandonar públicamente sus zonas de encierro y confinamiento: el confesionario, la cocina, la recámara.

CARLOS MONSIVÁIS

El 3 de julio de 1955 las mujeres mexicanas ejercieron su derecho al
voto por primera vez. La lucha por hacerlo tardó mucho tiempo y
mucho más en consolidarse. Sin embargo, su empeño por participar, tener voz y presencia, y ejercer sus derechos civiles, se remon-
ta, desdibujadamente, al último tercio del siglo XIX. Y aunque esta
situación no fue privativa de México, varios países, como Australia,
Canadá y Estados Unidos, resolvieron este letargo positivamente
durante el primer tercio del siglo XX.

Entre 1884 y 1887, Laureana Wright González encabezó a un
grupo de mujeres para sacar a la luz *Violetas de Anáhuac*, revista dedicada a "labores propias del género", en la que también aprovechó,
sin lograr ningún efecto, para "demandar el sufragio femenino" al

gobierno porfiriano. A pesar de la participación activa de las mujeres en los movimientos civiles de principios del siglo XX, su exigencia por el voto se diluía y dejaba de ser una prioridad. Era más representativo su apoyo a los líderes-hombres de las diversas luchas en las que se mezclaban. Por ejemplo, en 1910, durante la revolución maderista, se conformó el Club Femenil Antirreeleccionista Las Hijas de Cuauhtémoc, quienes apoyaron la causa revolucionaria, protestaron por el fraude contra Madero y, posteriormente, exigieron una apertura para la "participación política de las mujeres".

Y aunque sus demandas no tuvieron eco, pronto se realizarían, apoyados por los gobiernos socialistas yucatecos de Salvador Alvarado y Felipe Carrillo Puerto, los primeros congresos feministas. En el de 1916 se exigió de manera formal "que se otorgara el voto ciudadano a las mujeres", mientras que en el segundo, en 1923, Elvia Carrillo Puerto, Raquel Dzib y Beatriz Peniche de Ponce fueron electas como diputadas al Congreso estatal, mientras que Rosa Torre fue elegida como regidora en el ayuntamiento de Mérida, aunque un año después tuvieron que renunciar por las constantes amenazas de muerte y por el deceso de su líder Carrillo Puerto, su principal impulsor. Esto fue el resultado del Primer Congreso Nacional Feminista, convocado por la Sección Mexicana de la Liga Panamericana de Mujeres, que con la asistencia de 100 delegadas consiguió "ser elegibles a cargos administrativos, el decreto por la igualdad política y la representación parlamentaria de las agrupaciones sociales que representaban".

Posteriormente, durante el cardenismo, el Partido Nacional Revolucionario (PNR) permitió en 1935 la apertura de un frente femenil, al que básicamente se le encargaron cuestiones con grupos agrarios. Sin embargo, esta institución fue considerada sólo un adorno del partido oficial porque los hombres eran los encargados de llevar a cabo la tarea política y por las constantes protestas de los agremiados porque las mujeres "habían desatendido sus tareas del hogar para realizar otras funciones no propias de su sexo, además de estar influidas por los curas".

El mismo presidente Lázaro Cárdenas envió una iniciativa al Congreso de la Unión en 1937 para que se modificara el artículo

34 constitucional y, de esa manera, se aceptara la ciudadanía de las mujeres. La iniciativa fue aprobada por ambas Cámaras y por las legislaturas de los estados al año siguiente.

Uno de los pasos más grandes para lograr el derecho al voto de las mujeres se dio en 1947, aunque también con restricciones, cuando el presidente Miguel Alemán aprobó una iniciativa de adición al artículo 115 de la Constitución en la que se establecía "que en las elecciones municipales participarían las mujeres en igualdad de condiciones que los varones, con el derecho de votar y ser elegidas". Bajo este esquema, la primera participación femenina se realizó en el estado de Chiapas.

Sin embargo, no fue sino hasta el 6 de abril de 1956 cuando el candidato a la Presidencia de la República, Adolfo Ruiz Cortines, reunido con más de 20 mil mujeres en el parque 18 de Marzo, prometió "el derecho a las mexicanas a votar y ser electas y su ciudadanía sin restricciones". La promesa se hizo realidad y la iniciativa presidencial con la reforma al artículo 134 constitucional se publicó en el *Diario Oficial de la Federación* un año y medio después. "Son ciudadanos de la República los varones y las mujeres que teniendo la calidad de mexicanos, reúnan además, los siguientes requisitos: haber cumplido 18 años, siendo casados, o 21 si no lo son, y tener un modo honesto de vivir".

De este modo, el 3 de julio de 1955 las mujeres votaron por primera vez para elegir diputados a la XLIII Legislatura. En la actualidad, la participación de las mujeres es más que indispensable para el desarrollo de la sociedad. Sin embargo, no puede negarse que aún persisten ciertas reticencias al respecto. Los casos de violencia, abuso y discriminación de género continúan ocupando, lamentablemente, un lugar significativo en la agenda nacional. Carlos Monsiváis, la mayoría de las veces muy atinado, afirmó: "Alabemos ahora a las mujeres que sólo quisieron darle a su género las premisas del libre albedrío y el ejercicio de la voluntad racional, recuperar ahora con plenitud sus legados le es indispensable al tránsito a la democracia y el proyecto civilizatorio".

La Torre Latinoamericana

> En la esquina privilegiada que forman las calles de Francisco I. Madero y el Eje Central Lázaro Cárdenas, el vigía del Centro Histórico ya no ostenta el título del rascacielos más alto de la ciudad, pero ofrece un panorama de ensueño a quien lo visita.
>
> CARLOS FUENTES

El 30 de abril de 1956 se inauguró la Torre Latinoamericana, considerada en su momento como el edificio más alto del país y de América Latina. Su estilo, característico del movimiento moderno, emulaba los rascacielos estadounidenses, como el Empire State Building, de Nueva York, que fue su mayor influencia. Esta obra arquitectónica fue construida por los ingenieros Leonardo y Adolfo Zeevaert y el arquitecto Augusto H. Álvarez.

En 1906 se fundó la empresa de seguros La Latinoamericana, Mutualista y como casi todas las compañías de aquella época, ocupaba un inmueble en el centro de la Ciudad de México. De igual forma, al paso del tiempo buscó nuevos horizontes urbanos que le dieran una mejor posición comercial. La mayoría de las compañías de la zona aprovecharon la especulación de terrenos para instalarse a lo largo del Paseo de la Reforma. Sin embargo, los directores de la aseguradora encontraron una oportunidad de oro al tener la posibilidad de construir un edificio moderno dentro de los límites de la antigua Ciudad de México. Para ello adquirieron en septiembre de 1930 un edificio en la esquina de Madero y San Juan de Letrán, el cual reconstruirían casi por completo, nuevamente a base de piedra, ocupando el tercer piso para sus oficinas un año después, y en 1937 su totalidad.

En 1946, la compañía La Latinoamericana de Seguros, representada por los empresarios mexicanos Miguel S. Macedo, José A. Escandón y Teodoro Amerlinck, obtuvo el permiso de la Secretaría de Hacienda para construir un edificio de mayores dimensiones. Ocuparía no sólo la parte de los restos del atrio del ex convento de San Francisco, sino también los lotes que durante la época prehispánica estuvieron destinados a la casa de animales de Moctezuma II.

Luego de realizar un estudio riguroso del subsuelo, el doctor Leonardo Zeevaert propuso un sistema novedoso, considerado "un paradigma de la ingeniería moderna", por la fragilidad a que podía estar expuesta la construcción por el tipo de suelo, fangoso y esponjoso, de su ubicación, y por la actividad sísmica.

Fue necesario hincar 361 pilotes especialmente diseñados, hasta una profundidad de 33 metros para cimentar la torre. Se colocó una cimentación de concreto que permitió que el edificio, literalmente 'flotara' en el subsuelo, independientemente del soporte que le proporcionan los pilotes. Esta tecnología, original de México, fue la primera de su tipo en el mundo y sigue siendo utilizada por todos los constructores de rascacielos para zonas de alto riesgo sísmico. Para soportar un peso total de edificio de 24,100 toneladas, se construyó una estructura rígida de acero con un peso de 3,200 toneladas; que daban forma a 3 sótanos y a 44 pisos que se elevaban a 134 metros, más una antena de 54 metros, totalizando 188 metros sobre el nivel de la calle, con una superficie construida de 27,700 metros cuadrados de cristal y 3,200 metros de lámina acanalada de aluminio.

Con esta explicación se acaba el mito de que la Torre Latinoamericana está soportada en amortiguadores y resortes que permitirían un balance pendular durante un movimiento telúrico de intensidad máxima.

El arquitecto Augusto H. Álvarez comentó que cuando lo invitaron a asesorar la parte arquitectónica ya existía un proyecto para la construcción de un edificio de 25 pisos, igualmente con el mismo recubrimiento de piedra, proyectado por el arquitecto Manuel de la Colina y el ingeniero Rivero del Val.

> Entonces, yo hice un proyecto que tratara de vestir ese esqueleto, pero con algo más ligero, más aéreo. Ese proyecto se aprobó. No en todas sus partes, pero en términos generales, se aprobó. Lo que yo había propuesto tenía la virtud de que en vez de treinta y pico de pisos, podía llegar a cuarenta y pico. Por ahí empezamos. La estructura que se había encargado para el edificio de veinticinco o no sé cuántos pisos, ya había llegado a Veracruz, pero nunca se usó. Entonces se encargó una estructura nueva, que es la que tiene la Torre Latinoamericana. Ésa se hizo en Estados Unidos, que aquí ni en sueños existían.

Antes de concluir el edificio, Álvarez se retiró del proyecto por discrepancias en sus terminaciones. Como, por ejemplo, los acabados en azul y la "necedad" de los dueños de colocar ventanas en vez de una banda de aire acondicionado.

La construcción de este edificio cumplió con sus objetivos principales: un diseño moderno y un símbolo publicitario, nacional e internacional, para la agencia de seguros. Su proyección rompió los esquemas establecidos en la arquitectura moderna al convertirse en esa época en el primer rascacielos de este país y de Latinoamérica.

Su emblemática figura ha quedado reflejada en el imaginario popular y su simbología arquitectónica se ha consignado a través del tiempo en imágenes, cine, radio, televisión y literatura. Hoy en día, la Torre Latinoamericana sigue siendo un referente para los mexicanos y para los extranjeros que visitan la ciudad.

Las Torres de Ciudad Satélite

Me gustaría ver mis bloques parados, enormes, como edificios en un paisaje abierto, para que la gente los pudiera ver desde lejos.

MATHIAS GOERITZ

En noviembre de 1957 se inauguraron las Torres de Ciudad Satélite, diseñadas por el arquitecto Luis Barragán y el escultor Mathias Goeritz. En la actualidad, la obra escultórica está considerada un símbolo del paisaje urbano que distingue la entrada a la Ciudad de México y su salida al Estado de México. Esta obra constituía una puerta de acceso (sur) al proyecto arquitectónico de Ciudad Satélite, concebido por el arquitecto Mario Pani. El mismo Pani cuenta que en alguna ocasión, estando en Acapulco, le preguntaron qué haría en una superficie de 600 hectáreas en la zona de Naucalpan. Él respondió: "una ciudad satélite, como las hay en Inglaterra y en otras partes; son como su nombre lo indica pequeñas zonas urbanas separadas de la ciudad y están como satélites, alrededor de la ciudad. Una ciudad satélite no es totalmente autosuficiente, pero sí lo es en muchas cosas. Tiene relación con el planeta ciudad, pero es una luna que está siempre con cierta independencia".

La propuesta fue aceptada por los dueños del rancho Los Pirules, en donde se encontraban los terrenos, cuyo principal accionista era el ex presidente Miguel Alemán Valdés. El proyecto arquitectónico consistía, principalmente, en el corte de manzanas gigantes, amuralladas con arboledas, un centro comercial y una circulación automovilística denominada sistema Herrey, utilizado por Pani cuatro años atrás en el proyecto de Ciudad Universitaria. "Este modelo se caracterizaba por calles de un solo sentido, sin interrupciones por cruceros, que, al aspirar a una vialidad continua, rechazaban el trazo tradicional en línea recta. La idea es que se entrara a ese circuito vial, y así a Ciudad Satélite, a través de unos pasos a desnivel ubicados en dos puntos del eje central marcados por un par de plazas monumentales." La plaza sur a la que se refería Pani fue sobre la que se construyeron las torres, mientras que la plaza norte, con una muralla de concreto, diseñada también por Goeritz, nunca se construyó.

Pani invitó a Barragán para realizar el diseño de las plazas y éste, a su vez, al escultor Mathias Goeritz, con quien ya había tenido dos experiencias conjuntas, primero para el diseño y la construcción de *El animal del Pedregal*, en 1951, "que se convirtió rápidamente en símbolo distintivo de la zona", y después para el desarrollo Jardines del Bosque, en Guadalajara, en 1957. Su proyecto de las Torres, "además de inscribirse en la arquitectura emocional, representa el umbral de una nueva ciudad totalmente moderna".

El primer proyecto de la plaza en donde se encontrarían las torres consistía en "una explanada articulada en tres desniveles conectados por escaleras. Estos desniveles constituirían plataformas que estarían alfombradas con pasto; además, en una de ellas se planeaba construir un espejo de agua de grandes dimensiones". Originalmente se contemplaba la erección de siete torres. Sin embargo, y a pesar de que el proyecto original fue aceptado, hubo recortes presupuestales que transformaron radicalmente el planteamiento conceptual. Se construyeron sólo cinco de las siete torres programadas y se eliminó el espejo de agua, y la plaza terminó concibiéndose como una glorieta de forma oval. De hecho, el tamaño y el concepto de las esculturas fueron modificados, pues en un principio una de ellas alcanzaría una altura de 200 metros, que al final sólo fue de 57. Por otra parte, la más alta estaba destinada a servir como observatorio, y las restantes como almacenes de agua. Nada de ello se realizó.

El proyecto quedó terminado en noviembre de ese mismo año, aunque tuvo un ligero retraso, ya que una de las torres presentó un problema estructural, que se corrigió de inmediato, debido no sólo al temor de que se colapsara, sino a que repercutiera en la mala publicidad y, con ello, en la venta de los terrenos. De cualquier modo, al terminar su construcción hubo que esperar tres meses para que el concreto secara completamente y después pintarlas. En el proyecto original, tres se pintarían de blanco, una de amarillo y la última de rojo. Sin embargo, en 1958, por "una decisión arbitraria", según el propio Goeritz, una fue pintada de azul, rompiendo con la armonía, "ya que la estructura no contrastaría con el cielo en el horizonte".

En general, y aunque el proyecto de la construcción de Ciudad Satélite no se realizó como estaba concebido originalmente, las torres sí cumplieron con la propuesta escultórica para la que fueron creadas. Es decir, para proponer una arquitectura emocional, que la gente percibiera como un símbolo de modernidad y como un referente urbano.

> Los efectos son los de un constante cambio de sus alturas y ángulos que llevan a verlas, en un momento, como estructuras delgadas, después como placas y, finalmente —si se ven desde el norte—, como rectángulos. Este potencial del automóvil y del espectador móvil confiere a las Torres de Satélite una característica que hace de ellas una obra provista de un distintivo carácter moderno, que se resume en la consideración del efecto de los nuevos medios de transporte en la percepción visual a través de una solución que se adapta a esta nueva forma de observar.

Con el paso del tiempo, las Torres de Satélite han sufrido un deterioro terrible, debido entre otras cosas a la negligencia constante de las autoridades. A su alrededor se ha permitido el crecimiento irracional y la impostación de vialidades que han atentado contra su naturaleza. Sin embargo, a partir de su declaratoria como monumento artístico se espera que su conservación y mantenimiento le devuelvan a este símbolo escultórico del paisaje urbano su carácter emocional, permitiéndoles nuevamente a los observadores disfrutar de su majestuosidad. Y en un sentido en que el imaginario cobra vida, pensando en la Torre de Babel, las de Satélite ejemplifican "puentes o estructuras que aproximan el mundo terrenal al *sacrum* de los cielos".

La muerte de un ídolo

> Ya había tenido dos accidentes y ya le había prohibido yo volar. Inclusive lo habíamos puesto en el último. Y después del segundo accidente que tuvo fui a verlo, dijo: "mira, papi, rómpeme el contrato, tú sabes que me encanta el cine, pero hay algo que me gusta más, es volar, y si quieres romperme el contrato ya no te lo puedo volver a prometer, porque no puedo dejar de volar, yo sé que me voy a morir en un avión".
>
> ISMAEL RODRÍGUEZ

El 15 de abril de 1957 murió Pedro Infante. Antes de su deceso, continuamente lo escuchaban decir: "Me gustaría morir volando, compadre, y que me entierren con música". La vida le dio gusto.

La mayoría de las ocasiones en que se recuerda, rememora o simplemente se evoca a Pedro Infante se hace una elegía espontánea de su memoria, a través de sus canciones, de sus películas y de las miles de páginas que ha inspirado su vida. Pero, ¿cómo referirse a uno de los más grandes ídolos populares sin ser melodramático? Primero habrá que entender cómo pudo penetrar y mantenerse hasta nuestros días en el sentimiento del pueblo. En sus primeras incursiones en el cine ranchero, en 1939, Infante no aparece ni como un actor sobresaliente ni como galán (de hecho, en su primera participación sólo sale como extra) y hasta canta con una voz un tanto meliflua (*La feria de las flores* y *Jesusita en Chihuahua*). Posteriormente, de la mano de su reinventor, el director Ismael

Rodríguez, y con un país subido en las vías del cosmopolitismo, Pedro se posiciona como un referente inmediato del público urbano (ranchero pero citadino), donde los paisajes campiranos pasan a ser piezas de museo y de la nostalgia colectiva, y se sustituyen por lo que la modernidad simboliza y ofrece: automóviles, rascacielos y, por supuesto, televisiones (Carlos Monsiváis sugiere que la fisonomía de Infante se transformó en una tipología que representaba a los "choferes enamoragatas").

Con todo, desde el inicio el público de todos los niveles se identificó con su persona y sus personajes. Su imagen humilde de obrero y carpintero de origen se trasmitió automáticamente al pueblo a través de su ya dulce voz y sus películas, que abarcaron varios géneros. Todo mundo quiere ser como Pedro Infante. La gente se emborracha, gritonea y echa bala para cantarle a su "Marga López" en *Los tres García* ("que viva el panamericanismo y las hembras chulas despachadas con ganancia"); el pueblo entero llora y se desgarra encerrado al lado del carpinterito cargando el cadáver del *Torito* carbonizado en *Nosotros los pobres*; surge una cólera espontánea y colectiva en contra de los maltratos que Silvano vive por su padre autoritario en *La oveja negra*; comparte al unísono la fortuna del vagabundo que sin proponérselo triunfa en la vida y se vuelve una persona de bien; es más, como servidor público, un motociclista de tránsito que llega a ser comandante en la saga de *A toda máquina* y *¿Qué te ha dado esa mujer?* Todo el pueblo es sus personajes: regiomontano, aspirante a cura, cancionero, mujeriego, parrandero, y su clímax: el estereotipo del indio a quien se le aparece la virgen en *Tizoc* ("te *quero* más que a mis ojos, porque mis ojos *ti* vieron"). Por esta película, en la que compartió créditos con María Félix, le otorgaron el Oso de Plata del Festival de Cine de Berlín como mejor actor en 1957, que ya no vio por su inesperada muerte.

Tanto como la idolatría lo permite o como la devoción a un santo, sobre la figura de Infante se ha creado un mito. La noticia de su muerte ocupó las primeras planas de todos los diarios del país: "Pedro Infante pereció", "Su muerte cayó como bomba en el corazón de todos", "Trágica caída descubre a un hombre extraordinario: piloto, actor y amante", "Pedro Infante carbonizado", "México llora la caída de un nuevo ídolo", "Impacto de dolor por la muerte de PI al estrellarse su avión. Hoy llegan los restos y mañana será el sepelio".

Una crónica documenta paso a paso el último adiós al artista:

Pedro Infante ha muerto, su cuerpo entre un haz de hierros calcinado, un golpe terrible ha destrozado al corazón del pueblo. Triste trabajo, recoger los restos de un hombre famoso y querido, buscarles a toda prisa un ataúd, acompañarles en viaje de regreso; correr al aeropuerto, ver esos absurdos restos bajar del avión; juntarse unos a otros los amigos, apretarse unos a otros hasta formar muchedumbre y decir, oír decir mil veces: 'pero no es posible, no es posible que haya muerto Pedro Infante'. En el teatro de los actores se velaba al actor, mientras sus amigos y compañeros del Escuadrón de Tránsito hacían guardia; Pedro los hizo artistas de cine y ellos lo nombraron su comandante. Ahora sólo queda llorar, saber sin remedio que se murió el amigo, que no estará más con nosotros. Aquella mañana que anegó los ojos mexicanos, él sale de su capilla ardiente apretado de pueblo, implacable, que trabajó con él, paso a paso su camino de triunfo, y ahora soporta paso a paso el camino de su muerte. Desde los hombros de sus amigos desciende y una línea de sombra va invadiendo su ataúd, como si el sol se resistiera a dejarlo. Ya parte el cortejo innumerable; cortejo sin claros clarines, sin orden ni concierto, con la anarquía espontanea del dolor. Pedro Infante va muerto por los jardines de la ciudad y tras él toda la gente, su gente, arrasa los jardines por seguirlo; pocas veces la muerte de un hombre ha sido llorada por tantos hombres. Los últimos momentos del artista, del amigo, del hombre en el umbral de la fosa. Un temblor de lágrimas ondea en la multitud, cuando la mano de Dios bendice a Pedro Infante, que ya se aleja envuelto en el amor de los pobres. Acabaron sus días cuando empezaba. No volverá a cantar el antiguo carpintero, no volverá a reír, no volverá a encarnar el dolor y la alegría de los humildes, que han cruzado la ciudad tras de su cuerpo destrozado. Lo sabe el pueblo que aplaudiera sus triunfos, lo siente su familia inconsolable, los sienten los hombres que recorrieron con él el arduo camino que lo condujo a la fama. Pedro Infante ha descendido a la tierra y dentro de unos momentos nos habrá dejado para siempre. Su vida poderosa y sonriente ha sido cortada de raíz y ha nacido su muerte en la raíz del dolor de todo un pueblo. Pedro Infante ha muerto, han muerto sus manos y su voz, sus ojos están muertos, que todo lo diga durante mucho tiempo, que todo insista siempre en que ha muerto Pedro Infante, para que no olvidemos que bajo su cruz descansa eternamente, para que viva en el recuerdo de todos nuestros años. Nosotros, que lo vimos subir desde el comienzo hasta ser declarado el mejor actor del mundo, que conocimos su intimidad sencilla y generosa, que tuvimos en él manjar de amigos, nosotros y el pueblo, su pueblo, sabemos que Pedro Infante ha muerto, pero seguirá cantando en lo más hondo de nuestro corazón.

Con la muerte de Pedro Infante se murió un pedazo de nacionalismo, pero nació una leyenda, que continúa vigente a casi 70 años de su deceso. Difícilmente alguien podrá ocupar su lugar... "Amorcito corazón, yo tengo tentación, de un beso...".

Comisión Nacional
de Libros de Texto Gratuitos

Poco puede hacer la escuela por los niños si sus padres no tienen recursos para comprarles los libros de texto. Todos son niños, y todos son parte de nuestro pueblo.

ADOLFO LÓPEZ MATEOS

El 13 de febrero de 1959 se publicó en el *Diario Oficial de la Federación* el decreto de creación de la Comisión Nacional de Libros de Texto Gratuito (Conaliteg). Durante su discurso de toma de protesta, el 1 de diciembre de 1958, el presidente Adolfo López Mateos puso especial énfasis en el asunto educativo al mencionar que ella significaba una de las mayores preocupaciones nacionales: "La tarea que incumbe a México en materia educativa es gigantesca. En todo nuestro sistema de enseñanza, cultivaremos el carácter y la voluntad para formar hombres conscientes de sus deberes, responsables para con los demás y para con sus familias y, sobre todo, para con la patria".

Al entrar en vigor la ley y el programa, en el mes de abril, el secretario de Educación Pública, Jaime Torres Bodet, hizo énfasis en que las premisas establecidas en el artículo tercero constitucional, donde se señala que la educación primaria que imparta el Estado debe tener un carácter obligatorio y gratuito, sólo serán plenas una vez que los "educandos reciban, sin costo alguno para ellos, los libros que les sean indispensables", como se establecía en el segundo considerando del decreto. Finalmente consideró "que al recibir gratuitamente los textos, no como una gracia, sino por mandato de la ley, se acentuaría en ellos el sentimiento de sus deberes hacia la patria de la que algún día serán ciudadanos".

La Comisión Nacional de Libros de Texto Gratuitos quedó integrada por reconocidos personajes de la talla de Martín Luis Guzmán, Arturo Arnaiz y Freg, José Gorostiza y Agustín Yáñez, más "doce colaboradores pedagógicos y cinco representantes de la opinión pública". El decreto encomendó a los responsables de la Conaliteg: "Cuidar que los libros cuya edición se les confía tiendan a desarrollar armónicamente las facultades de los educandos, a prepararlos para la vida práctica, fomentar en ellos la conciencia de la solidaridad humana, a orientarlos hacia las virtudes cívicas y, muy principalmente, a inculcarles el amor a la patria". Resulta muy importante que en el discurso oficial utilizado por el gobierno se incluyera el conocimiento histórico del país, "que ha dado fundamento a la evolución democrática de la nación".

Si bien la idea de los libros de texto gratuitos tiene antecedentes en diversos ordenamientos (las Misiones Culturales, la Campaña Nacional contra el Analfabetismo, entre otras), el proyecto de la Comisión vino a saldar esa deuda al editar y distribuir libros de forma gratuita a todos los niños mexicanos con los temas de los programas de educación primaria vigentes. Durante su primer informe de gobierno, el presidente López Mateos anunció que el programa había cobrado "dimensiones gigantes", pues el gobierno federal había realizado la impresión de 16 millones de ejemplares, que serían distribuidos por todo el país en 1960.

El 20 de febrero de 1980, el presidente José López Portillo firmó un nuevo decreto dando total autonomía a la Conaliteg, aunque sigue dependiendo de la Secretaría de Educación Pública, "como organismo descentralizado, con personalidad jurídica y patrimonio propios, y tendrá por objeto la edición e impresión de los libros de texto gratuitos, así como toda clase de materiales didácticos similares". De este modo, la conceptualización, diseño y contenido de los libros quedaron en manos de este organismo descentralizado.

En nuestros días, y a 57 años de su creación, la Conaliteg es "una de las políticas educativas más sostenidas y enriquecidas a lo largo del tiempo"; su producción es vasta y especializada, pues en la actualidad produce libros de educación preescolar, primaria, secundaria, telesecundaria, educación indígena (en 42 lenguas diferentes), en sistema braille y macrotipo.

Sin embargo, debe señalarse que aunque esta institución ha aumentado y diversificado sus expectativas con éxito, de acuerdo con las nuevas necesidades del país, sus contenidos en muchos casos han perdido calidad en cuanto a contenido. En el mejor de los casos, se ha pedido a académicos reconocidos que participen en el desarrollo de los programas, aun en contra de algunas posturas radicales e ilógicas de la propia SEP, que ha desaparecido materias en los planes de estudio del sistema escolar público. Esto ha provocado que especialistas, académicos y escritores versados en el tema migren a editoriales privadas para elaborar dichos textos, lo que implica que por el costo de estos libros (muchas veces considerablemente elevado) no todos puedan tener dicho material y se pierda la esencia de este revolucionario programa.

Nacionalización de la industria eléctrica

Hace tiempo que alrededor de la industria eléctrica se había formado un verdadero frente nacional de todos los sectores democráticos, exigiendo la terminación de la época de las concesiones a las empresas extranjeras y a las compañías privadas mexicanas, para hacer de esa industria clave del proceso económico, una actividad exclusiva el Estado. Porque tanto nuestra propia experiencia cuanto la internacional habían llevado a la opinión pública a esa conclusión, sobre todo a partir de la ampliación del mercado interior, a consecuencia de la reforma agraria, que hacía posible el progreso industrial de México.

Vicente Lombardo Toledano

El 1 de septiembre de 1960, durante su segundo informe de gobierno, el presidente Adolfo López Mateos anunció la nacionalización de la industria eléctrica. Con ello se completaba un ciclo de políticas nacionalistas iniciadas durante el sexenio cardenista para restituir a la nación su derecho a administrar sus recursos naturales. Sin embargo, hay que señalar lo que los historiadores se han cansado de repetir. "Si Cárdenas había sido revolucionario y Cárdenas había expropiado el petróleo, ¿qué debía hacer un presidente revolucionario además de repartir tierras? Expropiar una gran industria en manos de extranjeros. Para fortuna de López Mateos, había un sector industrial en esas condiciones: el eléctrico." Pero a diferencia de la expropiación cardenista, las compañías norteamericana y belga, propiedad de Bond & Share (Compañía Impulsora de Empresas Eléctricas) y Compañía Mexicana de Luz y Fuerza Motriz, respectivamente, expresaron el deseo de vender sus empresas debido al control de las tarifas por parte del gobierno. Por eso "no fue necesario expropiar. Se compraron los activos de dichas empresas y la compra se disfrazó de acto patriótico", llamado nacionalización.

Igualmente, el Ejecutivo hizo un agregado al artículo 27 constitucional, para que no se otorgaran concesiones a particulares en la prestación del servicio de energía eléctrica. Como en el caso petrolero, la nacionalización de la industria eléctrica contravenía la esencia de dicho artículo promulgado en 1917, el cual establecía que "la Nación era dueña del subsuelo y que sólo se podrían hacer concesiones a particulares, conforme a las leyes mexicanas, con la condición de que se establezcan los trabajos regulares para la explotación de los elementos de que se trata y se cumpla con la ley". En el caso de la industria petrolera, una reforma constitucional de 1940, a partir de la creación de Pemex, le dio a esta institución el poder único para administrar el recurso. En el caso de la industria eléctrica, el Congreso adicionó dicho párrafo el día 23 de diciembre para disponer que "corresponde exclusivamente a la Nación generar, transformar, distribuir y abastecer energía eléctrica que tenga por objeto la prestación de servicio público", y aprovechar "los bienes y recursos naturales que se requieran para dichos fines". López Mateos, más radical que Cárdenas, incluso prohibió la concesión a través de contratos.

"Para asegurarse un lugar en la historia patria", López Mateos hizo oficial la nacionalización de la industria eléctrica el 27 de septiembre de 1960. Aún no se sabe si esto fue para conmemorar la fecha en que se consumó la Independencia mexicana en 1821. Sin embargo, ese mismo día el gobierno tomó posesión de la industria, su personal y sus instalaciones. Como señala Enrique Krauze, "económicamente, la operación fue mucho más clara y barata que la expropiación petrolera. Políticamente careció del dramatismo de 1938, pero pagó grandes dividendos: representaba la reivindicación de los recursos naturales: la bandera del cardenismo".

De esta forma, el Estado tomó el control absoluto de la industria eléctrica de manera pacífica por medio de tres corporaciones y sus subsidiarias: Compañía Mexicana de Luz y Fuerza Motriz, Empresas Eléctricas-Nafinsa y Comisión Federal de Electricidad (CFE), la cual contaba ya con 19 filiales. "Gracias a ello, fue posible ampliar la capacidad de generación para atender las necesidades del crecimiento industrial y urbano, y sentar las bases de la formación de una red eléctrica nacional".

Desde entonces, la CFE planea, diseña, construye y opera para utilizar de manera racional los medios de distribución y las plantas generadoras. En la actualidad existen en toda la República once sistemas interconectados que conforman el Sistema Eléctrico Nacional.

En octubre del 2009, en un intento por sanear las finanzas de la industria eléctrica, el gobierno publicó en una edición extraordinaria del *Diario Oficial de la Federación* un decreto en el que se determinó la extinción de la Compañía de Luz y Fuerza del Centro. En tres incisos el gobierno hizo ver primero "que el porcentaje de pérdidas totales de energía de LFC es excesivo y superior casi tres veces al de la Comisión Federal de Electricidad (CFE)" y que casi ninguna empresa del mundo reporta esas pérdidas. "A junio de 2009, LFC perdió 30.6 por ciento de energía, mientras la CFE perdió 10.9"; segundo "que en 2008 LFC perdió 32.5 por ciento de la energía que compra y genera para vender. El valor estimado de esas pérdidas totales ascendió a casi 25 mil millones de pesos, lo que representa 52 por ciento de las ventas del organismo", y tercero, que en el mejor de los casos "los costos unitarios de las obras que ejecuta LFC son 176 por ciento superiores respecto de los costos de la CFE".

El argumento nodal para la liquidación fue que por su comprobada ineficiencia operativa y financiera representaba un costo tan elevado "que ya no resultaba conveniente para la economía nacional ni para el interés público".

De este modo, y con el incentivo permanente de la modernización de la industria eléctrica, se considera que a partir de la nacionalización surge la posibilidad de integrar completamente dicha industria, pero también de enfrentar nuevos retos para ampliar el desarrollo sostenido de producción, administración, tecnología y finanzas: "la instauración de servicios y tarifas uniformes, la convivencia equitativa con las distintas corrientes sindicales, implementar proyectos para el mejoramiento y construcción de nuevas unidades productivas, reducción de combustibles fósiles en los procesos de generación y el aumento de la capacidad con base en fuentes renovables de energía". En este sentido, como reza su catecismo de responsabilidad social, "la CFE realiza importantes acciones para asegurar que todo el país goce de luz ahora y en años venideros".

Radionovela *Kalimán, el hombre increíble*

> Kalimán, caballero con los hombres, galante con las muje-
> res, tierno con los niños, implacable con los malvados, así
> es Kalimán, el hombre increíble.
>
> *Kalimán*, presentación de la radionovela

El 16 de septiembre de 1963 comenzó a trasmitirse la radionovela *Kalimán*, que narraba las increíbles aventuras de un personaje místico originario de la India, que dio nombre al programa.

Fue Radio Cadena Nacional, bajo la dirección de Rafael Cutberto Navarro Huerta, quien produjo la serie. Los actores y reparto fueron: Luis Manuel Pelayo en la voz de Kalimán, Luis de Alba como su compañero Solín, Rafael Luengas como el conde Bartok, con Isidro Olace en la narración y Marcos Ortiz en la dirección. Los guiones estuvieron a cargo de *Víctor Fox*, pseudónimo de Héctor González Dueñas, y Clem Uribe, con argumentos de Rafael Cutberto Navarro Huerta y Modesto Ramón Vázquez González.

La trasmisión de esta serie fue un verdadero acontecimiento. Los niños y jóvenes de entonces se reunían en torno a la radio para no perderse detalles de las aventuras de Kalimán y Solín. Así surgió un superhéroe de creación netamente nacional.

En la historia, Kalimán es el séptimo hombre de la dinastía de la diosa Kali, que dedica su vida a combatir las fuerzas del mal acompañado de un niño egipcio, descendiente de faraones, llamado

184

simplemente Solín. Los orígenes de Kalimán son ambiguos. Por motivos desconocidos, siendo apenas un recién nacido, fue encontrado flotando en una cesta por un príncipe llamado Abul Pasha, quien lo adoptó como su hijo y heredero del reino de Kalimantán.

El primer ministro, sabiendo que heredaría el reino, secuestró al bebé sin que nadie se percatara y lo lanzó a un río, pero logró salvarse milagrosamente. Su padre, el príncipe Abul Pasha, salió a buscarlo acompañado de algunos soldados pero fue asesinado por unos malhechores para robarlo. El niño fue criado por unos cazadores y después por una tribu de mongoles. Siendo adolescente, se embarcó en una serie de aventuras por el mundo; llegó al Tíbet y ahí fue educado para desarrollar su mente y su cuerpo con entrenamiento en artes marciales, como judo, karate y jiujitsu.

Por su inteligencia, estudios y disciplina, Kalimán logró alcanzar todo el potencial de un ser humano, sin magia pero con facultades paranormales fantásticas. Sus poderes representan lo que todo ser humano debería poder hacer y alcanzar, siempre en terrenos que van de lo esotérico a lo imposible.

Las capacidades que desarrolló Kalimán son: fuerza, agilidad y resistencia física, telepatía, hipnotismo, percepción extrasensorial, ventriloquía, curación acelerada, desdoblamiento corporal, modificación de rasgos faciales, lenguaje de las fieras, rayo mental, telequinesis, lectura acelerada, lenguas y conocimientos científicos y culturales, además de levitación y longevidad. El personaje resulta fascinante por la gran mezcla de influencias, desde las historias judeocristianas hasta las de personajes como Mowgli, Marco Polo y Buda.

Ante el éxito de la serie de radio, sus creadores decidieron llevar sus aventuras a un nuevo campo, el de la historieta. Fue la Editorial Novaro, especializada en cómics infantiles y de aventura en general, la interesada en publicar *Las Aventuras de Kalimán*. El primer número de la historieta salió a la venta en noviembre de 1965. Al igual que con la serie, la revista tuvo un éxito impresionante y se vendió semanalmente hasta 1991, sumando 26 años ininterrumpidos, mil 351 números consecutivos, de los cuales mil 308 son originales y el resto son reimpresiones.

El éxito de Kalimán pronto se extendió a otros países. En 1965, el poderoso circuito radial Todelar adquirió los primeros capítulos de la serie a *Víctor Fox*, convirtiéndose inmediatamente en un éxito rotundo en toda Colombia. La empresa mexicana Editorial Novaro, dueña de los derechos de la obra, advirtió que *Fox* no estaba autorizado a vender dichos libretos, por lo que no podían explotarse en la radio colombiana. Pero el éxito del personaje era tan grande, y los compromisos comerciales de Todelar tan poderosos, que la serie no podía suspenderse. Fue entonces que Álvaro Ruiz Hernández tomó la dirección del proyecto, encargándose de crear nuevos libretos y aventuras para Kalimán y su inseparable Solín. De este modo surgió una nueva serie de radio en la que el personaje de Kalimán era interpretado por el primer el actor colombiano Gaspar Ospina y Solín por la voz de la actriz Erika Krum. De igual manera, se hizo una versión colombiana de la historieta a partir de los argumentos de Álvaro Ruiz Hernández. Por la edición colombiana, Kalimán también tuvo un gran éxito en toda Sudamérica.

En noviembre de 2015, como homenaje por los 50 años de la aparición de Kalimán, comenzó a trasmitirse nuevamente por radio desde la Ciudad de México la serie radiofónica, con un *mix* de producción entre la grabación original y la actual tecnología.

Museo Nacional de Antropología

> Monumento de monumentos, el museo que abrimos hoy al
> fervor del público mexicano y a la curiosidad de los extran-
> jeros, atestigua la magnitud de nuestro homenaje para las
> civilizaciones interrumpidas por la caída de Tenochtitlán y
> de las capitales de otros grandes señoríos. Toda el ansia de
> manifestar lo inefable del ser y del no ser, que las obras aquí
> reunidas expresan con patetismo, nos habla de un formi-
> dable naufragio histórico. Adivinamos, en los ecos de ese
> naufragio, la firmeza, el amor, la pena, la sabiduría, la vehe-
> mencia y la fe implacable de muchos pueblos que vivieron
> organizando los métodos de la paz y las tácticas de la guerra
> con la simbólica ordenación de un rito.
>
> JAIME TORRES BODET, *Discurso de inauguración del Museo*
> *Nacional de Antropología*

El 17 de septiembre de 1964 se inauguró el Museo Nacional de Antropología. Salvador Novo consideró que se trataba de una de las
obras arquitectónicas más admirables del México contemporáneo.
"Su planeación exigió el concurso de numerosos arquitectos y científicos en museografía. El resultado fue un museo que, por muchos
conceptos, no tiene paralelo en el mundo."

Y es que esta obra monumental no fue el resultado de una decisión burocrática, como regularmente sucedía. "Se hacían las cosas
y se ponían donde cayeran". Esta afirmación la hizo Pedro Ramírez Vázquez, con la experiencia de haber participado durante los
dos primeros años del sexenio del presidente López Mateos (1958-

1964) bajo la tutela y genio del secretario de Educación Pública, Jaime Torres Bodet, en la creación de un plan nacional de desarrollo en la materia que abarcaba no sólo las cuestiones culturales y educativas, sino también los procesos arquitectónicos y el urbanismo. "En esos dos años, la arquitectura nacional fue planeada por primera ocasión en la historia del país; se establecieron las características, los sistemas, capacidades, dimensiones, ubicaciones y vías de comunicación para resolver el problema educativo de México. La arquitectura estaba participando en el proceso de transformación radical de este país." Así, mientras Torres Bodet tomaba la estafeta que alguna vez llevó Vasconcelos para masificar la educación a través de los libros de texto gratuitos, los desayunos escolares y un plan de once años para elevar el nivel educativo nacional, Ramírez Vázquez se encargaría de solucionar el problema de la infraestructura, principalmente a través de su proyecto de escuelas tipo y la creación de un plan nacional de museos. En el primer rubro, como director del Comité Administrador del Programa Federal para la Construcción de Escuelas (CAPFCE), cumplió con creces al construir más de 11 mil escuelas rurales durante el primer año de gestión.

Pero una de las principales inquietudes de Ramírez Vázquez era construir un museo. Alguna vez se lo comentó al propio López Mateos, con una paráfrasis sobre las ilusiones de un arquitecto: "en la antigüedad, debió haber sido construir una catedral, y le preguntó cuál sería ahora. Ramírez Vázquez respondió que un museo". "Pues se nos va a hacer el museíto", afirmó el mandatario.

Con la idea clara de un plan urbanístico, Ramírez Vázquez se enfocó a realizar un primer proyecto, y aunque los del gobierno querían construirlo en Tlatelolco, Ramírez Vázquez los convenció de que se realizara en la zona norte del bosque de Chapultepec. La obra tardó 19 meses en realizarse, y el resultado fue la combinación de decisiones acertadas de tipo urbanístico y arquitectónico. La obra, realizada en una superficie de 70 mil metros cuadrados, logró

albergar todo el programa alrededor de un gran patio central rectangular, en el cual la simetría y la sacralización del espacio ceremonial vacío adquieren todo el protagonismo. A su alrededor, la arquitectura evoca formas precolombinas con técnicas industriales, arropando, con solemnidad, un pórtico perimetral que une las salas del museo. El programa se construyó al compás de la forma, con un edificio de dos niveles cuyo exterior, prácticamente hermético, se abre a un vacío monumental que, siguiendo la tradición mexicana desde Teotihuacán hasta el Zócalo o Ciudad Universitaria, se impone a la masa construida y a las funciones.

Aparte de la comodidad que otorgan las 26 salas que conforman el museo, resalta el paraguas monumental que recibe a los visitantes en el patio central. Los relieves de la columna, la obra escultórica, realizada por los hermanos Chávez Morado, "ilustran la sabiduría de la historia prehispánica, mostrando, a su vez, la integración y la proyección cultural de México. El fuste es un gran árbol de la vida, una ceiba con tres heridas que simbolizan los grandes movimientos formativos de México: la Independencia, la Reforma y la Revolución. El águila nacional, por un lado, significa integración, y un hombre con los símbolos de la era atómica, por el otro, la proyección de México".

El proyecto se consumó y por fin se llevó a cabo una construcción ex profeso, "digna de la historia mexicana", sugerida desde finales del siglo XVIII para resguardar el testimonio del México antiguo y que por tantos años pasó de proyecto en proyecto hasta quedar confinado en el antiguo Museo Nacional de la calle de Moneda, "del que fueron transportadas al nuevo museo las piezas arqueológicas que en aquél carecían de adecuado lucimiento".

Con su construcción, el Museo Nacional de Antropología cambió la concepción de la arquitectura en el México moderno. Los miles de visitantes que asisten año con año siguen admirando perplejos sus instalaciones, que concilian la majestuosa severidad de la arquitectura prehispánica con los recursos más modernos de iluminación y servicios museográficos. Y lo más importante: el museo conserva inscrito en sus paredes el llamado permanente a los mexicanos a "mirarse con orgullo en el espejo de su pasado".

Movimiento estudiantil de 1968

La limpidez/ (quizá valga la pena/ escribirlo sobre la limpieza/ de esta hoja)/ no es límpida:/ Es una rabia/ (amarilla y negra/ acumulación de bilis en español)/ extendida sobre la página./ ¿Por qué?/ La vergüenza es ira/ vuelta contra uno mismo:/ Si/ una nación entera se avergüenza/ es león que se agazapa/ para saltar./ (Los empleados/ municipales lavan la sangre/ en la Plaza de los Sacrificios.)/ Mira ahora,/ manchada/ antes de haber dicho algo/ que valga la pena,/ la limpidez.

OCTAVIO PAZ, "México: Olimpiada de 1968"

El 2 de octubre sucedió la terrible matanza de estudiantes en la Plaza de la Tres Culturas, en Tlatelolco, durante el movimiento estudiantil de 1968.

A finales de 1964 llegó a la presidencia Gustavo Díaz Ordaz, uno de los personajes más odiados por la clase política mexicana. Ni su inteligencia ni su buena oratoria ni su disciplina política le permitieron ponerse a la altura de los hechos cuando cientos de estudiantes cuestionaron y lograron resquebrajar el "portentoso" sistema político mexicano. Limitado en su capacidad de tolerancia y negociación política, Díaz Ordaz arremetió con la fuerza represiva de la bala y el garrote, que terminó en una matanza atroz.

El relativo éxito económico había permitido una temporal fidelidad de los grupos más favorecidos hacia el régimen; sin embargo, las desigualdades sociales propiciaron el surgimiento de importantes focos de descontento que dieron lugar a manifestaciones de oposición, alimentadas también por el creciente autoritarismo del gobierno.

El partido oficial se había mostrado eficaz para dirimir las diferencias políticas entre sus integrantes, pero la creciente centralización del poder en manos del presidente (1940-1970) terminó por imponer la disciplina sobre la negociación, por lo que sus estructuras corporativas se fueron petrificando y perdieron la capacidad de comunicación horizontal que tuvieron en su origen. Por eso fueron incapaces de convertirse en voceras de los movimientos sociales de la época. En el contexto de la oposición ideológica entre capitalismo y comunismo (la llamada Guerra Fría), vigente durante la posguerra e impuesta por Estados Unidos en América Latina, cualquier manifestación contraria al gobierno corría el riesgo de ser calificada de comunista y declarada ilegal, y susceptible de ser reprimida.

Muchos de los movimientos sociales de este periodo fueron influidos por el triunfo de la revolución cubana, que ejemplificaba "el éxito de la lucha proletaria y antiimperialista". Particularmente, el triunfo de los rebeldes cubanos sacudió a ciertos sectores intelectuales con una gran presencia en las universidades que simpatizaban con las ideas marxistas. Su contacto con los estudiantes propició la politización y organización de este sector y de algunas porciones de la clase media urbana. Las aspiraciones libertarias y democratizadoras de esta generación pronto entraron en choque con la realidad política del país y alimentaron los movimientos más radicales de la década de los setenta. "Para el Presidente, los comunistas se habían adueñado de la voluntad de los jóvenes mexicanos. Estaba seguro de que si se habían echado a las calles, se debía más que nada a su desorientación, a las modas, a la influencia de los extremistas clandestinos que los habían seducido."

El movimiento inició y creció como protesta ante la forma autoritaria en que la policía capitalina había disuelto una riña entre estudiantes en julio de 1968. "Quizá inflamados por el ejemplo de los estudiantes que en las calles de París y Praga se oponían a la fuerza pública en verdaderas batallas." Ante las manifestaciones estudiantiles, la respuesta fue la represión. Estas acciones acrecentaron las protestas, que de sus exigencias a las autoridades ("alto a la represión, renuncia del jefe de la policía capitalina, desaparición del cuerpo de granaderos y derogación del delito de disolución social") y las críticas a los cuerpos policiacos pasaron a atacar "las formas antidemocráticas del gobierno". Las protestas, que se generalizaron en numerosas instituciones de educación en el país, lograron una amplia simpatía popular. La respuesta del gobierno fue el incremento de la represión, más aún porque se aproximaba la inauguración de los Juegos Olímpicos el día 12 de octubre. Tanto el secretario de Gobernación como el regente del Distrito Federal pidieron al presidente el uso del ejército, sobre todo ante la incapacidad y brutalidad de la policía. El ejército ocupó instalaciones educativas de gran significado. Primero el antiguo Colegio de San Ildefonso, derribando la puerta con una bazuca, y posteriormente el campus de Ciudad Universitaria. El rector Javier Barros Sierra encabezó una marcha multitudinaria para protestar por esto. Tomados de las manos y en silencio (como se le conocería con el tiempo a la marcha), autoridades universitarias, estudiantes y civiles avanzaron hasta que el ejército interrumpió su avance.

Las manifestaciones callejeras continuaron en la capital y en diversas ciudades del país. "Una de ellas llegó hasta el Zócalo y los muchachos cometieron el sacrilegio de izar una bandera rojinegra y pintarrajear las paredes de Palacio Nacional mientras coreaban a pleno pulmón: ¡Sal al balcón, chango hocicón! Fueron desalojados por el ejército y los empleados de limpia despintaron los insultos de los muros: gorila y asesino."

Luego vino otra manifestación, que fue convocada para concurrir en la Plaza de las Tres Culturas, en Tlatelolco, la tarde del 2 de octubre. En un desplante brutal de fuerza, la protesta fue reprimida con una serie de acontecimientos que aún no terminan por esclarecerse, arrojando un número indeterminado de muertos, heridos y detenidos. "Una persona que buscaba afanosa el cadáver de su hijo contó cerca de 500 cuerpos amontonados en la morgue." No le permitieron llevárselo. "De aquí no sale ningún cadáver. Mañana serán incinerados todos. Y no nos van a llenar de cortejos fúnebres." Las autoridades dieron la cifra oficial de muertos: 30. Se había cometido uno de los mayores crímenes de la historia de México.

En lo inmediato, la represión del 2 de octubre del 68 aplastó de golpe al movimiento estudiantil, pero fue parte de las múltiples manifestaciones de inconformidad ante el autoritarismo oficial y la falta de libertades democráticas, que no se modificaron a corto plazo, por lo que era previsible que las protestas continuaran, como sucedió en los años siguientes, con una respuesta similar por parte de las autoridades. Estos acontecimientos convencieron a los grupos más radicales de que cualquier transformación tendría que ser ganada desde fuera del gobierno y necesariamente a través de la fuerza.

El movimiento estudiantil de 68 es considerado por muchos como el inicio del proceso para la apertura del régimen, que ha tenido como consecuencia una prolongada transición hacia la democracia, que sigue inconclusa hasta nuestros días. Desde una perspectiva más limitada, el movimiento dejó claros los límites del sistema político y, además, hizo evidente el fin del consenso social vivido durante la mayor parte del "milagro mexicano" entre las clases favorecidas por los logros económicos, principalmente la clase media, alimentadora del movimiento, que terminó de resquebrajarse con la salida violenta que eligió el gobierno y más aún cuando la coyuntura económica favorable se cerró y se esfumaron los beneficios del milagro.

Los acontecimientos de 1968 evidenciaron la separación abismal entre el régimen, cada vez más cerrado, y la sociedad, que se ha transformado rápidamente, abierta a ideas renovadoras, como las enarboladas por la revolución cultural que recorrió buena parte de Europa y Estados Unidos ese mismo año, así como la carencia de espacios de expresión y negociación fuera del partido oficial.

Los Juegos Olímpicos

Creemos que se está colando, se está colando en el carril
número 4, Muñoz, *el Tibio* Muñoz, se está adelantando, *el
Tibio* Muñoz; es la locura, la medalla de oro para México, sí
señores, *el Tibio*, la locura, la primera medalla de oro para
México.

Narración de la llegada de Felipe *el Tibio* Muñoz
a la meta durante la competencia de 200 metros de pecho

El 12 de octubre de 1968 se inauguraron los XIX Juegos Olímpicos. México fue el primer país en vías de desarrollo en llevar a cabo
este evento, el primero hispanohablante y el único en celebrarlos en
América Latina. Sin embargo, la justa atlética se realizó precedida
de los terribles acontecimientos del día 2 de octubre por la matanza de estudiantes en la Plaza de las Tres Culturas, en Tlatelolco. El
ambiente estaba lleno de llanto, como dijo José Emilio Pacheco,
"gotean las lágrimas, allí en Tlatelolco".

Por fin, después de dos intentos fallidos (1956 y 1960), México había sido elegido para organizarlos, dejando en el camino a las
ciudades de Buenos Aires, Detroit y Lyon. La decisión se tomó el
12 de octubre de 1963 en Alemania Occidental, hasta donde habían
viajado los integrantes de la comisión representativa del gobierno mexicano, entre ellos Marte R. Gómez, Eduardo Hay y Pedro
Ramírez Vázquez. Al paso de las horas, en que se expusieron las
propuestas y se deliberó sobre ellas, se eligió a México. Los principales argumentos del comité mexicano giraron en torno al bajo

costo que implicaría la alimentación y el hospedaje de los atletas (2.80 dólares diarios por cada uno de ellos), la no afectación de la altura para el desarrollo de los eventos y la sólida infraestructura en instalaciones deportivas, transporte y medios de comunicación con que contaba México, pero sobre todo la "estabilidad política, una firme economía y las libertades sociales y políticas". Esto último fue cuestionado no sólo por los representantes de las sedes derrotadas, sino también por grupos civiles, que protestaron al hacerse pública la decisión. También se afirmó que la intención de elegir a México como la sede de los XIX Juegos Olímpicos se debía a una serie de cuestiones políticas que nada tenían que ver con lo deportivo. "Con ello quedaron demostrados los buenos oficios políticos lopezmateístas", considerando que al elegir a México contarían con "un buen socio político y geográfico", y asegurando con esto los votos del bloque soviético y de la mayoría de los miembros de la Unión Europea, "que se encontraba en franco reacomodo en los años álgidos de la guerra fría".

La verdad sea dicha, México no contaba con la suficiente infraestructura para albergar la justa olímpica, por lo que inmediatamente después de que se confirmó al país como sede quedó instalada la comisión organizadora, encabezada por el propio presidente Adolfo López Mateos, aunque tiempo después dimitió al cargo por motivos de salud. Lo sustituyó el arquitecto Pedro Ramírez Vázquez, quien transformó radicalmente el proyecto olímpico. Casi la totalidad de los eventos se realizarían en la Ciudad de México, aunque algunos se llevaron a cabo en Guadalajara, Acapulco y Valle de Bravo. La mayoría de las instalaciones se tuvieron que construir y otras se adaptaron; se proyectó la construcción de dos villas olímpicas para albergar a los más de 5 mil atletas y se remozaron hoteles, parques y avenidas.

El proyecto olímpico de Ramírez Vázquez también incluyó la realización de la "olimpiada cultural", iniciada en enero de 1968, que incluía en su programa una serie de actividades culturales y artísticas: danza, música, letras, artes visuales, arquitectura. En este último rubro destacó el diseño y la construcción de la Ruta de la Amistad. Ramírez Vázquez encargó al artista Mathias Goeritz un proyecto para 22 esculturas gigantes realizadas por artistas de varios países que serían colocadas a lo largo de 19 kilómetros del Periférico.

Conforme se acercaba la fecha de la inauguración, parecía que México cumpliría con creces lo ofrecido, pero la nube social y política comenzó a ensombrecer el ambiente. Aquel argumento sobre la estabilidad y las libertades políticas que se presumió en Alemania en 1963 comenzaba a diluirse. La situación social e ideológica que se vivía en el mundo, y de la cual México no era ajeno, las extravagancias y manifestaciones de los jóvenes como medidas antiimperialistas (la guerra de Vietnam, la revolución cubana, los movimientos sociales en París, Praga y algunas ciudades al interior de la República Mexicana, entre otros) despiertan ciertos prejuicios de las clases conservadoras, temiendo que "propiciaran la delincuencia y/o la subversión comunista".

Estas políticas, azuzadas por los medios de comunicación al servicio del Estado, comienzan a propagar la idea de conjuras desestabilizadoras. "Entre Díaz Ordaz y el caos, prefiero a Díaz Ordaz", dijo en su segmento noticioso Agustín Barrios Gómez.

A finales de agosto de 1968, el movimiento estudiantil mexicano, que se encontraba en el pináculo, advertía: "no queremos olimpiadas, queremos revolución". Los 3 mil manifestantes apostados en el Zócalo capitalino recibieron la respuesta del gobierno, que envío tanquetas militares para desalojarlos. Díaz Ordaz aseveró en su informe de gobierno, el 1 de septiembre de 1968: "hemos sido tolerantes hasta excesos criticados, pero todo tiene un límite y no podemos permitir ya que se siga quebrantando irremisiblemente el orden jurídico como a los ojos de todo mundo ha venido sucediendo".

Diez días después de la masacre, desde el palco de honor del estadio olímpico universitario, Díaz Ordaz inauguraba los Juegos Olímpicos. Al tiempo que Enriqueta Basilio encendía el pebetero con la llama olímpica, fueron soltadas 10 mil palomas blancas como símbolo de la paz, pero como presagio funesto se negaron en su vuelo a salir del estadio. Aun así, Díaz Ordaz estaba seguro de "haber roto la conjura contra México".

En la justa, manchada por la sangre, participaron un total de 112 países (se prohibió la participación de Sudáfrica, por sus políticas racistas), que compitieron en 172 eventos de 20 deportes (18 oficiales y dos de demostración). Por vez primera tomaron parte en la competición veraniega países como El Salvador, Honduras, Paraguay y Kuwait, y fue la primera ocasión en que se realizaron pruebas antidopaje.

México obtuvo nueve medallas, entre las que destacaron la del sargento Pedraza en caminata, la del "Tibio" Muñoz en natación y la de Antonio Roldán en boxeo. La justa permitió ver al mundo la nueva marca olímpica en salto de longitud de Bob Beamon (8.90 metros), así como la hazaña de Jim Hines en la prueba de 100 metros al parar el cronómetro, por vez primera, antes de los 10 segundos. Causaron admiración Tommie Smith y John Carlos, ganadores de oro y bronce en los 200 metros planos, cuando al recibir su medalla y entonar el himno norteamericano bajaron la cabeza y alzaron el puño portando un guante negro para manifestar su apoyo a los derechos humanos de la gente de color.

Testigos presenciales de aquel momento declararon que los atletas no se habían enterado de los hechos. Lo cierto es que la imagen de estabilidad política y paz que dio México al mundo estuvo marcada por el horror, la indignación y la sangre. Las olimpiadas de México duraron 15 días. En la ceremonia de clausura, el presidente Díaz Ordaz dijo: "Ofrecemos y deseamos la amistad con todos los pueblos de la Tierra". Sus palabras se perdieron entre el "Son de la negra", el anuncio de Múnich 72 y las "rechiflas y mentadas de madre", que aún hacen eco al escuchar su nombre.

El Metro

Voy en el metro, que grandote, rapidote, que limpiote,/ qué diferencia del camión de mi compadre Gilemón, que va al panteón./ Aquí no admiten guajolotes, ni tamarindos, tecolotes/ ni guacales con elotes ni costales con carbón.

CHAVA FLORES, "Voy en el metro", fragmento

El 4 de septiembre de 1969 se inauguró el Sistema de Transporte Colectivo Metro. A la ceremonia del corte de listón acudieron el Presidente de la República, Gustavo Díaz Ordaz, y el regente capitalino, Alfonso Corona del Rosal. Desde 1958, el gobierno había pedido a instituciones, como la Universidad Nacional, que presentaran proyectos alternativos de transporte urbano, entre los que destacaron la creación de un monorriel, uno de transporte elevado y otro para la construcción de un sistema de transporte masivo. Este último fue proyectado por el presidente del grupo ICA (Ingenieros Civiles Asociados), pero también fue rechazado por sus altos costos y por no prever alternativas para contingencias como el terremoto de 1957. Unos años después, la misma empresa constructora volvió a presentar el proyecto, pero esta vez apoyado por el empresario francés Alex Berger, en ese entonces esposo de la actriz María Félix, quien medió con el gobierno francés para que aportara, como inversión, más de la tercera parte del costo (en nuestros días se siguen utilizando los trenes construidos por la compañía francesa Alsthom).

Las obras iniciaron en junio de 1967, dos meses después de haberse publicado en el *Diario Oficial de la Federación* el decreto para la construcción de la línea 1. En su construcción intervinieron arquitectos afamados de la talla de Enrique del Moral, Félix Candela y Luis Barragán. La primera línea iba de Chapultepec a Zaragoza, recorriendo un tramo de 18 kilómetros dividido en 16 estaciones.

Actualmente, el Sistema de Transporte Colectivo Metro cuenta con 12 líneas, las cuales recorren y conectan casi toda la Ciudad de México y algunas zonas conurbadas. Transporta alrededor de 5 millones de personas diariamente, a diferencia de los pocos cientos que movilizaba en 1969, cuando complementaba a las 7 mil 200 unidades para el servicio público con que contaba la Ciudad de México, que estaba habitaba por 4 millones y medio de personas, aproximadamente.

El Sistema de Transporte Colectivo Metro es considerado uno de los más importantes del mundo, incluso por arriba del francés, inglés y estadounidense. Sin embargo, no puede negarse que a la fecha este medio de transporte ha sido superado por la demanda. Por un tiempo, las administraciones capitalinas dejaron de construir o ampliar las líneas y de aumentar la cantidad de trenes. Mantener el subsidio al precio del boleto ha sido una de las principales causas de este rezago. Además, durante la construcción de la última línea, entre Tláhuac y Mixcoac, no sólo hubo un fraude monumental, sino también varias fallas técnicas de los constructores, con errores de cálculo y medición.

Las autoridades de la Ciudad de México deben asumir la responsabilidad de seguir construyendo y modernizando las líneas y más opciones del transporte para los capitalinos, asegurando la eficiencia del servicio y satisfaciendo la demanda.

Copa Mundial de Futbol, México 70

> El mejor Mundial ha sido el de México 1970: Gordon Banks
> rechazando de la mismísima raya un cabezazo de Pelé; Uwe
> Seller metiendo un gol con la tonsura; Müller con los bra-
> zos en alto celebrando un gol; Gianni Rivera destroncan-
> do a la defensiva mexicana; Beckenbauer caminando por la
> media cancha, el estratega con el brazo izquierdo adherido
> al pecho mediante cintas adhesivas, el dolor en busca del
> triunfo; Overath tirado en el césped, festejando un gol im-
> posible; en fin. Gerson a Tostao; mejor para Tostao, mejor
> para Pelé, Jair. Jair, Jair…
>
> RAFAEL PÉREZ GAY

El 31 de mayo de 1970 se inauguró en México la IX Copa Mundial
de Futbol. Este evento fue considerado como el primero de la era
moderna por su novedosa organización al incluir 16 equipos de todos los continentes, incluso de África y Asia; por ser la primera vez
que se trasmitía en vivo y en directo y en *technicolor*; por utilizar
un balón de 32 gajos sintéticos diseñado por la compañía deportiva
Adidas, dejando atrás los pesados balones de piel de cerdo, y por las
innovaciones en la reglamentación, al permitir los cambios de jugadores y utilizar tarjetas amarillas y rojas para amonestar y expulsar,
respectivamente. Sobre esto último se debe destacar que durante la
competencia no se expulsó a ningún jugador.

La designación de México como sede del Mundial había causado controversia. Argentina, que había solicitado la sede en cuatro

ocasiones, incluyendo esta última, se inconformó, pues sólo un año antes México había sido elegido como organizador de los Juegos Olímpicos. En 1964, la Federación Internacional de Futbol Asociado (FIFA) decidió darle a México el privilegio sobre el país sudamericano, pues consideró que se podría aprovechar la infraestructura que se generaría para la realización de las olimpiadas. La decisión fue avalada por los demás integrantes del comité con 56 votos a favor de México y 32 para Argentina. Igualmente, se ha considerado que los miembros de la FIFA quedaron asombrados cuando los representantes nacionales presentaron como su carta fuerte la maqueta para la construcción del estadio Azteca, que se convertiría en el inmueble futbolístico más grande del mundo.

La expectación que generó la realización del Mundial en México fue mayúscula, no sólo por la participación de la escuadra nacional como equipo local, sino porque a éste asistirían figuras de la talla de Lev Yashin, Gordon Banks, Gianni Rivera, Franz Beckenbauer, Gerd Müller y, por supuesto, Edson Arantes do Nascimento, *Pelé*. El *rey Pelé*, como se le conocía, había tenido conflictos con el entrenador de la selección brasileña, quien al no considerarlo como integrante de la lista fue destituido para restituir inmediatamente al *Rey* en el *Scratch do Ouro*. Muchos de estos jugadores representaban a selecciones que ya habían ganado la Copa del Mundo en dos ocasiones, como Alemania, Brasil, Italia y Uruguay. De obtener el campeonato alguna de ellas, se quedaría permanentemente con el trofeo Jules Rimet.

México quedó en el grupo B como cabeza de serie. Jugaría en el Estadio Azteca sus tres primeros partidos de la fase de grupos. Sus contrincantes fueron la Unión Soviética, Bélgica y El Salvador. Vale la pena señalar que este tipo de eventos difícilmente se pueden separar de otros contextos. En el caso de El Salvador, este país se jugó su pase con su vecino Honduras. Fue tanta la afición y el fanatismo que las disputas entre los seguidores terminaron en masacre y en intervención militar, por lo que se le conoció como "la guerra del futbol".

México tuvo una buena participación durante sus tres primeros encuentros, obteniendo dos victorias y un empate. La ciudad se contagió de algarabía y la gente tomó la ciudad, calles, monumentos y edificios para celebrar. Sin embargo, una diferencia de goles lo colocó en el segundo lugar de su grupo, por lo que se vio obligado a dejar el Estadio Azteca para jugar su partido de octavos de final contra Italia en la ciudad de Toluca. México fue arrasado por la *Squadra Azzurra* con un abultado marcador de 4 a 1. Pero la eliminación del país anfitrión no terminó con la fiesta. Por el contrario, prontamente los mexicanos adoptaron a Brasil con todo y *Pelé* para representarlos en la justa.

Casi como en un guion cinematográfico, los cuatro países con posibilidades de obtener el máximo trofeo llegaron a las semifinales. Brasil, despachó a Uruguay, Italia a Alemania, en un partido que fue considerado como el juego del siglo.

La final se celebró el 21 de junio a las 12 horas en el Estadio Azteca, que se abarrotó hasta las lumbreras. Brasil ganó 4-1, con lo que se llevó el campeonato. *Pelé* anotó su último gol en un mundial y la gente que invadió la cancha lo coronó con un sombrero de charro.

La grata impresión que dejó México por la organización, amén de la calidez de la gente, allanaron el camino para que en 1986 repitiera como sede mundialista, convirtiéndose en el primer país en la historia en realizarlo en dos ocasiones.

Colegio de Ciencias y Humanidades

El estudiante estará capacitado igualmente para desempeñar trabajos y puestos en la producción y los servicios por su capacidad de decisión, innovación, estudio, y por la formación de la personalidad que implica el plan académico, pudiendo complementar su cultura con otra técnica y aplicada, ya sea mientras sigue los cursos académicos del plan, ya una vez terminado el mismo.

Gaceta UNAM, "Reglas y criterios de aplicación del plan de estudios del CCH"

El 26 de enero de 1971, el Consejo Universitario de la Universidad Nacional Autónoma de México aprobó la creación del Colegio de Ciencias y Humanidades (CCH). Entre otros objetivos, el proyecto proponía "intensificar la cooperación interdisciplinaria y disciplinaria entre especialistas, escuelas, facultades e institutos de investigación". La propuesta de su creación iba más allá de cubrir tan sólo la demanda cuantitativa; se requería urgentemente tomar en cuenta el acelerado crecimiento cualitativo de la "producción científica universal" y sumarlo a los programas de educación media superior en México.

Y aunque el proyecto no se concretó sino hasta 1971, bajo la gestión del rector Pablo González Casanova, quien a principios de los años cincuenta ya había propuesto una serie de ideas con respecto a la interacción y practicidad entre el conocimiento científico y el humanístico. En 1953 ponderó la urgente necesidad de reformar la enseñanza media, cubriendo

> las lagunas esenciales, atacar el problema de la cultura general, y de esto, en vez de contrariar la especialización, nos ayudará a realizarla más pronto y de una manera más efectiva. Otro error que no debemos cometer es sostener de manera implícita que en el bachillerato se estudiarán todos los problemas científicos y humanísticos. Se desea de un bachiller que sepa pensar, escribir, y calcular, y que posea una cultura científica y humanística, pero no sólo, sino que se desea abrirle posibilidades: que sepa para qué sirven el pensar, el escribir, el calcular, y las ciencias, y las humanidades.

Sus propuestas no tuvieron un eco mayoritario en la comunidad, aunque él mismo aplicó algunas de ellas al ocupar la dirección del Instituto de Investigaciones Sociales de la UNAM. Sin embargo, el 6 de mayo de 1970, al asumir el cargo como rector, González Casanova afirmó la necesidad y responsabilidad de que cada alumno universitario contara con "altos niveles técnicos y científicos, humanísticos y de organización". Afirmó que la alta demanda de los estudios superiores y el crecimiento de la enseñanza media debían ir de la mano con el de la nación. Sobre todo puso énfasis en la creación de un sistema que incluyera a un gran número de estudiantes. "Pero al mismo tiempo, la cultura superior exige más y más un conocimiento de los métodos de investigación y análisis, a investigar sólo se aprende investigando". La gestión de González Casanova sentó las bases para la modernización de los planes de estudio, además de proponer una serie de ideas alternativas para sacar a la Universidad y sus escuelas de la crisis en que se encontraban, sobre todo desde el conflicto estudiantil de 1968, destacando la creación del Colegio de Ciencias y Humanidades y el Sistema de Universidad Abierta.

En la segunda mitad de 1970 se convocó a por lo menos 80 personajes distinguidos, quienes bajo la tutela de Roger Díaz de Cossío se reunieron en mesas de trabajo para realizar el proyecto del CCH, que se denominó la Nueva Universidad. La idea consistía en generar un plan de estudios y los programas correspondientes a todas las materias que permitiera a los alumnos, más que una 'capacitación inmediatista', el desarrollo de su capacidad para conocer la realidad, el dominio de los métodos fundamentales para desarrollar el conocimiento físico e histórico, el dominio del lenguaje hablado y el de las matemáticas. Razones concretas de economía y política sugerían la necesidad de que la cantidad de horas que el alumno pasara en las aulas se redujera así como la cantidad de materias que habían de configurar el currículo.

Los constantes ataques en la prensa provocaron que el proyecto se archivara, pues resultaba muy escandaloso que se intentara dar "rienda suelta a los alumnos de ese nivel". Posteriormente se creó una nueva coordinación para el proyecto, en la que intervinieron las coordinaciones de Ciencias y Humanidades, las facultades de Ciencias Políticas, Ciencias, y Filosofía y Letras, además de la Escuela Nacional Preparatoria, surgiendo así el Colegio de Ciencias y Humanidades.

En la actualidad, el CCH opera con una dirección general y nueve secretarías dedicadas a la actividad académica y administrativa. Existen cinco planteles; cuatro en la Ciudad de México y uno en el Estado de México (Azcapotzalco, Vallejo, Oriente, Sur y Naucalpan), que dan cabida a casi 60 mil alumnos, y una planta de alrededor de 3 mil profesores.

Esta institución que nació dando prioridad a lo cualitativo sobre lo cuantitativo, generando una verdadera revolución académica, en nuestros días ha cambiado sus parámetros, en detrimento del alumnado; y aunque la institución ha fortalecido su sistema de ingreso, exigiendo mayores conocimientos de los aspirantes, su capacidad para atender la demanda resulta insuficiente y sus programas y planes de estudio se han anquilosado, y peor aún, los alumnos egresados están calificados con los parámetros más bajos de aprovechamiento en el nivel del bachillerato, según estadísticas recientes.

El *halconazo*

El *halconazo* había evidenciado una justicia de la complici-
dad y una disputa en las élites del poder. El gobierno se había visto obligado a aumentar el ritmo de la represión para
contener lo que la democracia no podía garantizar.

DANIEL COSÍO VILLEGAS

El 10 de junio de 1971 se perpetró un nuevo acto de represión del
gobierno mexicano contra un grupo de jóvenes. Al parecer la lección traumática de la matanza de estudiantes el 2 de octubre de
1968 no fue aprendida por las autoridades.

Luego de una improvisada reforma a la Ley Orgánica de la Universidad Autónoma de Nuevo León, promovida por el gobernador
Eduardo Elizondo, en la que incluía muchas voces ajenas a la universidad, se suscitaron una serie de protestas y manifestaciones estudiantiles que terminaron con su pronta derogación y la renuncia
del gobernador.

A pesar de la resolución, las manifestaciones de apoyo en varias partes del país no se hicieron esperar; sobre todo en la capital
de la República, donde grupos estudiantiles de la Normal Superior
convocaron a una marcha para el jueves 10 de junio, día de *Corpus*.
Ante esto, las autoridades federales dispusieron que el ejército, encabezado por el general Hermenegildo Cuenca Díaz, se pusiera por
encima de la policía, para garantizar la seguridad de los ciudadanos
y evitar otro 68, amén de que la manifestación convocada nunca fue
programada ni autorizada.

Con todo, la marcha estudiantil inició a las cinco de la tarde, partiendo del Casco de Santo Tomás para dirigirse a la Escuela Nacional de Maestros. Durante el trayecto, los contingentes aprovecharon para lanzar consignas por la liberación de los presos políticos del 68 y protestas contra la "imposición en las reformas a los planes de estudio".

En la intersección de la avenida México-Tacuba y el circuito interior, los estudiantes notaron que varios camiones se comenzaron alinear a lo largo de la avenida y luego vieron descender de los vehículos a "casi mil jóvenes fornidos, de pelo muy corto y tenis blancos, con macanas, *kendos*, y armas de fuego", que de inmediato se abalanzaron sobre la marcha estudiantil al grito de "viva *el Che* Guevara", incluso ante el azoro de los militares y los cuerpos policiacos.

Los estudiantes trataron de defenderse con piedras y con los palos de las pancartas, y al ver cómo caían muertos y heridos sus compañeros intentaron replegarse, pero el ejército, que se había sumado a la masacre con gases lacrimógenos y tanques antimotines, los tenía cercados y los obligó a huir por San Cosme hacia la avenida Hidalgo. "Para entonces el Zócalo se hallaba lleno de tanques, las fuerzas públicas eran visibles en distintas partes y de súbito ahí estaba de nuevo la atmósfera ominosa de la matanza de Tlatelolco." Hubo una segunda embestida, que "ya no fue a palo y porra. Rifles de alto calibre, suministrados por el apoyo logístico del grupo de choque, se hicieron notar. Los estudiantes intentaron, inútilmente, esconderse. No pudieron. En el lugar había policías que no hicieron nada. La gente vio todo, no podía hacer nada. Los *halcones* no mostraron misericordia. Los heridos serían trasladados al hospital general Rubén Leñero. Allí llegaron a dar el tiro de gracia".

Muy poco tiempo después se supo que quienes habían atacado a los estudiantes eran miembros de un grupo denominado "los halcones", paramilitares entrenados bajo el mando de Manuel Díaz Escobar, creador del Batallón Olimpia, que había iniciado la matanza en Tlatelolco en 1968, y financiados por el entonces regente de la ciudad, Alfonso Martínez Domínguez, a quien con el tiempo se le conoció como *Halconso*.

Inmediatamente después de la refriega, se hizo saber de manera oficial que el resultado había sido de "9 muertos y una docena de heridos". Aunque realmente nunca se supo la cifra real, "se contabilizaron oficialmente 120 muertos, aunque, como siempre, fueron más". Ante lo sucedido, el presidente Luis Echeverría quiso dar la cara, argumentando que esos grupos eran contrarios a sus políticas de gobierno, "se trata de otras fuerzas que intentan desestabilizar al gobierno y debilitar la autoridad presidencial. Ya hemos dado instrucciones para que se hagan las averiguaciones correspondientes y no nos detendremos, caiga quien caiga".

La investigación concluyó con la remoción del director de la policía, quien muy poco tiempo después se convirtió en candidato y gobernador de Nayarit.

Alfonso Martínez Domínguez, resentido porque poco a poco perdía terreno en la arena política, confesó tiempo después que él mismo había oído a Echeverría ordenar que se reprimiera a los manifestantes y que se "quemaran o desaparecieran a los cadáveres". De ninguna forma el gobierno podría permitirse otro 68.

Se dice que Echeverría se jugó el todo por el todo y finalmente todo lo ganó. Los grupos estudiantiles quedaron advertidos de la ferocidad gubernamental y no volvieron a realizar manifestación alguna en años; las remociones políticas que incomodaban al presidente se realizaron sin cortapisas y poco a poco el gobierno pudo alejar del imaginario popular la hecatombe del 68.

Se dice que la venganza estudiantil contra Echeverría llegó en 1975, cuando haciendo gala de una fastuosa valentía, visitó la Ciudad Universitaria, de donde salió por piernas al grito de "mula, mula, mula" (en referencia al jueves de *Corpus*), llevándose una pedrada en la cabeza.

Después del *halconazo*, o el "pequeño 2 de octubre", como también se le conoce, parecía que los ánimos represivos del gobierno habían desaparecido, pero los hechos actuales, de la misma manufactura, soslayan las lecciones históricas, volviendo a conmocionar a la opinión pública del mundo.

Festival de rock y ruedas, Avándaro

Tengo una nena a todo dar,/ le gusta mucho rocanrolear/ y
ella me dice que me quiere/ y que no hay otro como yo/
y ella me confesó que ella es/ la encuerada de Avándaro/
de Avándaro.

THREE SOULS IN MY MIND, "Avándaro", fragmento

El 11 de septiembre de 1971 se realizó en Avándaro, Estado de México, la manifestación musical y contracultural más importante del siglo XX en nuestro país. Un concierto que reunió a más de 250 mil
personas para escuchar a las bandas de rock más representativas de
la época.

Extrañamente, el encuentro fue realizado por "jóvenes ejecutivos" con mucho dinero cercanos a Televisa: Eduardo López Negrete
y Luis de Llano Macedo, quienes desembolsaron la fabulosa cantidad
de 40 mil pesos para la organización del evento. No obstante, uno de
los promotores quiso "chiquitear" los emolumentos y algunas grandes figuras, como Javier Bátiz y Love Army, se negaron a participar.
El gobierno y la televisora habían planeado una estrategia para pa-
liar el "halconazo" del pasado 10 de junio. Echeverría quería librarse
de la responsabilidad que tenía como representante de un gobierno
represivo, igual al de su antecesor, Díaz Ordaz, en el movimiento
del 68, y de alguna manera lo logró. Primero porque evitó nuevas
manifestaciones estudiantiles, luego porque pudo deslindarse de los
hechos con las "profundas investigaciones" del jueves de *Corpus* y
después porque facilitó la realización del concierto en Avándaro.

Pese a todo, y cuando los asistentes comenzaban a protestar porque el evento no iniciaba, entraron a escena los Dug Dugs, de Armando Nava, que calentaron literalmente a todos los presentes. El alcohol y las drogas corrieron de mano en mano. Los puristas tomaron el hecho como "carnita" para sus notas periodísticas, cuestionando la moral social y cuantificando absurdamente el avituallamiento de los jóvenes: "una tonelada de marihuana, quinientas mil coca colas, cuatrocientas mil cervezas, cien mil cajetillas de cigarros, y doscientos cuarenta mil emparedados se consumieron".

El evento se caracterizó, sin embargo, por su mala organización y pésima ubicación. Los primeros miles que llegaron abarrotaron los accesos y obstruyeron las carreteras, provocando que las siguientes "manadas humanas" caminaran hasta 70 kilómetros para poder llegar. Los que se encontraban hasta atrás no oían ni veían nada, y en la "cúspide de la intoxicación" empezaron a empujar a los de enfrente, arrojando a varias decenas a las zanjas que se habían improvisado como letrinas. Los organizadores ordenaron a los animadores que calmaran al público con la amenaza de terminar el evento. De hecho, cortaron el suministro eléctrico, lo que algunos aprovecharon para treparse a las torres de luz. Aun así, con las plantas de emergencia que algunos grupos cargaron continuaron con la velada y la muchedumbre poco a poco se concentró en el evento. Por el escenario desfilaron entonces El Epílogo, La División del Norte, Peace and Love, El Ritual, El Amor y Los Yaqui.

En el ínterin surgió el incidente que con el tiempo se convertiría en símbolo y referencia del concierto: "la encuerada de Avándaro". Ya en la madrugada, una joven se subió a una plataforma y se quitó toda la ropa al son de los acordes musicales, y fue tal el alboroto que una buena parte de los reflectores se dirigió hacia ella. Tiempo después, en una entrevista para la revista *Piedra Rodante*, "máxima publicación del rock y la contracultura de aquella época", la encuerada dio su versión de los hechos:

No sabes, maestro [...]. Unos chavos primero me pasaron el *huato* de pastas. A mí no me gustan esas madres, pero como no había otra cosa me las empujé con media botella de Presidente. Uy, me puse hasta el gorro bien rápido. Luego me dijeron que algunos tiras andaban rolando pitos y de volada les pedimos. Me puse hasta la madre, loquísima, tú sabes, bien cruzada. Creo que me puse a bailar cuando se puso a tocar El Epílogo. No me dejé ni pantaleta ni nada, todita me desnudé. Uta, luego me llovieron los toques, hasta me aventaron un aceite, un *purple haze*. Luego con un garrafón de tequila chanchísimo, y me lo estaba pasando, así que todavía me puse más loca.

Hacia las ocho de la mañana del día siguiente, las torres de sonido y los bafles se habían derrumbado. Algunos de los grupos pasaron desapercibidos, hasta la presentación del Three Souls in my Mind, que volvió a prender al público, que según cálculos ya rebasaba para ese momento los 200 mil asistentes.

Avándaro logró poner al México conservador en su contra. Según testimonios, lo consignado en las crónicas estaba lleno de exageraciones, pues a pesar del "impresionante consumo de droga, la natación al desnudo y la libertad moral, no hubo muertos, heridos ni arrestados". La prensa sentenció: "¿Nos habíamos dado cuenta en México de la extensión que tiene ya el fenómeno *hippie*? ¿Llegamos a creer que la afición a las drogas era mero pretexto para llenar espacio en los periódicos y aderezar la nota roja? Pues ahí está, con su aterradora elocuencia lo sucedido en Avándaro. Y contra hechos no hay argumentos".

La represión creció contra los musicales "satanizados", pero quedó demostrada la civilidad de la juventud, que para esos tiempos era una virtud que enorgullecía. Con el paso del tiempo, poco a poco volvieron a salir a la luz las manifestaciones contraculturales, que se refundieron en los jacalones de los *hoyos funky*. En la actualidad, las autoridades han regulado la realización de eventos masivos y pululan los escenarios y foros, que se encuentran bajo el aparente control de los cuerpos de vigilancia contratados por los propios organizadores.

Universidad Autónoma Metropolitana

Nuestros maestros, todos nosotros, autoridades y personal de apoyo somos conscientes de la problemática social contemporánea, por esencia alterable, que nos exige renovar constantemente los enfoques, reestructurar los planteamientos y adoptar el carácter interdisciplinario del estudio, la enseñanza y la aplicación del conocimiento. Unidos en este deseo manifiesto, mucho deberemos dedicar de nosotros mismos para conseguir que esta nuestra casa, al permanecer con mentalidad abierta, siempre actúe abierta al tiempo.

PEDRO RAMÍREZ VÁZQUEZ,
Discurso de inauguración de la UAM *Iztapalapa*

El 1 de enero de 1974 entró en vigor la Ley Orgánica de la Universidad Autónoma Metropolitana, con lo que se creaba una nueva institución de educación superior en México. El dictamen había sido aprobado por la Cámara de Diputados el 13 de diciembre de 1973 y publicado cuatro días después en el *Diario Oficial de la Federación*.

A principios de los años setenta, la educación superior en México estaba sumergida en una profunda crisis, entre otras razones por los sucesos derivados del movimiento estudiantil de 1968. A su vez, el gobierno había mostrado una gran incapacidad para atender la demanda de la población en instituciones públicas como la UNAM y el Instituto Politécnico Nacional (IPN), que además habían decidido "no permitir el crecimiento de su matrícula". Dicha crisis se agudizó, por lo que el gobierno inició una serie de acciones, encaminadas a crear una nueva institución educativa, para solucionar el problema.

En el primer tercio de 1973, el presidente de la República, Luis Echeverría, solicitó a la Asociación Nacional de Universidades e Instituciones de Educación Superior (ANUIES) un estudio "sobre la demanda de educación del nivel medio superior y superior, así como propuestas para su solución". Casi tres meses después, la Asociación entregó su informe, a la par que el secretario de Educación, Víctor Bravo Ahúja, adelantaba públicamente la creación de una nueva universidad. En uno de sus apartados el informe precisaba la necesidad de crear una "Universidad Autónoma en la Ciudad de México, como primer paso para el establecimiento de otras instituciones superiores, para atender la demanda de educación superior presente y futura que no puede satisfacerse por las actuales instituciones en el área mencionada. Se sugiere poner especial atención en el próximo año lectivo, en las carreras o especialidades que ya presentan ahora mayor demanda".

Entonces inició una nueva etapa, la de gestación de la nueva institución, en la que participaron una buena cantidad de personajes, académicos, políticos y empresarios. Cada grupo elaboró sus propuestas para satisfacer el proyecto; los primeros con "novedosos y modernos programas de estudio; los segundos con la conciliación de opiniones encontradas, principalmente entre la misma clase política, como las autoridades hacendarias, que se oponían a la creación de la nueva universidad argumentando que no existían recursos en el presupuesto federal para llevar adelante "tan gigantesca obra", y los terceros con la creación de un patronato que facilitara la obtención de recursos, pero sobre todo para definir "su organización académico-administrativa, áreas académicas, departamentización y posibles sedes".

El 10 de octubre de 1973, Echeverría envió a la Cámara de Senadores la propuesta de Ley Orgánica para la nueva universidad. Luego de su análisis, se acordó que "la Universidad estaría integrada por unidades universitarias, a través de las cuales llevará a efecto su desconcentración funcional y administrativa, las unidades universitarias resolverán, sujetándose a esta Ley y a sus disposiciones reglamentarias, sus propios problemas. Cada unidad estará dirigida por un Rector y se organizará en divisiones y en departamentos". Esto último fue muy criticado, pues los legisladores consideraron que se trataba de una copia del sistema universitario norteamericano, que no respondía a las necesidades del país.

Por último se estableció que cada una de las unidades tendría un cupo máximo de 18 mil alumnos, y que serían seleccionados democrática y académicamente para mantener un alto nivel de calidad. El 13 de diciembre se emitió el decreto de creación y quince días después se publicó en el *Diario Oficial de la Federación* para que entrara en vigor el primer día de 1974.

Desde ese mismo mes se formalizó el Patronato y el secretario de Educación Pública nombró a los miembros de la junta directiva. Igualmente, el arquitecto Pedro Ramírez Vázquez fue nombrado rector general de la UAM.

Durante el primer semestre del año, Ramírez Vázquez mantuvo informada a la opinión pública sobre el desarrollo de la UAM a través de entrevistas. Ya como máxima autoridad de la nueva institución, informó sobre "las carreras interdisciplinarias, el tronco general, la difusión de la cultura, el servicio social, los trámites de inscripción y sobre las primeras unidades, que estarían ubicadas en Azcapotzalco, Xochimilco e Iztapalapa".

Las unidades iniciaron sus actividades ese mismo año; el 30 de septiembre de 1974 abrió sus puertas la unidad de Iztapalapa y posteriormente, el 11 de noviembre, las de Azcapotzalco y Xochimilco.

En 2005 se inauguró una nueva unidad en Cuajimalpa, con la finalidad de satisfacer la demanda estudiantil, como en los tiempos de su fundación. La creación de la UAM, hace ya más de cuatro décadas, revolucionó el sistema educativo de nivel superior por la novedad de sus planes y programas. Sin embargo, en la actualidad, las unidades académicas de la UAM son insuficientes para dar cabida a un universo estudiantil superior en número a su capacidad, aunque esto no es privativo de esta institución, pues la mayoría de las universidades públicas tienen desde hace años la misma problemática, lo que propicia la exigencia permanente de que las autoridades tomen cartas en el asunto con un sistema educativo suficiente y acorde a las necesidades reales del país.

Cartilla Nacional de Vacunación

> Lo que nos mueve, razonablemente, no es la realización
> de que el mundo no sea completamente justo —algo que
> pocos esperamos—, sino que claramente existen injusticias
> remediables en nuestro entorno que queremos eliminar.
>
> AMARTYA SEN

El 25 de septiembre de 1978, José López Portillo, el Presidente de
la República, firmó el decreto por el que se establecía "con carácter
obligatorio la Cartilla Nacional de Vacunación, destinada a controlar y comprobar, individualmente, la administración de vacunas
como parte esencial de la protección a la salud de la niñez". El decreto se publicó el 20 de octubre en el *Diario Oficial de la Federación*.

Una de las prioridades en México, en cuestiones de salud pública, ha sido la prevención de enfermedades a través de la vacunación
de la población infantil; con esta medida, apoyada por diversos programas implementados por los diferentes gobiernos, se ha logrado
la erradicación de la viruela, la poliomielitis y la difteria, y se ha
controlado el sarampión, además de haber conseguido los niveles
más bajos de tosferina, tétanos neonatal y tuberculosis meníngea.

La introducción de las vacunas a México inició en septiembre
de 1803. Cuando el rey Carlos IV de España aprobó la orden real
dirigida a todas las autoridades oficiales y religiosas en los territorios españoles de América y Asia, en donde anunció la introducción
de la vacuna contra la viruela y se solicitó la aplicación en masa a
toda la población de sus territorios.

Con la llegada al poder de los gobiernos revolucionarios en el siglo xx se comenzó a legislar sobre el tema de la salud. En cumplimiento del artículo 4° de la Constitución, que abordaba ese tema como un derecho, durante el gobierno del general Plutarco Elías Calles se emitió, en 1926, el primer decreto para la aplicación de un biológico —contra la viruela— que hacía obligatoria la aplicación de la vacuna; esta medida no tuvo mucho efecto, pues durante dos brotes importantes de la enfermedad (1930-1931) dejó 32 mil defunciones.

Un año antes de que la Organización Mundial de la Salud iniciara su Programa Ampliado de Inmunizaciones, México puso en operación en 1973 el Programa Nacional de Inmunizaciones mediante una Campaña Nacional de Vacunación, aplicando seis biológicos integrados en cuatro vacunas esenciales: antipoliomielítica, DPT (difteria, tosferina y tétanos), BCG (tuberculosis) y antisarampión, además del taxoide tetánico. Dicho programa hizo evidente la necesidad de registrar la aplicación de los biológicos mediante una cartilla de vacunación.

Esta disposición se tomó para dar seguimiento de manera más ordenada a las medidas preventivas que se venían realizando en favor de la salud pública infantil. A través de las campañas de vacunación masiva del Programa Permanente de Inmunización para la Niñez, el gobierno federal asumió la promoción de la salud a través de la Secretaría de Salubridad y Asistencia, apoyada en los diversos órganos de gobierno, tanto federales como estatales, pero principalmente en la población en general. Así, como se señaló en el decreto, la Cartilla Nacional de Vacunación "hará posible el control inmunológico de la población infantil, a la vez que permitirá aportar datos estadísticos".

A partir del 1 de enero de 1979 se volvió obligatoria y gratuita la expedición de la Cartilla, así como "la vacunación en las instituciones del sector salud y en los organismos de seguridad social". Desde la emisión de la primera Cartilla Nacional de Vacunación y hasta la fecha, ha ido ampliando su cobertura de prevención, auxiliada por numerosas campañas de salud, como las Fases Intensivas de Vacunación, los Días Nacionales de Vacunación, las Semanas

Nacionales de Vacunación y las Semanas Nacionales de Salud, con la finalidad de "integrar a todas las instituciones del Sistema Nacional de Salud e implantar un programa con objetivos, metas y estrategias iguales para todas las instituciones". En 1991 se creó el Programa de Vacunación Universal.

En 2009, distintos organismos, como la Secretaría de Salud, el IMSS, ISSSTE, DIF y los servicios de salud de Sedena, Semar y Pemex, se dieron a la tarea de diseñar "cinco cartillas nacionales de salud, con la misma presentación y esquemas de vacunación acorde con rangos de edad y/o género, en todos los servicios de salud: para niñas y niños de 0 a 9 años; adolescente de 10 a 19 años; de la mujer de 20 a 59 años; del hombre de 20 a 59 años; del adulto mayor de 60 años y más".

En nuestro país nacen alrededor de 2 millones de niños al año, por lo que el esquema básico de salud dirige sus esfuerzos mayormente a los niños de 0 a 9 años, para evitarles problemas futuros. La tarea es interminable, aunque será perenne mientras existan niños o personas a las que haya que vacunar para prevenir padecimientos específicos.

La vacunación representa una de las mayores prioridades de la salud pública, respondiendo a razones epidemiológicas, económicas, de justicia social y de seguridad nacional. "El Programa de Vacunación Universal ha generado una nueva forma de entender los problemas y las necesidades sanitarias. La salud de los niños, adolescentes y adultos es fundamental para el desarrollo de cualquier nación."

El Papa visita México

México sabe bailar, México sabe rezar, sabe cantar, pero más de todo, sabe gritar. México, siempre fiel. Adiós.

Juan Pablo II

El 26 de enero de 1979 llegó a México el papa Juan Pablo II. Se trataba de la primera vez que un pontífice visitaba el país. Apenas dos meses después de convertirse en el máximo representante de la Iglesia católica, se anunció su viaje a México para inaugurar la Tercera Conferencia General del Episcopado Latinoamericano (Celam), que se celebraría en la ciudad de Puebla.

A pesar de que su visita generó muchas expectativas, algunas encontradas, el gobierno cumplió (por lo menos en público) con su obligación como Estado laico, aunque esto no fue impedimento para que millones de mexicanos, incluso personas provenientes de otros países, se arremolinaran en las calles para testificar el paso por suelo mexicano del sucesor de San Pedro.

A su llegada, ninguna autoridad civil lo recibió en el aeropuerto capitalino; de hecho, la Presidencia de la República declaró que el gobierno mexicano no había extendido ninguna invitación y que si venía "lo haría en calidad de turista".

Al bajar del avión, el Papa se hincó para besar el suelo y un ventarrón provocó que el cuello de la sotana le cubriera la cabeza, lo que causó un sinfín de burlas y comentarios chuscos.

Durante su traslado a la Catedral metropolitana, el Papa utilizó un coche descubierto, con la protección de militares del Estado

Mayor Presidencial, que corrían al lado del vehículo, sucediéndose en relevos para aguantar el trayecto.

Las campanas de la Catedral repicaron por 10 minutos y el recinto religioso resultó insuficiente para dar cabida a la muchedumbre. Ahí, el Papa, durante su primera homilía, afirmó que se hallaba sorprendido por el recibimiento de los mexicanos y quiso agradecer al pueblo entero con una frase que usaba desde sus tiempos cardenalicios en su natal Polonia: "De mi patria se suele decir: Polonia *semper fidelis*. Yo quiero poder decir también: ¡México *semper fidelis*!", con lo que terminó por echarse a la bolsa a los miles de fieles presentes y a los millones que lo oyeron y vieron por radio y televisión. De ahí corrió a Los Pinos, donde conversó con el presidente José López Portillo, quien, sin declararse creyente estaba feliz, pues seguía codeándose con hombres importantes. "Juan Pablo es un político que quiere ubicar a la Iglesia en la historia moderna", declaró tiempo después.

"Juan Pablo II recorrió buena parte del país, y por doquier fue asaltado por los fieles." Al día siguiente de su llegada se trasladó en el "papamóvil" a la ciudad de Puebla. Durante el trayecto, de 120 kilómetros, tramos interminables de vallas humanas lo acompañaron hasta el Seminario Conciliar Palafoxiano.

Volvió a la Ciudad de México y posteriormente viajó a Oaxaca, donde mantuvo varios encuentros con comunidades indígenas. En Cuilapan se dirigió a ellos, diciendo: "También vosotros, habitantes de Oaxaca, de Chiapas, de Culiacán, y los venidos de tantas otras partes, herederos de la sangre y de la cultura de vuestros nobles antepasados —sobre todo los mixtecas y los zapotecas—, fuisteis llamados a ser santos, con todos aquellos que invocan el nombre de nuestro señor Jesucristo". El mensaje causó sorpresa y en algunos casos indignación por considerar que sus palabras "no respetaban sus raíces". La mayoría de las comunidades indígenas dejó pasar el resto del discurso sin entender ninguna palabra del castellano.

En Guadalajara visitó el barrio de Santa Cecilia y fue al estadio Jalisco, donde tuvo un encuentro con obreros, llenando el inmueble "hasta el reloj". Por último, fue al santuario de la Virgen de Zapopan y sin entender nuevamente el sentido de sus discursos con los que laceraba a los indios por la historia tortuosa que habían sufrido sus antepasados durante el virreinato les dijo:

> Como el de Guadalupe, también este santuario viene de la época de la colonia; como aquél, sus orígenes se remontan al valioso esfuerzo de evangelización de los misioneros entre los indios, tan bien dispuestos a recibir el mensaje de la salvación en Cristo y a venerar a su Santísima Madre, concebida sin mancha de pecado. Así, estos pueblos perciben el lugar único y excepcional de María en la realización del plan de Dios, su santidad eminente y su relación maternal con nosotros.

Al siguiente día, en la Ciudad de México se reunió con jóvenes católicos universitarios en la Basílica de Guadalupe y por la tarde viajó a Monterrey, donde para terminar su visita tuvo un encuentro con campesinos, obreros y empleados en el lecho seco del río de Santa Catarina. Lo trascendental de la "sana religiosidad" que significó la visita papal se empañó por los intereses políticos y los medios de comunicación, que "convirtieron el suceso en un *show* espectacular". José Agustín asentó que

> Televisa consideró al Papa como su artista exclusivo y manipuló su imagen con un sofisticado fervor hipócrita; la Iglesia, por su parte, dio el visto bueno al validar las bendiciones por televisión, las grandes empresas se publicitaron mediante santurrones saludos al Papa, y el comercio también se lanzó al abordaje; pronto el mercado se saturó de retratos, posters, libros, revistas, discos, medallas y otros objetos, además de la parafernalia de culto. Todo esto hizo que los expertos señalaran la fusión de fe, tradición, comercio, *show* tecnológico y manipulación política e ideológica.

A pesar de esto, las visitas del Papa peregrino a México se hicieron una costumbre y realizando tres más. A la fecha, este fenómeno se institucionalizó con sus sucesores, aunque aquella primera visita de Juan Pablo II, sin duda, reactivó la identidad católica del pueblo mexicano.

Nacionalización de la banca

No vengo aquí a vender paraísos perdidos ni a buscar indulgencias históricas. Decir la verdad, la mía, es mi obligación, pero también mi derecho [...] he expedido en consecuencia dos decretos, uno que nacionaliza los bancos privados del país...

JOSÉ LÓPEZ PORTILLO, *VI Informe de Gobierno*

El 1 de septiembre de 1982, el presidente José López Portillo decretó la nacionalización de la banca mexicana, profundizando así una de las crisis económicas más severas de la historia de México. En su discurso de toma de posesión, "con auténtica fuerza moral" propuso un sexenio de fuerza a partir de "un pacto de unión para superar la crisis". Planteó dividir en tres partes su periodo de gobierno: los dos primeros años para su recuperación, los siguientes para su consolidación y los últimos para el crecimiento. Al respecto, Enrique Krauze comentó: "el arreglo funcionó por cerca de dos años. El programa económico se ajustó a lo prometido: no hubo desbordamiento del gasto público, era el arranque de la economía, se trataba de recobrar el rumbo; ya con la perspectiva de una riqueza petrolera insospechada, los problemas económicos del país parecían manejables". Pero ante lo favorable del descubrimiento de más yacimientos petroleros, principalmente en la zona de Tabasco, como el de Cantarell, "López Portillo comenzó a verse no como su *alter ego*, sino como el mismísimo Quetzalcóatl que gracias al petróleo conduciría a México hacia la administración de la abundancia".

221

Entonces, el "nuevo jeque sexenal de los árabes americanos" desconoció su programa original y se desbordó buscando un crecimiento económico desmedido. "No aprovecharlo —apuntaría posteriormente en sus memorias— habría sido una cobardía, una estupidez", y se justificó: "la existencia de millones de mexicanos desposeídos es un agravio que debemos de remediar dándoles los medios para que, con su esfuerzo, puedan superar sus condiciones. El petróleo será un poderoso cimiento de nuestra industria, garantizando un grado de independencia económica que el país nunca ha conocido". Ni lo conoció.

Con una soberbia inusitada, comparada sólo con el desquiciamiento y la locura de Santa Anna, López Portillo continuó hipotecando al país. Su nueva propuesta de "crecimiento moderado" permitió gastos e inversiones con nula productividad y con un crecimiento desmedido de la burocracia institucional. Pretendía una modernidad completa aferrada a la garantía de las reservas petroleras: "incluyendo ferrocarriles, energía nuclear, petroquímica, infraestructura en el campo, decenas de vías rápidas en la Ciudad de México, expansión siderúrgica". En el caso específico de Pemex, se tendieron líneas para la construcción de un gasoducto; sin la firma de un contrato, el sindicato se convirtió en contratista y subcontratista, entonces, "el resultado no se hizo esperar: en el balance de 1981, Pemex debía ya el 87% de sus activos; su deuda era mayor que la de toda la deuda del sector público y representaba la quinta parte de la deuda externa total".

El escritor y crítico Gabriel Zaid dijo al respecto: "al reino de la ilusión habían llegado malas noticias de la realidad". Los principales clientes petroleros del país habían encontrado precios más económicos en otros países. Y en un acto más de "estupidez", López Portillo no sólo no se ajustó a los precios internacionales del barril, sino que lo aumentó unos cuantos dólares y amenazó a sus clientes con no venderles más en el futuro.

Un año antes de dejar el poder, López Portillo enfrentó otro dilema con igual torpeza; siendo el dólar el bien más barato en ese momento, algunos se desbordaron comprando la divisa para sacarla del país (casi 9 mil millones de dólares se fueron al extranjero en

1981). Era inevitable y natural una devaluación moderada para alcanzar la paridad, pero envalentonado por la seguridad que le otorgaban las reservas de petróleo, se negó a devaluar. "Afirmemos y reafirmemos el derecho a tomar nuestras decisiones en la ley monetaria, con los aranceles, con las licencias y con los estímulos y fomento a la exportación. Ésa es la estructura que conviene al país. Ésa es la estructura a la que me he comprometido a defender como perro", afirmó.

En su último informe de gobierno, frente a todos los mexicanos, realizó otro acto melodramático. Con la voz quebrada y secando sus lágrimas dijo: "Ya nos saquearon. México no se ha acabado. Ya no nos saquearán". Quiso exculparse responsabilizando del desastre a "banqueros y saqueadores", porque, según sus propias palabras, él había sido responsable del timón, "más no de la tormenta", y como un acto de justicia mítica (o de venganza) en que Quetzalcóatl vence a Tezcatlipoca (dios de la oscuridad), ordenó la nacionalización de la banca. En otras palabras, con ese acto "el país despertó de un sueño para entrar a una pesadilla".

Su sucesor en el poder, Miguel de la Madrid, heredó un país quebrado y endeudado. En 1976, el sexenio lopezportillista había iniciado con una deuda externa de 26 mil millones de dólares, y terminó en 80 mil. El dólar se devaluó de 22 a 70 pesos, aunque el nuevo gobierno, para cubrirse, lo fijó en 150 pesos.

Al paso del tiempo, la propiedad de los bancos pasó nuevamente a manos de particulares, pero pronto se deshicieron de sus activos vendiéndolos casi en su totalidad a las cadenas bancarias más importantes del mundo.

Las deudas adquiridas, la carga burocrática, la corrupción y la crisis petrolera heredadas del sexenio de José López Portillo (reflejada principalmente en Pemex y sus líderes sindicales) aún alcanzan a nuestra generación. Y lejos de ser una solución, con las reformas energéticas actualmente promovidas y aplicadas se corre el riesgo de volver a fomentar la creación de una burbuja económica que reviente como en el pasado reciente.

El Conasida

Que se cuiden las mujeres de ese mal,/ que se cuiden los muchachos, es mejor,/ es la nueva enfermedad que está matando a la gente./ Que no respeta la edad/ ni tampoco se detiene…

SONORA DINAMITA, "La cumbia del Sida", fragmento

El 19 de agosto de 1988, el presidente Miguel de la Madrid Hurtado firmó el decreto de creación del Consejo Nacional para la Prevención y Control del Síndrome de Inmunodeficiencia Adquirida (Conasida), que se publicó en el *Diario Oficial de la Federación* el día 24 del mismo mes. Esta medida fue necesaria ante el grave problema que representaba la enfermedad por su "vertiginosa y fácil diseminación" y por "el incremento de casos de Sida en el país y su repercusión en la salud pública".

El Síndrome de Inmunodeficiencia Adquirida (sida) fue detectado y diagnosticado por primera vez en la ciudad de Los Ángeles en junio de 1981, y la Organización Mundial de la Salud informó en 1983 de más de 250 casos en 15 países de Europa. En México, ese mismo año se detectó el primer caso en el Instituto Nacional de Nutrición, un joven que murió seis meses después de que se le diagnosticó la enfermedad. Al finalizar 1984 "estaban registrados más de doce mil casos en el ámbito mundial y la epidemia seguía creciendo exponencialmente".

Como toda epidemia, su rápida propagación es el resultado de una mezcla compleja de factores biológicos y sociales; en México comenzó a partir de 1985, a causa de diferentes factores de riesgo. Al principio se estableció un patrón de trasmisión del virus por vía sexual, predominantemente entre homosexuales, pero en muy poco tiempo se dio a conocer que la infección se podía contraer por transfusión sanguínea. Otros elementos que coadyuvaron a su propagación fueron la migración de mexicanos a Estados Unidos —quienes iniciaron lo que se denominó "la ruralización de la epidemia", a través de la infección a sus parejas, a las que veían esporádicamente—; la comercialización de drogas parenterales y el acelerado incremento del uso de éstas, sobre todo en el norte del país. "La frontera que compartimos con los EUA resultó ser extraordinariamente permeable, no sólo al tráfico y consumo de drogas, sino también al VIH."

Desde su aparición se etiquetó de manera errónea como una enfermedad de las malas personas o de costumbres poco convencionales, no aprobadas por la sociedad, lo que favoreció el silencio de ésta y la inacción de las autoridades. Mientras las cifras de infectados por el virus avanzaban a pasos agigantados, el sistema de atención clínica y médica y las asociaciones de ayuda iban apareciendo de manera endeble. Las estrategias de prevención y control se fueron aplicando según el conocimiento de la epidemia a nivel mundial y la factibilidad técnica, legal y operativa.

En 1985 se implementó el tamizaje voluntario a donadores en los bancos de sangre, que culminó con la obligatoriedad de la detección infecciosa a todos los donantes; tanto las instituciones de seguridad social como los hospitales privados desarrollaron su propia infraestructura para cumplir con la norma, por lo que la prevalencia de infección por esta vía descendió de 2.6% a 0.7% en 1988. Sin embargo, la cifra seguía estando por encima de los niveles estándares de los países industrializados. A mediados de 1987 se llevó a cabo la primera campaña educativa sobre el sida a través de los medios masivos de comunicación y México fue el primer país en publicar un boletín mensual sobre el sida. El primer ejemplar apareció en marzo de 1987, editado por la Dirección General de Epidemiología, y el último número del *Boletín Mensual de Sida/ETS* apareció en noviembre de 1994, editado por el Instituto Nacional de Diagnóstico y Referencia Epidemiológicos.

La respuesta de la sociedad se dio a través de las asociaciones civiles, sobre todo de los vinculados con la enfermedad: en 1982 surgió el Frente Internacional para las Garantías Humanas de Tijuana (FIGHT); en 1983, el Grupo Orgullo Homosexual de Liberación (GOHL), de Guadalajara, y el Colectivo Sol, del Distrito Federal. En 1985 quedó constituida la primera asociación civil gay: Cálamo, que incluyó en sus principios la lucha contra el sida. En 1986 surgió la primera asociación civil específica sobre el sida: la Fundación Mexicana para la Lucha contra el Sida, y en 1989 se fundó Mexicanos Contra el Sida.

El Consejo Nacional para la Prevención y Control del Sida se creó en 1986 y se consolidó cuando se emitió el decreto presidencial, en agosto de 1988. Su objetivo fundamental fue "promover, apoyar y coordinar las acciones de los sectores público, social y privado tendientes a combatir la epidemia del Sida, así como impulsar las medidas que al efecto se establezcan". Ese mismo año, este organismo redactó la Norma Técnica Oficial Mexicana sobre VIH/Sida; México fue sede del Primer Simposio Internacional de Educación y Comunicación en Sida, y por una resolución de la ONU fue instituido el Día Mundial del Sida.

Desde su fundación en 1989, el Conasida emprendió diversos proyectos y campañas en los que señalaba los datos epidemiológicos relevantes; invitaba a la sociedad a unirse a los esfuerzos comunes y, de manera lúdica, enviaba mensajes preventivos, a través de un juego de la lotería. En 1990, la campaña estuvo dirigida a la mujer y el sida. Entre 1989 y 1990 puso en operación los centros de información Telsida y Cridis. Durante 1994 y 1995 diseñó el Plan de Medios de Comunicación 1996-2000, con campañas multimedia. Con la reforma de 1997 al sector salud, Conasida consolidó su función normativa, de asesoría y coordinación, modificó su estructura y se integró oficialmente como órgano desconcentrado a la Secretaría de Salud.

Sin duda, el Conasida ha realizado una destacada e importante labor en la lucha contra el padecimiento. Sin embargo, en ese tenor se deben mencionar también los esfuerzos de las organizaciones de la sociedad civil. En 2006, por ejemplo, estas organizaciones comenzaron a recibir apoyos gubernamentales. Actualmente existen alrededor de 400 grupos que trabajan contra la epidemia, como la línea telefónica Diversitel, que se puso en operaciones en 1999 para brindar información y apoyo sobre diversidad sexual, VIH/Sida y derechos humanos.

A 33 años de la presencia del sida en México, aún persisten el estigma y la discriminación hacia quienes viven con este padecimiento; de igual forma, esta afección representa uno de los problemas más importantes de salud pública para el país, tanto por su elevada magnitud como por su trascendencia y vulnerabilidad. El número acumulado de contagios para septiembre de 2014 era de 223 mil 995 personas infectadas o que habían desarrollado la enfermedad. Sólo 116 mil 936 se encontraban vivas. La tasa de incidencia nacional en el periodo 1983-2014 fue de 186.7 casos por cada 100 mil habitantes.

Día a día el reto es mayor, y mientras no se descubra la cura para este mal, para México y para el mundo "el mayor dilema ético, económico y médico será lograr un equilibrio entre la promoción y prevención de la salud y, al mismo tiempo, asegurar una mejor calidad de vida a los pacientes mediante la atención médica integral".

El enmascarado de plata

El Santo quemó sus naves,/ lo digo sin recelo,/ porque ha llegado San Pedro,/ para aplicarle sus llaves/ y se llevó al Santo al cielo./ Santo, Santo, Santo…

<small>Botellita de Jerez, "El guacarrock del Santo", fragmento</small>

El 5 de febrero de 1984 murió Santo, *el Enmascarado del Plata*. Desde sus inicios como luchador (sin llamarse así en ese entonces) comenzó a ocupar un sitio simbólico, incluso más allá del pancracio, hasta convertirse en un estereotipo de identificación nacional. Su muerte dejó un vacío en la lucha libre mexicana, pero su figura se convirtió en una leyenda que continúa vigente hasta nuestros días.

Una de las principales características de los años posrevolucionarios fue la búsqueda permanente del nacionalismo. Al término del proceso y hasta la primera mitad de los años sesenta, académicos e intelectuales permearon el ambiente con elementos que intentaban ser puramente patrios. "Como todo nacionalismo, éste se pobló de referencias históricas, de dogmas y de verdades absolutas, encontrando sus cauces de una manera más decidida al confrontarse con 'lo extranjero' o lo ajeno a la realidad mexicana."

Con la consolidación del sistema político mexicano y el éxito del desarrollo estabilizador, el nacionalismo se transformó, provocando un gran distanciamiento entre la clase gobernante y las bases sociales. Para el gobierno, el concepto de nacionalismo era totalmente discrecional y por momentos ajeno a la percepción que tenía el pueblo. Para la clase política era más importante forjar un cosmopolitismo con tintes de modernidad basado en el *american way of life*.

Al comenzar la segunda mitad del siglo XX, grupos de todas las clases sociales, excepto las económicamente pudientes, se manifestaron contra las políticas gobiernistas, especialmente contra las que consideraban "antimexicanas, extranjerizantes y hasta exóticas". Se trataba del común de los mexicanos, "miembros de las clases trabajadoras y medias", que intentaban alzar la voz ante el gobierno, "cada vez más alejado de los intereses populares".

Al respecto, y como lo señaló Octavio Paz en *El laberinto de la soledad*, "se iba a inventar un México fiel a sí mismo". De esta manera surgieron y se consolidaron estereotipos de identificación nacional, los cuales se multiplicaron, sobre todo dentro del universo de los medios de comunicación masiva, como la radio, el cine y la televisión.

A los estereotipos como el charro y la china, la devoción guadalupana, la literatura revolucionaria, el folclor regional, la pintura mural, el lenguaje, entre otros, se sumaron las representaciones simbólicas extraídas de los barrios urbanos; personajes del arrabal con tintes melodramáticos, con cuerpo y nombre que encarnaban momentáneamente la realidad propia del pueblo vituperado en la irrealidad ajena del héroe contestatario, sólo "por puritito sentimiento". Así surgieron figuras como *Cantinflas*, *el Ratón* Macías y, por supuesto, Santo, *el Enmascarado de Plata*, paladín de la justicia.

Tres décadas después de su muerte, continúa la historia de un hombre que se convirtió en mito y dotó a la cultura popular de este país de un sentido de heroicidad en un momento en que el proceso de mexicanidad de los años posrevolucionarios necesitaba un arquetipo de identificación nacional.

Su consolidación como luchador profesional y luego como estrella cinematográfica lo colocaron en un sitio de privilegio en el gusto de la gente. Sus peleas, trasmitidas por radio y televisión, su fotonovela (con un tiraje por arriba de los 900 mil ejemplares) semanal y su internacionalización provocaron un fenómeno popular indiscutible para sus seguidores, al grado de exaltar entre los mexicanos un sentimiento de orgullo nacional frente a los míticos personajes del cómic norteamericano: Batman y Superman. A diferencia de éstos, el Santo era de carne y hueso; un héroe enmascarado, sin rostro, con el rostro de todos. Enmascarado como las máscaras mexicanas a las que se refiere Paz: "Viejo o adolescente, criollo o mestizo, general, obrero o licenciado, el mexicano se me aparece como un ser que se encierra y se preserva: máscara el rostro y máscara la sonrisa. Plantado en su arisca soledad, espinoso y cortés a un tiempo, todo le sirve para defenderse: el silencio y la palabra, la cortesía y el desprecio, la ironía y la resignación. Tan celoso de su intimidad como de la ajena". En un recuerdo personal, Enrique Krauze comenta: "Pero como un príncipe entre todos reinaba el campeón nacional y mundial de nuestras luchas, el hombre que en un célebre combate de 'máscara contra máscara' (7 de noviembre de 1952) había despojado de la suya a Black Shadow. Ese luchador con aureola de invencible, ese carismático guerrero de capa blanca, ese "enmascarado de plata" a quien muchos amaban con fervor religioso y otros malquerían pero siempre respetaban era el Santo".

Como héroe, el Santo representó la justicia, esa que se le ha negado al pueblo mexicano a lo largo de su historia. Ese mismo pueblo que lo venera como el único capaz de liberarlo de las pesquisas sádicas, del horror y terror y hasta de las invenciones ficticias.

Es un generoso colaborador —comentaba un crítico de cine— de la ineficiente policía metropolitana. Al menor llamado acude, se aparece de improviso ante la inminencia del peligro común. Actúa sin titubeos, siempre derribando a más de diez rivales simultáneamente, en un mundo incierto. Combate al mundo que pueblan maniáticos estranguladores, cerebros del mal, viajeros espaciales, profanadores de tumbas, sabios enloquecidos, contrabandistas internacionales, sectas secretas, conjuras de espías, zombis.

Pero como es común, la clase gobernante intentó apoderarse de ese "credo de la mexicanidad" para incluirlo en su discurso. Alguna vez fue invitado por el candidato Gustavo Díaz Ordaz a una gira. La apoteosis popular por el enmascarado fue inusitada. Díaz

Ordaz comentó a uno de sus colaboradores: "al paso que vamos este hombre va a ser el Presidente".

Santo permaneció incólume e inmaculado, sin venderse, hasta sus últimos días; luchando y acabalando el récord de más de 10 mil encuentros en el pancracio. Su sepelio fue multitudinario. Investido con su ajuar de plata que le dio la inmortalidad, sus rivales y el pueblo le rindieron el último tributo, lo veneraron como a un héroe, como a una leyenda, como a la misma santa mexicanidad.

Hoy en día la lucha libre se ha convertido en una industria que llega a todas partes del mundo, sin ningún sentimiento de arraigo ni de pertenencia. Nadie se identifica con los gladiadores actuales a pesar de que los cosos se llenan para disfrutar del espectáculo. Sigue habiendo un gusto indiscutible por las luchas, pero el culto por los enmascarados pereció cuando el Santo dejó de existir.

San Juanico

Fue el 19 de noviembre/ cuando empezaba a amanecer/ se escuchó un fuerte estallido/ que hizo la tierra estremecer,/ una explosión de gas hizo cimbrar/ el norte de la ciudad/ miles de niños y familias/ se quedaron sin hogar/ algunos apenas se iban yendo a trabajar/ otros todavía estaban durmiendo y no sintieron nada/ y sin deberla ni temerla/ dejaron de existir/ es que cuando a uno le toca le toca/ qué le vamos a hacer…/ todos los cuerpos calcinados/ imposibles de reconocer/ todas las casas derribadas/ las tuvieron que demoler.

El Tri, "San Juanico", fragmento

El 19 de noviembre de 1984 explotaron las instalaciones de almacenaje de gas de petróleo líquido ubicadas en San Juan Ixhuatepec, en Tlalnepantla, Estado de México, convirtiéndose en la mayor catástrofe industrial del siglo xx en el país.

Una crónica realizada sobre los hechos, "El día que el cielo se incendió", cuenta que a las 5:40 de la mañana, un piloto de la línea aérea Pan American reportó que había visto una tremenda explosión cuando estaba a punto de aterrizar en la Ciudad de México: "se trata de un hongo nuclear", aseguró.

Desde aquella fatídica hora, los pobladores de San Juanico, como se le conoce también a aquella zona, despertaron por el estruendo causado por las explosiones, por el penetrante olor a gas y por el silbido de la tubería por donde escapaba el combustible. Al percatarse de lo que sucedía realmente y sin conciencia, casi por instinto, comenzaron a correr por las calles en medio de la confusión, pero una nube de rocío de gas líquido se extendió por una buena parte de la zona habitada, empapando los cuerpos, y hombres y animales se convirtieron en antorchas humanas.

Para poder entender lo sucedido es indispensable saber el significado del acrónimo *bleve* (*boiling liquid expanding vapour explosion*). Según la traducción de los especialistas en la materia, esto significa "explosión de vapores que se expanden al hervir el líquido". Es decir, al haber una fuga en un tanque de almacenamiento de gas líquido, inmediatamente entra en funcionamiento la válvula de escape, que permite liberar la presión a través del gas encendido. Sin embargo, si no se controla la fuga en esos momentos se corre el riesgo de que el metal de los depósitos comience a debilitarse, provocando que el gas líquido almacenado llegue a un punto de ebullición que lo hace estallar, alcanzando a todo el que se ha expandido por la válvula de presión.

Las instalaciones de San Juanico contaban con seis tanques esféricos de gran magnitud, o "gigantes", y 48 tanques cilíndricos menores para el almacenamiento del combustible. Además, con un estanque de agua y una llamarada para quemar los excesos de gas a nivel de la tierra. Antes de la explosión, los tanques se encontraban a toda su capacidad, con más de 15 millones de litros de gas de petróleo líquido, extremadamente volátil, almacenado bajo una presión alta.

A las 5:30 de la madrugada de ese día comenzó una fuga en una tubería de ocho pulgadas que llevaba gas a uno de los tanques esféricos. Pocos minutos después, tras formarse una densa nube de vapor de gas que ya cubría la mayor parte de las instalaciones y zonas aledañas, una chispa de la llamarada de tierra provocó la primera detonación (*bleve*), incendiando las casas contiguas. Después, las llamas, alimentadas por la fuga de gas de las tuberías, empezaron a extenderse hacia los tanques esféricos.

Diez minutos después de la primera explosión, siguieron dos *bleve* más que formaron una bola de fuego de por lo menos 400 metros de diámetro. En 90 minutos hubo 12 explosiones continuas, que tardaron 18 horas en ser controladas.

Para agravar la situación, los pedazos de metal de los depósitos salieron disparados como proyectiles, alcanzando un radio de 800 metros, y entre sus blancos se encontraron varias plantas de gas doméstico, provocando la explosión de los cilindros.

Cifras extraoficiales hablaban de casi 500 muertos, más de 4 mil heridos, 2 mil desaparecidos, un centenar de casas destruidas y miles de damnificados. Las cifras pudieron resultar un poco engañosas, pues a ciencia cierta nunca se pudo contabilizar el número de víctimas; de hecho, se tuvo que hacer una fosa común en el cementerio local para depositar los restos, "que se confundían entre hombres y animales".

Las autoridades, empezando por el presidente Miguel de la Madrid, brillaron por su ausencia. Por su parte, el director general de Pemex, Mario Ramón Beteta, se apresuró a dar conclusiones antes de hacer los peritajes, causando el enojo de los trabajadores sindicalizados, quienes en su defensa argumentaron: "La Comisión Mixta de Seguridad e Higiene había levantado actas en septiembre, octubre y noviembre y en ellas se reiteraba la urgencia de corregir múltiples fallas de la planta, especialmente en las válvulas que regulaban la sobrepresión del gas, y los *interlocks*, que realizaban múltiples funciones en caso de emergencia". En el colmo del cinismo, Beteta culpó a las gaseras aledañas, argumentando que ahí habían comenzado las fugas del combustible, y hasta exigió una indemnización para Petróleos Mexicanos.

Tres décadas después del trágico suceso, las respuestas siguen inconclusas, sin llegar a ser determinantes. Como en el caso del huevo y la gallina, unos aseguran que la corrupción fue el primer factor, al permitir la instalación de zonas habitacionales junto a la planta; otros responden que al instalarse la planta estaban perfectamente bien regulados los terrenos ejidales, y como lo marcaba la ley, no había casa a 300 metros de distancia de las instalaciones de combustible. A pesar de estas contradicciones, San Juan Ixhuatepec ha estado poblado desde los tiempos coloniales. La paraestatal anunció, a partir del desastre, medidas enérgicas y radicales para evitar nuevos accidentes, pero, como también se dijo: "Pemex no mostraba ningún interés en ello; en cambio no se medía en gastos en las oficinas, salas de juntas y demás instalaciones de los altos ejecutivos, que eran lujosísimas".

El terremoto de 1985

Está temblando, está temblando un poquitito, no se asusten, vamos a quedarnos... Les doy la hora, siete de la mañana, iah chihuahuas!, siete de la mañana, diecinueve minutos, cuarenta y dos segundos, tiempo del centro de México. Sigue temblando un poquitito, pero vamos a tomarlo con una gran tranquilidad. Vamos a esperar un segundo para poder hablar...

LOURDES GUERRERO, trasmisión en vivo,
noticiero *Hoy Mismo*

El 19 de septiembre de 1985, la Ciudad de México sufrió uno de los terremotos más devastadores de su historia (8.1 grados). Sin embargo, es necesario señalar que no ha sido el único ni el más fuerte, aunque no por ello el menos destructivo. Según los registros, desde el año 1474 (año caña) ha habido poco más de ciento cincuenta movimientos telúricos de proporciones mayores; los más fuertes el 28 de agosto de 1973 (8.8 grados) y el 3 de junio de 1932 (8.4 grados). En el primero, prácticamente toda la zona este del estado de Puebla y el centro de Veracruz quedaron destruidos, con un saldo aproximado de 3 mil muertos, 4 mil heridos y más de 300 mil damnificados. El segundo, aunque sólo provocó alrededor de 300 muertes y pocos daños materiales, sigue siendo el octavo terremoto más fuerte del mundo.

Deben considerarse también en esta crónica de movimientos telúricos nacionales, por su simbolismo representativo, los sufridos el 7 de junio de 1911 y el 28 de julio de 1957 (de 7.8 y 7.7 grados, respectivamente). El primero, conocido como el "terremoto de Madero", porque ocurrió justo el día en que Francisco I. Madero hizo su entrada triunfal a la Ciudad de México, y en el que según reportes oficiales hubo

> un total de 40 víctimas mortales, 33 artilleros y 7 mujeres, tras colapsarse el ala derecha del dormitorio del 3er. regimiento de artillería en Rivera de San Cosme. Además de provocar daños importantes en el altar de la iglesia de San Pablo, grietas en las calles, donde el movimiento provocó que se flexionaran los rieles de tranvía. Un total de 250 casas quedaron destruidas, la mayoría localizadas en Santa María la Ribera. El Palacio Nacional y la Catedral metropolitana sólo sufrieron cuarteaduras. Así también, la Escuela Normal para Maestros, la Escuela Preparatoria, la Inspección de Policía, el Instituto Geológico sólo resintieron daños menores.

Por su parte, el llamado "terremoto del Ángel", por el colapso de la escultura de la victoria alada conocida como el Ángel de la Independencia, como menciona el historiador Carlos Martínez Assad:

> volvió a estar en y no sobre la cabeza de todos. A las 2:44 horas de la madrugada, el fuerte sismo lo desprendió de su base. La escultura cayó al lado oriente del monumento. Los enormes bloques de bronce forrados de oro de la escultura nacional más preciada por los mexicanos brillaban sobre el césped y el asfalto. Allí estaba en su proporción humana la figura valorada como una joya artística nacional, sus partes lanzaban destellos primero con la luz de los fanales de decenas de automóviles de personas que se congregaron en derredor, luego con los primeros rayos del sol de esa madrugada triste.

Pero volviendo al terremoto del 85 (8.1 grados), ¿qué fue lo que produjo tanta catástrofe? Al respecto se han escrito miles de páginas dedicadas al tema, y casi todas ellas señalan la construcción indiscriminada de edificios que pasaron por alto los ordenamientos, en zonas inadecuadas y sin respetar el número de niveles de edificación permitidos. Y luego la indolencia de las autoridades, que sabiendo que el país cuenta con una historia comprobada de terremotos no habían sido capaces de crear una cultura acerca de cómo actuar en estas situaciones.

Sin minimizar estos argumentos, es necesario decir que este terremoto tuvo condiciones muy diferentes a los anteriormente descritos, sobre todo al de 1957, pues si bien su magnitud fue mayor, no existían edificios catalogados como rascacielos, excepto la Torre Latinoamericana (1956), con 44 pisos, 204 metros de altura y la más alta tecnología para el "aislamiento sísmico". El de 1985 tuvo, en una escala del I al X, los más altos niveles de destrucción, rijosidad y fuerza: VIII, IX y VII, respectivamente.

Para ese entonces, el censo oficial contemplaba la existencia de casi un millón y medio de inmuebles, aproximadamente, entre edificios, hospitales, oficinas, hoteles, escuelas y comercios, de los cuales casi 50 mil quedaron destruidos. Muchos de ellos eran símbolos patrimoniales de la ciudad, como el Centro Médico del IMSS, el Hospital General, el Hospital Juárez, los multifamiliares Nonoalco-Tlatelolco y Juárez, el café Súper Leche, los hoteles Del Prado y Regis, Televicentro, la Procuraduría de Justicia y la Secretaría de Comercio. Igualmente, hubo un caos por los daños sufridos en la infraestructura pública de calles, redes de comunicación, sistema de agua potable, el Metro, entre otros.

La situación se fue agravando por la incapacidad de las autoridades para hacer frente a la emergencia. Enrique Krauze señala que "el gobierno reaccionó con estupor, lentitud y torpeza. Como una señal más —por si faltara— de la petrificación del sistema". La ayuda internacional comenzó a llegar casi de inmediato; de hecho, fue tanta que nuevamente el gobierno tropezó y no supo qué hacer con la generosidad material, que se amontonaba por toneladas. Casi de la misma magnitud del sismo, o más, fue la ayuda voluntaria de la sociedad, que emergió incuantificablemente, conformando brigadas de salvamento y rescate: "miles de muchachos se arriesgaban entre las ruinas para lograr lo que se volvió una voz común: sacar gente [...]. Fue una suerte de bautizo cívico. A los brigadistas los obedecen todos: policías, militares. Se vive el mismo fenómeno de afirmación y solidaridad del 68, pero en sentido inverso: ahora los estudiantes no gritaban 'únete pueblo', sino que se unía a él". Como en todas las tragedias sociales de México en las que se encuentra involucrado el Estado, las cifras se manipulan, pretendiendo un estado de control y calma. Se habló de alrededor de 10 mil muertos, pero fuentes extraoficiales afirmaron que pudieron haber llegado a ser más de 50 mil sólo en la Ciudad de México.

El gobierno mexicano dejó pasar su oportunidad histórica de alejar los fantasmas que lo perseguían desde el 68. Debía demostrar que los tiempos habían cambiado y que ahora, ante cualquier eventualidad, estaría al lado del pueblo. Volvió a fallar.

Aquella experiencia traumática dejó muchas enseñanzas. En la actualidad existen programas de protección civil que se ejecutan cada vez que hay oportunidad o en las conmemoraciones. Sin embargo, la verdadera y más grande lección fue la disposición y presencia de la sociedad, con su capacidad de crear cadenas humanas para derribar cualquier gigante.

Huelga en la UNAM

El Congreso es muy importante en la medida que fue el mecanismo que la comunidad universitaria se dio a sí misma para legitimar un proceso de reforma, para asegurar una participación amplia, irrestricta, de todas las personas que quisieran hacerlo en esta comunidad y para que no hubiera influencias unidireccionales o personales. Eso desde luego, significa problemas, porque es preciso hacer un esfuerzo muy grande para concertar ideas y voluntades.

José Sarukhán

El 29 de enero de 1987 inició una huelga en la Universidad Nacional Autónoma de México (UNAM), emplazada por el Consejo Estudiantil Universitario (CEU) y apoyada por miles de estudiantes en contra de las modificaciones al Reglamento General aprobadas en septiembre del año anterior, después de arduas jornadas de discusión y negociaciones con las autoridades universitarias.

El conflicto debía su origen a los desacuerdos generados por el documento presentado por el rector Jorge Carpizo el 16 de abril de 1986, titulado *Fortaleza y Debilidad de la Universidad*, en el que se hacía un balance de su problemática con base en cifras y datos minuciosos: ausentismo del profesorado, burocracia excesiva, falta de vinculación con los problemas de la sociedad. En resumen, una universidad mal organizada, con una estructura interna caduca. Al mismo tiempo, Carpizo exhortó a la comunidad universitaria a exponer su opinión sobre dicho diagnóstico.

Cuatro meses después, 18 consejeros universitarios presentaron su respuesta a través de un documento titulado *La Universidad Hoy*, en el que reprobaban el enfoque del documento presentado por Carpizo. A pesar de las críticas y los argumentos en contra, las reformas propuestas fueron aprobadas por el Consejo Universitario en sus sesiones del 11 y 12 de septiembre. Esto fue el detonante para que los universitarios inconformes decidieran organizarse, creando el Consejo Estudiantil Universitario con representantes de 25 escuelas y facultades de la UNAM electos en asambleas. A partir de ese momento, el CEU se convierte en portavoz de la posición estudiantil frente a las propuestas de la Rectoría.

En el pliego petitorio del CEU se encontraba la gratuidad de la educación, mejores condiciones de estudio para los alumnos, aumento del presupuesto a la educación, profesionalización de los docentes y transformación de la estructura de gobierno de la UNAM. Comenzó un diálogo público, solicitado por los estudiantes, en el que los medios de difusión desempeñaron un papel importante. Surgen líderes ceuístas que pronto alcanzaron popularidad, entre ellos Imanol Ordorika, Carlos Ímaz y Antonio Santos.

Para evitar la huelga, el 11 de enero de 1987 se eliminan las modificaciones al reglamento general de pagos, se reduce a siete el promedio para respetar el pase automático, con la condición de concluir el bachillerato en cuatro años, y otras modificaciones en cuanto a los exámenes departamentales. Esta nueva propuesta parecía poner fin al conflicto, pero el CEU las rechazó y dejó claro que se preparaba para la huelga, dado que su exigencia innegociable era la derogación de los acuerdos tomados por el Consejo Universitario en septiembre del año pasado y la realización de un congreso universitario. Las negociaciones prosiguen sin llegar a acuerdos y la huelga estalla el 29 de enero sin mayores contratiempos, a pesar de que continuaba el diálogo entre las autoridades universitarias y los representantes estudiantiles.

Fue corto el lapso en que la Universidad permaneció cerrada totalmente, pues el 10 de febrero, un día después de una multitudinaria marcha del Casco de Santo Tomás al Zócalo, las autoridades aceptaban la realización del congreso universitario y que el Consejo

Universitario asumiría sus resoluciones. Esta propuesta fue aceptada y se levantó la huelga. Ahora los afanes se dirigirían a la organización del Congreso.

Casi 20 años después del fantasma del 68, el movimiento estudiantil universitario posiciona de nueva cuenta a los jóvenes en el plano nacional como un grupo organizado. Tal vez por las experiencias pasadas, los ojos del país estaban puestos en los acontecimientos que se sucedían en la Universidad.

La caída del sistema

> Esa frase de que se cayó el sistema, ni siquiera se usó esa noche. No se usó. El problema fue que Salinas se declaró ganador públicamente antes de tiempo, sin que hubiera elementos para demostrarlo. El verdadero escándalo fue en la Comisión Federal Electoral, la caída del sistema no tenía la menor importancia. Todos sabían que lo que había era lo que se estaba computando en las casillas y en los comités distritales. De manera que la insurrección de los partidos de oposición fue porque Salinas se adelantó sin haber pruebas para tal.
>
> Manuel Bartlett Díaz

El 6 de julio de 1988 se llevó a cabo uno de los fraudes electorales más escandalosos de la historia contemporánea del país, a la par de las elecciones de 1910 y 1940.

Desde mediados de 1987 había iniciado el "futurismo político", cuando todos los candidatos de la infinidad de partidos existentes comenzaron a realizar pasarelas para posicionarse como *suspirantes* a la primera magistratura del país. Uno de los primeros fue el panista Manuel J. Clouthier, perteneciente a la corriente panista de "los Broncos", quien con propuestas renovadoras había arrasado a sus contrincantes internos. Por otro lado, la incansable Rosario Ibarra de Piedra comenzó su campaña electoral con las siglas del Partido Revolucionario de los Trabajadores (PRT), mientras que Heberto Castillo hacía lo propio bajo el manto partidista del Partido Mexicano Socialista (PMS).

Durante el último tercio del año sucedieron dos hechos que cambiaron el panorama partidista y democrático nacional. Por un lado, algunos miembros notables del Partido Revolucionario Institucional (PRI) decidieron salir del partido al ver que sus posibilidades de convertirse en su candidato eran prácticamente nulas, entre ellos Cuauhtémoc Cárdenas y Porfirio Muñoz Ledo, quienes formaron el Frente Democrático Nacional (conformado con una decena de partidos, agrupaciones y asociaciones de izquierda) para hacerle frente al que sería el candidato oficial. Por otro lado, en una simulación democrática interna, el PRI organizó una asamblea partidista en la que puso "a votación" el nombre de cinco ilustres priistas para seleccionar a su candidato: Carlos Salinas de Gortari, Alfredo del Mazo González, Sergio García Ramírez, Manuel Bartlett Díaz y Miguel González Avelar.

Salinas de Gortari se convirtió en el candidato del PRI, quien, aparte de dejar en claro sus posturas políticas neoliberales desde el inicio, disgustó a muchos priistas y líderes sectoriales que habían apostado por alguno de los otros *suspirantes*, además de que después se enteraron que el ex secretario de Programación y Presupuesto había sido elegido desde mucho antes de la asamblea.

Lo que parecía que iba viento en popa por parte del priismo, comenzó a navegar a la deriva por la devaluación, la inflación y el fraude multimillonario de la Bolsa Mexicana de Valores. Salinas de Gortari empezó a perder adeptos, incluso en las manifestaciones de acarreados que su partido le organizaba en los distintos estados de la República. Ante esto, y el paso firme que el cardenismo iba tomando día a día, el Estado mexicano hizo gala de todos sus mecanismos a la vieja usanza y aportó millones de pesos para la campaña salinista, azuzó a los empresarios para que se comprometieran con la lucha (sobre todo aquellos que se habían visto beneficiados con las ganancias en la Bolsa) y presionó, a cambio de canonjías, a los medios de comunicación para que le dieran el apoyo a su candidato.

Cuauhtémoc Cárdenas Solórzano comenzó a crecer naturalmente en las preferencias de la población mexicana (amén de la inesperada declinación de Heberto Castillo en su favor). Primero porque su discurso giraba en torno a las tropelías históricas del partido oficial, que provocaron la pobreza del pueblo mexicano, y segundo por el carisma y el respaldo que le daba la herencia de su padre. Pronto se adueñó de diversos espacios sociales, lo que fue un duro golpe para el priismo. Los universitarios, como en la campaña electoral de 1929 con José Vasconcelos, se adhirieron a sus propuestas, lo mismo que la gente de clase media y las clases populares, que escuchaban en Cuauhtémoc los ecos de *tata Lázaro*.

El temor oficial creció desmesuradamente con el cierre de las campañas. Cárdenas encabezó un mitin multitudinario en el Zócalo capitalino que reunió más de 250 mil personas; Clouthier, por su parte, realizó algo semejante, sobre todo en el norte del país, además de ganar simpatías por la cadena humana que organizó juntando a más de cien personas. Salinas, por su parte, tan sólo dejó ver, una vez más, el músculo gubernamental al llenar el Zócalo con acarreados institucionales.

Meses antes de la jornada electoral comenzaron a surgir evidencias de un posible fraude. Por un lado, la Comisión Federal Electoral, con la permisibilidad contenida en la Ley Federal Electoral, reformada apenas un año antes, seguía favoreciendo al candidato oficial, al contar en su seno con 19 votos a favor por sólo 12 en contra, aun sumando todos los partidos del FDN;

> además el padrón se alteró en un 30%, también circulaban miles de boletas electorales previamente marcadas a favor del PRI, se recogían credenciales electorales, se compraban votos con *tortibonos*, leche de la Conasupo y a veces con dinero, los sindicatos presionaban a los trabajadores para que votaran por el PRI, se prepararon acarreos, y se publicaron encuestas según las cuales daban un triunfo seguro a Salinas por más del 65% de los votos.

Ante los *asegunes* generados por todo esto, el presidente De la Madrid salió al quite afirmando que se "había dejado atrás la cultura del fraude" y que el gobierno había adquirido un "modernísimo sistema de cómputo cibernético de más de 17 millones de dólares, que permitiría tener resultados preliminares minuto a minuto y no una semana después de las elecciones".

La jornada electoral se llevó a cabo el 6 de julio, sin violencia. Sin embargo, durante todo el día surgió una gigantesca ola de denuncias e irregularidades: "*carruseles*, votación de uniformados en grupo, urnas *embarazadas*, *ratón loco*, uso de tinta no indeleble, expulsión de representantes de la oposición, muertos que votaron, etcétera".

Pero lo verdaderamente siniestro vino a las seis de la tarde, cuando el secretario de Gobernación, Manuel Bartlett Díaz, "informó a los comisionados de la Comisión Federal Electoral que el modernísimo sistema de cómputo se había caído, por lo que la información sería suspendida hasta las diez de la noche".

Después se supo que los primeros resultados, los del Distrito Federal y los del Estado de México, favorecían abrumadoramente a Cuauhtémoc Cárdenas, quien acudió junto con los otros candidatos a Gobernación a denunciar el fraude, llevándose la respuesta del secretario de que "las quejas eran infundadas". El día 8 de julio comenzaron a fluir los resultados, y una semana después se dio el dictamen oficial, declarando triunfador a Salinas de Gortari con 50% de los votos, 31% para Cárdenas y 17% para Clouthier.

Cárdenas volvió a llenar el Zócalo. Ahí dijo que "la consumación del fraude equivalía técnicamente a un golpe de Estado". El fraude se consumó, Salinas de Gortari se convirtió en el presidente de México y el país entró en una de las crisis políticas más importantes de su historia.

Entre el año 2000 y el 2012 la oposición panista ocupó la Presidencia, y en las elecciones de este último año el país volvió a vivir una etapa electoral nebulosa, pues aunque no se pudo comprobar el fraude, el Estado mexicano y sus mecanismos electorales mostraron que sus artimañas se habían modernizado y aunque el sistema ya no se cayó, no significa que se hayan abandonado las formas rudimentarias de ganar las elecciones.

El Partido de la Revolución Democrática

> La desviación de las líneas revolucionarias, acentuada en la segunda mitad de la centuria, provocó que amplios sectores de la sociedad empezaran a cuestionarse seriamente sobre la necesidad de cambiar el rumbo del país y que en el seno mismo del régimen comenzara a gestarse un fuerte descontento que daría nacimiento a la Corriente Democrática y a las grandes movilizaciones político-sociales de 1987 y 88, de las que surgirá el Partido de la Revolución Democrática.
>
> CUAUHTÉMOC CÁRDENAS

El 5 de mayo de 1989 se fundó un nuevo instituto político con el nombre de Partido de la Revolución Democrática (PRD), producto de la unión de varios partidos de izquierda y de prominentes políticos mexicanos, en su mayoría provenientes del PRI.

El PRD no se puede entender sin la figura de Cuauhtémoc Cárdenas Solórzano, quien se había formado en la política desde la década de los cincuenta, ocupando diversos cargos dentro del PRI y en la administración pública, por lo que conocía bien las reglas del sistema político.

En 1980, Cárdenas logra su entrada a los altos niveles del gobierno, pues fue postulado candidato del PRI a la gubernatura de Michoacán y resultó ganador en las elecciones constitucionales de ese mismo año.

Al término de su gobierno, en 1986, con la mirada puesta en las elecciones presidenciales de 1988, Cárdenas inició un movimiento político dentro del propio PRI, llamado Corriente Democrática, apoyado por importantes miembros del partido, destacando Porfirio Muñoz Ledo, ex presidente de ese partido; Ifigenia Martínez, ex embajadora, y Rodolfo González Guevara, ex diputado.

La principal demanda de la Corriente Democrática se dirigía al presidente del PRI, y consistía en que se estipularan de manera clara las reglas para la designación del candidato presidencial de 1988, un proceso que hasta entonces se había mantenido bajo la absoluta voluntad del Presidente de la República en turno. Además, buscaba el retorno del PRI a los principios nacionalistas y socialdemócratas, que había abandonado al adoptar el neoliberalismo.

Esta demanda no fue atendida; las reglas para la designación del candidato nunca se aclararon y el secretario de Programación y Presupuesto del gobierno de Miguel de la Madrid, Carlos Salinas de Gortari, fue declarado de manera oficial candidato del PRI a la Presidencia de la República el 4 de octubre de 1987. Como consecuencia, la Corriente Democrática inició una serie de movilizaciones en la Ciudad de México y en la República que terminaron con la salida de este grupo del PRI, al considerar que el partido se había alejado de los principios que le dieron origen y que el nombramiento del candidato presidencial era resultado del "dedazo".

A su salida, la Corriente Democrática postuló la candidatura presidencial de Cuauhtémoc Cárdenas. El 14 de octubre de 1987, el dirigente del Partido Auténtico de la Revolución Mexicana (PARM), Carlos Cantú Rosas, apoyó a Cárdenas como su candidato a la Presidencia de la República, y después se sumaron el Partido Popular Socialista (PPS) y el Partido del Frente Cardenista de Reconstrucción Nacional (PFCRN). Todas estas pequeñas fuerzas políticas se agruparon en una coalición que se llamó Frente Democrático Nacional.

En 1988, las tres cabezas principales del Frente Democrático, Cárdenas, Muñoz Ledo y Martínez, lograron incorporar a esta alianza al Partido Mexicano Socialista (PMS), cuyo candidato era Heberto Castillo, quien declinó a favor de Cárdenas. Asimismo, se consiguió una alianza con organizaciones sociales, como el Movimiento de Acción Popular (MAP), la Coalición Obrera, Campesina y Estudiantil del Istmo (COCEI), la Central Independiente de Obreros Agrícolas y Campesinos (CIOAC), la Asamblea de Barrios de la Ciudad de México, la Unión de Colonias Populares, la Unión Popular Revolucionaria Emiliano Zapata y la Central Campesina Cardenista.

El 6 de julio de 1988 se realizó una jornada electoral como no se había visto antes en México; la participación ciudadana fue copiosa y el conteo de votos fue tremendamente controvertido, pues el secretario de Gobernación y presidente de la Comisión Federal Electoral, Manuel Bartlett Díaz, anunció que los resultados electorales no podrían ser entregados inmediatamente, pues se habían dejado de recibir los datos de los distritos electorales. En esto consistió la famosa "caída del sistema". Cárdenas, Manuel J. Clouthier (candidato del PAN) y Rosario Ibarra de Piedra (candidata del Partido Revolucionario de los Trabajadores) hicieron a un lado sus diferencias y acudieron a pedir limpieza ante la Secretaría de Gobernación.

Las tendencias favorecían a Cárdenas, quien se declaró vencedor con 42% de los votos en el 50% de las casillas computadas, contra 36% de Salinas. Cuando los resultados finales se entregaron, se le otorgó el triunfo a Carlos Salinas de Gortari. El candidato del FDN y el resto de la oposición desconocieron este resultado y demandaron la anulación de las elecciones en actos multitudinarios que se repitieron en varios lugares del país. Muchos estaban esperando el llamado de Cárdenas a defender el voto como fuera, pero esto no ocurrió y Salinas fue declarado presidente electo en la Cámara de Diputados.

Sin embargo, no todo se perdió. En el proceso electoral del 6 de julio, el Frente Democrático Nacional se ubicó como la segunda fuerza política nacional. Cárdenas y los demás miembros de la coalición vieron la oportunidad de capitalizar este logro mediante la formación de una nueva agrupación política. Después de arduas discusiones entre los distintos grupos, el Partido Mexicano Socialista, en unión a los ex priistas de la Corriente Democrática y las organizaciones civiles, cedió su registro para crear el Partido de la Revolución Democrática (PRD) el 5 de mayo de 1989. De este modo surgió una fuerza política de izquierda en el país con una gran capacidad para ir ganando puestos de gobierno en el sistema.

La enemistad entre el PRD y el PRI fue una constante en los sexenios de Carlos Salinas y Ernesto Zedillo, que se manifestó de diversas formas, principalmente en el uso de todo el aparato político para evitar que el PRD creciera de forma importante en el Congreso y que sus candidatos ganaran alguna elección, municipal, estatal o federal.

A pesar de esto, el PRD se fue consolidando y obtuvo triunfos que se manifestaron en diversas reformas para la apertura democrática del sistema, siendo su gran triunfo la reforma política del Distrito Federal, que se consolidó cuando Cuauhtémoc Cárdenas resultó electo como primer jefe de gobierno del Distrito Federal en las elecciones del 6 de julio de 1997.

Comisión Nacional
de los Derechos Humanos

> El hombre nació libre y en todas partes se le encuentra encadenado. Hay quien se cree el amo de los demás, cuando en verdad no deja de ser tan esclavo como ellos.
>
> JEAN-JACQUES ROUSSEAU

El 5 de junio de 1990 se creó la Comisión Nacional de Derechos Humanos (CNDH) como un órgano desconcentrado de la Secretaría de Gobernación. Entre otras atribuciones, le corresponde recibir quejas de presuntas violaciones a los derechos humanos y formular recomendaciones públicas; procurar la conciliación entre los quejosos y las autoridades; elaborar y ejecutar programas preventivos; impulsar la observancia de los derechos humanos en el país e impulsar el cumplimiento de tratados, convenciones y acuerdos internacionales signados y ratificados por México. La CNDH tiene como antecedente inmediato la Dirección General de Derechos Humanos, creada en 1989 dentro de la Secretaría de Gobernación.

Inherentes a nuestra naturaleza, los derechos humanos fueron reconocidos en la *Declaración Universal de los Derechos Humanos* por la Organización de las Naciones Unidas (ONU) y sus 51 países fundadores, entre ellos México; desde entonces, nuestro país ha mantenido su compromiso con los propósitos y principios de la organización. Las prerrogativas que componen los derechos humanos

250

están inscritas en el orden jurídico nacional, en nuestra Constitución Política, generando estabilidad social y política.

El 28 de enero de 1992, la CNDH se elevó a rango constitucional como un organismo descentralizado, con personalidad jurídica y patrimonio propios, surgiendo de esta forma el Sistema Nacional No Jurisdiccional de Protección de los Derechos Humanos. Finalmente, por medio de una reforma constitucional, el 13 de septiembre de 1999 se constituyó como institución con plena autonomía de gestión y presupuestaria, cambiando la denominación de Comisión Nacional de Derechos Humanos por la de Comisión Nacional de los Derechos Humanos.

Desde el momento de su creación surgieron pronunciamientos y críticas: se dijo que no estaba dentro de las competencias y facultades del presidente crear un órgano de este tipo; que se creaba un órgano desde el Poder Ejecutivo para vigilar a otros, así como a funcionarios del propio Poder Ejecutivo. También se dijo que sólo era para satisfacer los intereses políticos del presidente, quien necesitaba legitimar su gobierno tanto en el país como en la comunidad internacional. Por último, se señaló que ante la celebración del Tratado de Libre Comercio con Estados Unidos y Canadá era necesario mostrar que en México se respetaban los derechos humanos.

Con todo, la nueva organización respondía a un reclamo y una necesidad social de un organismo que velara por los derechos humanos. Con la creación de la CNDH se reconocía la existencia de la violación a los derechos humanos en distintas áreas y esto representaba un primer paso para vigilarlos. Con el respaldo gubernamental y el apoyo político que ha recibido, la CNDH se ha ido transformando y adquiriendo autonomía. Aun cuando falta mucho camino por recorrer, con lo andado su trabajo se ha hecho más efectivo y trasparente.

Tratado de Libre Comercio
de América del Norte

México debe reposicionarse en América del Norte para conservar y/o acentuar sus ventajas comparativas y consolidar su crecimiento exportador. Independientemente de las reformas que el país requiere (fiscal, energética, laboral), México debe procurar un fortalecimiento del TLC, mediante su cumplimiento cabal y la introducción de nuevas áreas de colaboración con la región norteamericana.

JAIME SERRA PUCHE

El miércoles 8 de diciembre de 1993 se publicó en el *Diario Oficial de la Federación* el decreto por el que se aprueba el Tratado de Libre Comercio de América del Norte, suscrito por los gobiernos de México, Canadá y Estados Unidos de América, con un artículo único que aprueba dicho tratado signado el 17 de diciembre de 1992 por los presidentes de México, Carlos Salinas de Gortari; Estados Unidos, George Bush, y el primer ministro de Canadá, Martín Brian Mulroney. El tratado es un acuerdo comercial que entró en vigor el 1 de enero de 1994 en los tres países y también es conocido como NAFTA, por sus siglas en inglés (North American Free Trade Agreement).

Fiel a su política modernizadora y con la idea de insertar a México en el primer mundo, el presidente Salinas de Gortari propuso crear una zona de libre comercio con Estados Unidos, dejando atrás la política de mantenerse alejado de este país para evitar riesgos que pudieran socavar la soberanía nacional; el fin último era garantizar el mercado estadounidense para los productos mexicanos, promoviendo la inversión extranjera, la generación de empleos y el desarrollo del país. Iniciadas las negociaciones —trilaterales a petición de Canadá—, en junio de 1991, los grupos de trabajo se reunieron en 389 ocasiones para crear una de las zonas de libre comercio más grandes del mundo.

Este amplio acuerdo quedó compuesto por un preámbulo y 22 capítulos agrupados en ocho secciones: Aspectos Generales; Comercio de Bienes; Barreras Técnicas al Comercio; Compras del Sector Público; Inversión, Servicios y Asuntos Relacionados; Propiedad Intelectual; Disposiciones Administrativas Institucionales y Otras Disposiciones, que "representan un compromiso firme de las tres naciones para facilitar el movimiento de los bienes y la prestación de los servicios a través de las fronteras". Las negociaciones no fueron fáciles; se trataba de un país pobre y en desarrollo y de dos países industrializados sobre una base de acceso recíproco.

Desde el planteamiento inicial del proyecto, hubo dudas acerca del mismo. Decía Lorenzo Meyer que "la élite política y cultural de México teme que la consiguiente exposición intensa a los estilos de vida estadounidenses pueda provocar una pérdida de los valores nacionales, de la identidad nacional y del sentimiento nacionalista tan exacerbado durante el periodo revolucionario". Pero del otro lado de la frontera también tenían sus reservas y temores, aunque diferentes: "Mientras que los mexicanos se preocupaban por la dominación ejercida sobre su país por las empresas y la televisión de Estados Unidos, muchos estadounidenses temían perder sus empleos en favor de México o de los inmigrantes mexicanos", y algunos hasta llegaban a cuestionar el sistema político mexicano, como el representante estadounidense Robert Torricelli, quien dijo: "Un Tratado de Libre Comercio de América del Norte es, y debe ser, un club exclusivo de las democracias [...]. Tenemos derecho a exigir que [México] alcance un cierto nivel de instituciones democráticas". A 21 años de su entrada en vigor, existen voces que se pronuncian por una renegociación.

La concreción del TLCAN vino a consolidar un proceso de integración comercial que se venía gestando desde las décadas de los años sesenta y setenta, cuando México pasó a ser el tercer socio comercial más importante de Estados Unidos. Desde la entrada en vigor del tratado, los niveles de comercio e inversión se han incrementado y se ha dado un giro en la economía mexicana: se han multiplicado por alrededor de ocho veces las exportaciones mexicanas y ha cambiado el tipo de exportaciones. Antes de la firma, el petróleo ocupaba cerca de 80% de estas operaciones, y ahora oscila alrededor de 10%.

Hoy México es el segundo socio comercial de Estados Unidos y la firma de un tratado comercial no representó el final de las negociaciones entre los tres países; más bien, y como se ha visto, es el principio de un proceso continuo de negociaciones en diferentes temas. Pero como dice su mentor Salinas de Gortari: "como todo tratado comercial es perfectible... que el riesgo de hablar de una renegociación o apertura es que, sin duda, nosotros tenemos áreas que nos gustaría revisar, pero los otros socios también... Reabrir es... arriesgarnos. Es que no se abre el tratado, se abre una caja de Pandora".

Levantamiento zapatista

¿De qué tenemos que pedir perdón? ¿De qué nos van a perdonar? ¿De no morirnos de hambre? ¿De no callarnos en nuestra miseria? ¿De no haber aceptado humildemente la gigantesca carga histórica de desprecio y abandono? ¿De habernos levantado en armas cuando encontramos todos los otros caminos cerrados? ¿De no habernos atenido al Código Penal de Chiapas, el más absurdo y represivo del que se tenga memoria? ¿De haber demostrado al resto del país y al mundo entero que la dignidad humana vive aún y está en sus habitantes más empobrecidos?

Subcomandante Insurgente Marcos, comunicado

El 1 de enero de 1994, el grupo guerrillero denominado Ejército Zapatista de Liberación Nacional (EZLN) se levantó en armas en contra del gobierno mexicano. Conformado por aproximadamente 2 mil indígenas (tojolabales, tzotziles, tzeltales y lacandones, principalmente) uniformados con pantalones verde olivo, camisas café, pasamontañas y paliacates, el EZLN inició una rebelión con la toma sorpresiva de San Cristóbal de las Casas y otras localidades del estado de Chiapas. Armados con rifles AK-47 y machetes, recorrieron las calles, inundándolas con impresos de la *Declaración de la Selva Lacandona* y pintando las paredes con una consigna: YA BASTA.

En la Declaración explicaban los motivos de su levantamiento y exigían "la deposición" del presidente Salinas de Gortari, también "se sometían a la Convención de Ginebra, exigían que la Cruz

Roja Internacional vigilara los combates y se presentaban como una fuerza beligerante". Tomando las instalaciones de la estación de radio XEOCH, amenazaron con avanzar hasta la Ciudad de México.

El grupo guerrillero estaba dirigido por el Comité Clandestino Revolucionario Indígena. Sin embargo, desde un principio tomó la batuta de mando el *subcomandante Marcos*, quien intentó explicar a la gente "que habían elegido ese día porque el Tratado de Libre Comercio representaba un acta de defunción de las etnias de México", además de que buscaban poner un alto a la marginación que vivían los indígenas.

El gobierno federal respondió con una serie de acciones militares para sofocar el levantamiento. Sin embargo, la fuerte presión ciudadana y de la opinión pública internacional, que pudo conocer los acontecimientos gracias a un hábil manejo mediático del grupo rebelde, obligó al gobierno a entablar un diálogo.

Para el 12 de enero, el presidente Salinas anunció el cese de las acciones militares mayores y cedió el paso a la negociación política. Azuzado también por la caída de la Bolsa de Valores, aceptó nombrar a Manuel Camacho Solís como comisionado para la paz, con los esfuerzos de mediación del arzobispo liberal Samuel Ruiz.

El grupo armado aprovechó el alto al fuego para internarse nuevamente en la selva y muchos de los participantes, despojados de su máscara, regresaron a la vida civil, pasando desapercibidos entre las tropas que custodiaban el estado.

Las conversaciones iniciaron en febrero y se establecieron acuerdos que al paso del tiempo se perdieron en el olvido.

Si bien una parte de las demandas de los grupos urbanos fueron canalizadas a través de los procesos electorales y de las negociaciones en los congresos estatales y en el federal, los reclamos campesinos habían sido ignorados, sobre todo después del proceso de industrialización de la posguerra, y entre ellos las exigencias indígenas del país. Esto ayuda a explicar la aparición de grupos guerrilleros desde los años sesenta en las zonas rurales, particularmente en el sur del país, que encontraron en esa vía la única manera de forzar al gobierno a dar solución a sus problemas. El levantamiento del

EZLN podría entenderse, en primera instancia, como una manifestación de este fenómeno, como se observa en sus demandas sociales.

El gobierno de Salinas asumió una serie de compromisos para dar solución a las demandas de los alzados chiapanecos, que heredó a sus sucesores. Dada la brevedad de los enfrentamientos entre el EZLN y el gobierno, desde su aparición pública el movimiento zapatista siguió una vía política y militar, aunque la necesidad de hacer frente a la hostilidad abierta o soterrada de grupos militares y paramilitares durante los últimos años los ha obligado a mantenerse armados. En esto reside una de sus peculiaridades.

Las demandas políticas del movimiento han vuelto la atención a un fenómeno histórico prácticamente ignorado por lo menos desde el siglo XIX, cuando las ficciones jurídicas convirtieron a todos los habitantes de la extinta Nueva España en ciudadanos sin reparar en particularidades: en México existen (han existido) comunidades indígenas principalmente campesinas, pero también en el entramado urbano. Y junto a esta obviedad se encuentra otra: los indígenas son el grupo social con mayores índices de marginación y explotación debido a que la mayoría vive en las regiones más atrasadas del país.

El levantamiento zapatista ha sido fundamental para la historia contemporánea de México porque mostró los desajustes y las variaciones en el desarrollo de una entidad que consideramos unitaria, homogénea y moderna, pero que en realidad está conformada por regiones diferentes, algunas casi desarticuladas del conjunto, lo que sólo puede explicarse tras la revisión histórica del conjunto de nuestro pasado. De esta forma podremos observar que algunas estructuras y relaciones sociales de la época virreinal, así como ciertas formas de producción, siguen vigentes; que el proyecto liberal decimonónico marginó a amplios sectores de la población y que los procesos de modernización económica de finales del siglo XIX, al igual que la acelerada industrialización de mediados del XX, no han podido terminar de articular ni económica ni política ni culturalmente al territorio y la población.

En una de sus misivas iniciales, *Marcos* afirmó que el "Ejército Zapatista no busca que un partido gane o que gane otro, busca que haya justicia, que haya libertad, y que haya democracia para que el pueblo elija a quien mejor le acomode su entender y que esa voluntad, cualquiera que sea, reciba respeto y entendimiento de los mexicanos todos". Al paso del tiempo, estas mismas palabras contradijeron el discurso y las acciones bélicas del propio *Marcos*. A través de muchas instancias le sugirieron que se despojara de la capucha y que buscara la democracia por las vías electorales. Nunca tuvo disposición a escuchar estas demandas.

Dos décadas después, su movimiento ha perdido fuerza, hasta quedarse en la oscuridad y penumbra de la selva chiapaneca.

Asesinato en Lomas Taurinas

Yo veo un México con hambre y con sed de justicia. Un México de gente agraviada; de gente agraviada por las distorsiones que imponen a la ley quienes deberían de servirla; de mujeres y hombres afligidos por el abuso de las autoridades o por la arrogancia de las oficinas gubernamentales. Con firmeza, convicción y plena confianza, declaro, quiero ser Presidente para encabezar esta nueva etapa de cambio en México.

Luis Donaldo Colosio, discurso del 6 de marzo de 1994

El 23 de marzo de 1994 fue asesinado Luis Donaldo Colosio Murrieta, en ese momento candidato del PRI a la Presidencia de la República. Desde julio de 1928, México no se veía en una crisis política de esa magnitud, cuando el presidente electo Álvaro Obregón murió también de varios disparos.

Carlos Salinas de Gortari inició su periodo presidencial precedido de un fraude electoral que automáticamente le quitó legitimidad. Sin embargo, lo que no obtuvo a través del voto lo quiso arrebatar con la fuerza del Estado. Los primeros días de enero de 1989, un comando militar entró a la casa del líder del sindicato petrolero, Joaquín Hernández Galicia, *la Quina*, para refundirlo en prisión. La gente aprobó el hecho y pensó que el nuevo Presidente "tenía los suficientes pantalones para gobernar".

Desde el sexenio anterior, Salinas, como secretario de Programación y Presupuesto, comenzó a conformar un equipo de jóvenes

259

tecnócratas, todos con estudios de posgrado en universidades norteamericanas. La mayoría de ellos ocupó cargos estratégicos en su
gabinete, entre otros Pedro Aspe Armella, Manuel Camacho Solís,
Luis Donaldo Colosio, Ernesto Zedillo y Jaime Serra Puche. A partir de esto, las decisiones más importantes del gobierno salinista se
tomaron a la luz de la economía global.

Los cambios en el mundo, como la caída del socialismo, el fin
de la Guerra Fría, la desintegración de la Unión Soviética, la unificación de las Alemanias (con el derrumbe del muro de Berlín como
símbolo) y el surgimiento de un nuevo orden mundial permitieron a
Salinas llevar la política hacia un escenario neoliberal, urdido bajo la
patraña presidencial de que "México pertenecía al primer mundo".

Entonces el paradigma de la modernidad volvió a recorrer el
país, como en tiempos de Porfirio Díaz y Miguel Alemán, permitiendo la reactivación económica, principalmente a través de la inversión extranjera. La deuda externa se reestructuró, la inflación
bajó a menos de 20%, el sistema crediticio se reactivó "benefician-
do" a la clase media, el Estado se desembarazó de paraestatales en
quiebra (permitiendo la inversión privada), se crearon programas
de apoyo (Pronasol) para las clases bajas y los campesinos y se creó
un escenario para consolidar el Tratado de Libre Comercio (TLC)
con los países de América del Norte. Pero la reforma política, como
una bomba de tiempo, se mantuvo oculta bajo el manto del autoritarismo presidencial, hasta que irremediablemente explotó.

> La modernidad salinista descansaba sobre un espejismo que pronto se
> convirtió en un polvorín. Sólo en una mínima proporción, la inversión
> extranjera entraba para crear infraestructura, fuentes de empleo y ge-
> nerar inversión. El grueso del capital invertido era de especulación y
> pasaba de mano en mano en la Bolsa de Valores. Ante cualquier crisis
> política, los miles de millones de dólares que sustentaban el sueño
> mexicano saldrían volando de México.

Y así sucedió.

Para finales de 1993, Salinas no terminaba de decidir quién sería
su sucesor, sobre todo porque quería aguardar a la firma del TLC.

Cuando esto sucedió, en el mes de septiembre, y mediante "engaños maquiavélicos", inició su propia pasarela política. Y aunque todo indicaba que los dados se cargarían en favor de su "hermano político", el regente capitalino, Manuel Camacho Solís, sorprendió a tirios y troyanos inclinándose por su "hijo político", Luis Donaldo Colosio, para ese entonces secretario de Desarrollo Social, "desde donde se ejecutaba su ambicioso programa Solidaridad".

Las patadas bajo la mesa y los berrinches no se hicieron esperar. Camacho Solís no acepto que Colosio fuera el ungido, y a pesar de los esfuerzos del propio Salinas y de sus operadores políticos, se negó a reconocer públicamente la candidatura.

Al eclipsado inicio de la campaña de Colosio se sumó uno de los hechos histórico-políticos más significativos de nuestros tiempos. El 1 de enero de 1994, México se despertó con la noticia de un alzamiento guerrillero indígena en Chiapas. El Ejército Zapatista de Liberación Nacional le declaró la guerra al gobierno mexicano, que respondió torpemente al enviar a las fuerzas armadas para combatirlo. Algunos días después y tras la presión civil, que se concentró en miles de personas en la Ciudad de México, Salinas decretó el cese al fuego y accedió a la negociación. Las simpatías que había generado Salinas durante todo su periodo rápidamente se pasaron al polo opuesto. "Todo el contexto político había variado con la insurrección indígena. Camacho Solís, que como premio de consolación había pasado de la regencia de la ciudad a la Secretaría de Relaciones Exteriores, se propuso para encabezar la comisión negociadora. Salinas, al aceptar la propuesta de Camacho, lo regresó a la cresta de los reflectores y con ello hundió más en la oscuridad la candidatura de Colosio."

Al no despuntar la campaña presidencial de Colosio, los operadores salinistas se le acercaron para sugerirle que renunciara, a lo que Colosio se negó rotundamente. Hay quienes también afirman que todo este "teatro rápido del mundo", como lo llamó Alejandro Rossi, fue un ardid del propio Salinas, quien para ese momento estaba arrepentido de haber escogido a Colosio como su candidato, pues a cada momento percibía el alejamiento de su "hijo político".

En febrero, Camacho Solís hizo pública su decisión de no aspirar a la Presidencia, lo que fue celebrado por el propio Colosio. En los primeros días de marzo, durante su discurso por el aniversario del PRI, Colosio aumentó los temores salinistas al afirmar:

Veo un México con hambre y sed de justicia. De gente agraviada por las distorsiones que imponen a la ley quienes deberían de servirla. De mujeres y hombres afligidos por el abuso de las autoridades o por la arrogancia de las oficinas gubernamentales. El origen de nuestros males se encuentra en una excesiva concentración del poder, que da lugar a decisiones equivocadas, al monopolio de las iniciativas, a los abusos y a los excesos. El gran reclamo de México es el de la democracia.

Las advertencias para que renunciara continuaron, incluso el día 23 de marzo, antes de viajar a un mitin a Tijuana, le dijeron "que se atuviera a las consecuencias". Al término de su discurso en aquella ciudad, un grupo de hombres "burló" su seguridad especializada y el candidato cayó al suelo con un tiro en la cabeza y otro en el abdomen. Aunque llegó aún con vida al hospital, murió hora y media más tarde.

La muerte de Luis Donaldo Colosio tiene muchas interpretaciones. Y aunque fueron aprendidos sus asesinos materiales, a la fecha se desconoce al autor intelectual, como en el asesinato de Obregón. Dos décadas después de la muerte de Colosio, del análisis de 27 líneas de investigación, del deshago de más de 300 pruebas, de casi 2 mil declaraciones (incluida la de los presidentes Salinas, Zedillo y Echeverría), repartidas a lo largo de 68 mil fojas, la verdad no ha salido a la luz. Lo único que queda en claro es que este crimen modificó radicalmente al sistema político mexicano de los últimos años.

El Jefe de Gobierno del Distrito Federal

El Zócalo se va llenando, mientras el desfile interminable de automóviles da la impresión, por la pura fuerza de la costumbre, de una victoria de la Selección Nacional un día que no jugó. El sonido de los cláxones intenta refrendar su imperio y acallar la algarabía de las voces que lanzan vivas a Cuauhtémoc, al PRD y a la democracia (¡Sí, a la democracia, esa nueva entidad hogareña!), al tiempo que unos a otros se felicitan, en ese momento tan excepcional en que los desconocidos ya no lo son, y la presencia de una banderola, un paliacate, un escudo, un grito, identifica más allá de esa apariencia popular que la gran mayoría comparte. Los diálogos en el Zócalo y en las calles que allí desembocan siguen el mismo esquema, de un triunfalismo de nueva especie.

CARLOS MONSIVÁIS,
"Como que ya nos merecíamos esta fiesta"

El 5 de diciembre de 1997, Cuauhtémoc Cárdenas Solórzano asumió el cargo de jefe de Gobierno del Distrito Federal, marcando así el inicio de una nueva etapa en la ciudad y en la vida política del país. Fue la primera ocasión en la historia del Distrito Federal en que sus habitantes habían elegido a su gobernante.

Cuando México se constituyó como una República federal en 1824, como parte del nuevo sistema político se creó, el 18 de noviembre de ese mismo año, el Distrito Federal, y se designó como su territorio la Ciudad de México y los municipios de los alrededores. El área asignada a la capital del país se limitaba a un círculo de dos leguas de radio a partir del centro de la plaza mayor de la Ciudad de México y pasadas las dos leguas empezaban las diferentes municipalidades.

Esto se hizo con la intención de que fuera una entidad distinta a los demás estados de la federación, evitando así que un estado tuviera una influencia excesiva sobre las demás entidades, lo que afectaría el equilibrio necesario en un régimen federal. De esta forma, la Ciudad de México fue nombrada como la capital de la República Mexicana, sede oficial de los Poderes, Ejecutivo, Legislativo y Judicial, y quedó bajo la soberanía del gobierno federal.

En la Constitución de 1824 quedó establecido que su cuidado administrativo estaría a cargo de una persona denominada "gobernador", que sería elegido directamente por el Ejecutivo federal. Este gobernador dependía del Presidente y coexistía con el ayuntamiento de la ciudad. Las constituciones de 1857 y de 1917 conservaron este régimen político y el nombre de "gobernador" para su administrador.

El paulatino crecimiento de la Ciudad de México y la consecuente necesidad de ordenar y mejorar su administración y la de sus municipios aledaños hizo necesario reformar el régimen constitucional del Distrito Federal. La primera reforma se efectuó en el gobierno de Emilio Portes Gil, por medio de la Ley Orgánica del Distrito y de los Territorios Federales, del 31 de diciembre de 1928, que dividió al Distrito Federal en dos zonas conocidas popularmente como zona interior, o México, y zona exterior. Como parte de esta reorganización, el ayuntamiento de México, junto con los municipios aledaños al Distrito Federal, desapareció, creándose la figura de *delegación*.

La zona interior, llamada oficialmente Departamento Central, estaba formada por las municipalidades de México, Mixcoac, Tacubaya y Tacuba. La primera era propiamente la Ciudad de México y las otras eran las poblaciones exteriores que se encontraban más integradas a la ciudad.

La zona exterior la componían 13 delegaciones políticas: Guadalupe-Hidalgo, Azcapotzalco, Iztacalco, Iztapalapa, General Anaya, Coyoacán, San Ángel, Magdalena Contreras, Cuajimalpa,

Xochimilco, Milpa Alta, Tlalpan y Tláhuac, que dejaron de ser municipalidades para ser delegaciones políticas. Otra modificación ocurrió en 1929; luego del asesinato del general Obregón, se cambió el nombre de la delegación de San Ángel por el de Villa Álvaro Obregón. En 1930, en estas delegaciones desapareció el cabildo y su gobierno sólo fue encabezado por una persona, el delegado. Las dos zonas conformaban el Departamento del Distrito Federal.

El gobierno quedó a cargo del jefe del Distrito Federal, quien a su vez nombraría a los 13 delegados. Se le conocía como regente de la ciudad, ya que en ese año la ciudad no desbordaba los límites de la antigua municipalidad de México. De esta manera se eliminó la figura del "gobernador" del distrito.

En diciembre de 1941 se promulgó una nueva Ley Orgánica del Distrito Federal, que entró en vigor en enero del año siguiente. En esa reforma se mantuvo la división entre las zonas interior y exterior, pero en la exterior se eliminó a la delegación General Anaya, que pasó a formar parte de la zona interior. Además se cambió el nombre a la delegación Guadalupe-Hidalgo por Villa Gustavo A. Madero, como un homenaje al hermano, también asesinado, del mártir de la democracia, Francisco I. Madero.

En lo referente a la zona interior, desapareció la denominación de Departamento Central, para volver a la de Ciudad de México, que se dividió en ocho zonas para su mejor administración.

En esta época, el entonces jefe del Departamento del Distrito Federal, Javier Rojo Gómez, solicitó al presidente Manuel Ávila Camacho que se cambiara el estatus político del cargo para hacerlo administrativamente menos vulnerable ante los secretarios de Estado, que por las disposiciones legales tenían más poder que el mismo jefe del Departamento en puntos tan cruciales como el presupuesto del Distrito Federal.

Hasta ese momento las reformas al Distrito Federal habían sido administrativas y territoriales, pero la efervescencia política que se iba generando en el país, conforme se acercaba el fin del sexenio del presidente Miguel de la Madrid, hizo que el Presidente diera cabida a la participación política de los habitantes del Distrito.

El 29 de diciembre de 1970 se promulgó una nueva reforma a la Ley Orgánica del Distrito Federal, bajo el sexenio de Luis Echeverría Álvarez. El motivo fue que al inicio de los años setenta la Ciudad de México estaba en pleno proceso de expansión demográfica y territorial, por lo que las autoridades locales reformaron el perfil jurisdiccional del Distrito Federal. De esta forma se igualaron los términos "Distrito Federal" y "Ciudad de México", ya que se preveía que las delegaciones más inmediatas a la ciudad serían absorbidas en una sola urbe, que abarcaría todo el territorio del Distrito Federal. Para lograr una mejor administración se crearon cuatro nuevas delegaciones, que junto con las 12 existentes conformaron 16, a las que se les dieron nombres de personajes ilustres de la historia de México desde el periodo prehispánico hasta la Revolución. De esta forma nacieron las delegaciones Cuauhtémoc, Miguel Hidalgo, Benito Juárez y Venustiano Carranza. En el territorio de la delegación Cuauhtémoc quedó comprendida la antigua Ciudad de México, que ahora se conoce como el Centro Histórico.

En los hechos, los ciudadanos del Distrito Federal eran gobernados por los Poderes Legislativo y Ejecutivo federales. Antes de 1987, el Congreso de la Unión, que está compuesto por representantes de todos los estados de la República, y al que el Distrito Federal únicamente aportaba un reducido número de legisladores, se encargaba de elaborar la totalidad de sus leyes, por lo que la vida de los capitalinos estaba regida por los representantes de otras entidades.

Con el propósito de que los ciudadanos tuvieran un órgano local en el que estuvieran representados, en agosto de 1987 se promovió una reforma constitucional, que culminó con el decreto presidencial que establecía la creación de un congreso estatal, que llevaría el nombre de Asamblea de Representantes del Distrito Federal, para cumplir con la demanda ciudadana de mayor representación.

La Asamblea de Representantes del Distrito Federal se basó en la reforma al artículo 73 fracción VI de la Constitución Política de los Estados Unidos Mexicanos. Se le dio un carácter de órgano de representación ciudadana, integrado por 40 representantes electos según el principio de mayoría relativa y 26 representantes de representación proporcional. Aunque dicha asamblea tenía poderes legislativos limitados, fue la primera vez, desde 1928, que los habitantes del Distrito Federal pudieron elegir a sus representantes. Por medio de otra reforma constitucional, el 22 de agosto de 1996 se creó la Asamblea Legislativa del Distrito Federal y sus integrantes se denominarían desde entonces "diputados", en lugar de "representantes".

De esta forma, los habitantes tuvieron su primer órgano de gobierno para regular la administración de la entidad. Sólo quedaba por reformar la figura misma del jefe del Departamento del Distrito Federal, y el paso lógico era que el gobernante también fuera elegido por los habitantes.

La nueva situación política del país generada por el proceso electoral de 1988, la creación del PRD en 1989 y la violencia política que marcó la elección de 1994 habían movilizado a las fuerzas políticas, que impulsaron una serie de reformas que buscaban la disminución del poder de la figura presidencial, hasta entonces acaparada por el PRI. Uno de los grandes bastiones de poder del Presidente de la República era la administración de la Ciudad de México, ejercida a través del jefe del Departamento del Distrito Federal.

En 1997 se modificó de nueva cuenta la Constitución, para otorgar mayor autonomía al gobierno del Distrito Federal. Se eliminó la figura de *jefe del Departamento del Distrito Federal*, que fue sustituida por la de *jefe de Gobierno del Distrito Federal*, que sería electo de manera directa por los ciudadanos. Asimismo, se otorgaron mayores facultades a la legislatura del Distrito Federal.

El 6 de julio de 1997 se realizaron los primeros comicios para elegir jefe de Gobierno del Distrito Federal, que dieron el triunfo a Cuauhtémoc Cárdenas Solórzano, del PRD, con 48.11% de los votos. Una victoria aplastante sobre sus competidores Alfredo del Mazo González, del PRI, que obtuvo 25.58%, y Carlos Castillo Peraza, del PAN, que sólo tuvo 15.58%.

Cuauhtémoc Cárdenas era desde 1988 el representante de los anhelos democráticos del país, pues se había enfrentado al sistema y para muchos mexicanos había vencido en la dudosa votación en que salió electo Carlos Salinas de Gortari. Asimismo, Cárdenas había procurado abrir el sistema político por la vía electoral, al encabezar la creación del PRD en 1989.

Con estas primeras elecciones quedó clara la simpatía de los habitantes de la capital por este proyecto de izquierda, y así perdió la Presidencia de la República, encabezada por el PRI, uno de sus bastiones de poder más importantes.

La alternancia en el poder

> Transición y alternancia son fenómenos distintos. La transición es un proceso que transforma a un régimen en una o varias de sus dimensiones estructurales. Por ejemplo en su forma de gobierno o en su sistema electoral y de partidos. En contraste la alternancia es, simple y llanamente, el cambio de partido en el poder.
>
> María Amparo Casar

El 1 de diciembre del año 2000, el candidato del PAN, Vicente Fox Quesada, asumió la Presidencia de la República, alcanzando de esta manera la alternancia en el poder, después de 71 años de hegemonía priista.

Así como las elecciones presidenciales de 1988 abrieron una brecha para canalizar el descontento social y sentaron un importante precedente en la larga lucha colectiva por democratizar al país, las del año 2000 también crearon un espacio para la manifestación pacífica ante el hartazgo por la larga permanencia del PRI en el gobierno nacional y permitieron avanzar en el ejercicio de las prácticas democráticas.

El gobierno de Ernesto Zedillo se caracterizó por hondas crisis sociales, económicas y políticas, aunque sus acciones fueron fundamentales para la transición democrática. Desde 1995 atestiguó y respaldó los triunfos electorales de la oposición, primero a nivel estatal (Jalisco, Guanajuato y Querétaro) y luego a nivel federal, durante las elecciones intermedias para renovar el Poder Legislativo, en las que el PRI perdió la mayoría absoluta de la Cámara de Diputados, dándose así el primer caso en que un presidente gobernaba sin contar con mayoría en el Congreso de la Unión, desde el gobierno de Francisco I. Madero, en 1912.

Vicente Fox ganó las elecciones extraordinarias de Guanajuato con una mayoría de 58% del electorado, con lo que se convirtió en el gobernador del estado de 1995 a 1999. Sin embargo, antes de iniciar su gestión como mandatario estatal había hecho constantes declaraciones sobre sus intenciones de convertirse en candidato a la Presidencia de la República, pero no fue sino hasta 1997 cuando lo hizo oficial.

Su campaña política comenzó en noviembre de 1999, basada en estrategias mercadotécnicas, por su experiencia profesional. El apoyo que recibió fue muy cuestionado, pues a través de la asociación denominada "Amigos de Fox" se hizo de fondos provenientes del extranjero y de personas que nunca se pudieron identificar, sobre todo porque se utilizó la Internet, por primera vez para una campaña política, para convocar a la suma de recursos.

Durante la campaña hubo dos momentos que mostraron la personalidad del candidato panista; en el primer debate con los candidatos Cuauhtémoc Cárdenas y Francisco Labastida, en abril de 2000, y posteriormente en la reunión que tuvieron los tres por la suspensión del otro debate, un mes después. Con desparpajo y cinismo Fox hizo tambalear los protocolos políticos. Durante el encuentro, Cárdenas atacó al candidato oficial señalando sus nexos con las mafias y el crimen organizado; por su parte, Labastida se quejó con amargura de que Fox lo había insultado llamándolo "mariquita, lavestida, chaparro y mandilón". Lo señaló como obsceno y majadero. Fox le respondió que lo majadero quizá se le quitaría, pero a él y a su partido nunca se les quitaría "lo malos para gobernar y lo corruptos".

En el segundo encuentro, en el *bunker* panista, no se tuvieron las condiciones para realizar el segundo debate, y se propuso posponerlo. Fox, altanero, dijo que ya había conseguido que se realizara ese mismo día en las instalaciones del World Trade Center, que sólo esperaba la confirmación, vía fax, que nunca llegó. Tanto Cárdenas como Labastida coincidieron que se debía posponer para unos días después, y Fox sólo respondió: "hoy, hoy, hoy". Lo que parecía una oportunidad para la democracia mexicana, al paso del tiempo se convirtió en una pesadilla. La investidura presidencial inició entonces una caída libre que no se detiene hasta nuestros días.

A la jornada electoral, el candidato panista llegó arropado por la alianza de los partidos Verde Ecologista y Auténtico de la Revolución Mexicana. Fox obtuvo un triunfo incuestionable con más de 42% de los votos. Este triunfo frente al priista Francisco Labastida y al veterano perredista Cuauhtémoc Cárdenas significó, más que una muestra de apoyo al panista, una amplia protesta contra el partido oficial. De acuerdo con algunos autores, fue un plebiscito en el que el régimen de partido único perdió. Estas elecciones significaron también, de algún modo, la culminación de las luchas políticas por los cauces institucionales que se habían dado en la última década del siglo.

El proceso de democratización, que culminó con la alternancia en el poder, se inició con las cuestionadas elecciones de 1988 y la suma de triunfos de la oposición. Tuvo como base la movilización ciudadana y la contribución de dos factores fundamentales. Por un lado, una serie de reformas electorales que culminaron con la de 1996, de la que surgió el Instituto Federal Electoral (IFE), organismo independiente que sustituyó al gobierno en la organización de las elecciones federales (respetado profundamente por el presidente Zedillo); y por el otro, la acelerada descomposición del PRI, que en este periodo se manifestó en crímenes políticos, como el de su candidato a la Presidencia en 1994, Luis Dolado Colosio, y el del connotado priista José Francisco Ruiz Massieu.

La elección emergente de Ernesto Zedillo, personaje alejado de los grupos dominantes tradicionales del partido, para sustituir a Colosio aumentó la división, que se profundizó durante su gobierno. En la distancia de Zedillo con respecto a las estructuras priistas se puede hallar una explicación no sólo de su aceptación del triunfo de Vicente Fox en las elecciones de 2000, las primeras en que un partido de oposición accedía al poder, sino de cómo se hundía una estructura de poder, con una viciada tradición proveniente del centralismo prehispánico, el absolutismo virreinal y el presidencialismo contemporáneo, en sus propias ruinas, con la imposibilidad real de volver al poder por algún tiempo.

El regreso del PRI

En sí mismo la vuelta del PRI no tiene por qué ser un retroceso si la voluntad de las personas se expresa en ese sentido, pero creo que es muy importante que se mantenga un cierto equilibrio de pluralidad dentro de las instituciones del Estado.

José Woldenberg

El 1 de diciembre de 2012, Enrique Peña Nieto, candidato del Partido Revolucionario Institucional (PRI), asumió la Presidencia de México. Con esto, el PRI volvió a ocupar la silla después de dos sexenios en que el PAN gobernó el país, interrumpiendo poco más de siete décadas continuas del partido oficial en el poder.

Desde hace años, la historia política del país ha demostrado que la sociedad tiende a castigar o premiar con su voto la elección del candidato de su preferencia a partir de ciertas variables: su actitud frente al gobernante en turno, según haya beneficiado o perjudicado su condición económica ("se trata de una cuestión personal"), la costumbre (elegir o votar es lo mismo, "siempre prometen y no cumplen") y el miedo (la inseguridad, los asesinatos políticos, las ejecuciones por parte de grupos narcotraficantes, intensificada durante la "guerra no declarada" contra el crimen organizado por parte del gobierno de Felipe Calderón, con más de 100 mil muertos, entre otras razones).

A pesar de que entre el año 2000 y el 2012 los gobiernos panistas lograron mantener un equilibrio en las finanzas públicas, las variables mencionadas les fueron aplicadas en su conjunto. Pero, ¿cómo se convencieron los mexicanos para favorecer con su voto al priista? El dicho popular señala que "obras son amores" y Peña Nieto, desde su gestión como gobernador del Estado de México, realizó grandes obras de infraestructura que comenzaron a construir el camino de su candidatura. Sin embargo, esto no era suficiente para convencer al electorado.

Desde el primer día de su gobierno, Peña Nieto y su equipo de asesores contrataron el servicio de prestigiosas compañías publicitarias que no solamente destacaban su labor como gobernante, sino que además crearon la imagen de un gobernante dispuesto y eficiente. Se puede asegurar entonces que la verdadera campaña política por la presidencia se comenzó a construir desde su administración gubernamental, por lo que llegado el momento de hacer oficial su campaña presidencial adelantaba a sus oponentes en las encuestas con seis años de presencia mediática.

A pesar de la campaña realizada desde la Presidencia de la República, afirmando que el dinero del narcotráfico había penetrado las estructuras electorales y las campañas, resaltando los casos de corrupción y malversación de fondos públicos de algunos gobernadores priistas, el equipo del candidato oficial diseñó una campaña política para aprovechar al máximo los 90 días que duraría el proceso.

Sin confrontar a sus opositores, el candidato del PRI dio un toque modernizador a sus discursos, tomando como eje central la oferta de propuestas realistas, "ajenas a los discursos radicales y escandalosos" y sumando un horizonte de "mensajes conciliadores". Esto tuvo una respuesta inmediata y eficaz por parte de los ciudadanos, quienes las percibieron como factibles y congruentes y, lo más importante, con la virtud de responder a sus expectativas.

Al arrancar oficialmente la campaña, y sabiendo que estaba posicionado hasta arriba en las encuestas, Peña Nieto se aferra a su estrategia, no "arriesga innecesariamente y no entra en confrontaciones", ni con el gobierno ni con sus contrincantes. Realiza, junto con su equipo, un trabajo intenso con la estructura del partido en el país, el cual aglutinaba a casi 5 millones de personas. Impone un programa de "orden y disciplina como en los viejos partidos socialistas", el cual al final de la jornada le otorga el triunfo en 20 de los 31 estados de la República.

Durante la campaña suceden ciertos fenómenos que, aunque no influyen en la posición porcentual de las encuestas, sí resultan determinantes para el resultado final del proceso electoral. Esto tiene que ver con la presencia de los candidatos en los medios. De los 45 millones de *spots* publicitarios de que dispone el gobierno y el Instituto Federal Electoral, 17 millones son repartidos entre los partidos políticos, con la mayoría para el PRI. Apoyado por las principales televisoras, radiodifusoras y algunos medios impresos, Peña Nieto aparece diariamente como noticia, mientras que los demás candidatos utilizan estrategias anticuadas y conservadoras, lo que provoca que se mantengan alejados del puntero.

La calidad cinematográfica de los anuncios comerciales en los que aparece el candidato oficial lo coloca nuevamente como un político eficiente, de carácter pragmático, alejado de ideologías y comprometido; "te lo firmo y te lo cumplo" afirmaba a los ojos y oídos del público receptor.

Aunque en el intercambio de ideas durante los debates políticos Peña Nieto no resultaba el vencedor, su permanencia en las alturas de las encuestas lo convertía en el ganador.

En la última fase de la campaña electoral, una encuesta acerca a Andrés Manuel López Obrador y a Josefina Vázquez Mota a los números que tenía Peña Nieto, generando nuevas expectativas. A esto contribuyeron el movimiento estudiantil *#Yosoy132* (que critica la manipulación de los medios en favor de Peña Nieto) de la Universidad Iberoamericana; la investigación sobre dos gobernadores priistas por peculado y lavado de dinero proveniente del narcotráfico y los vínculos de Televisa y Peña Nieto desde sus tiempos de gobernador. Finalmente, nada altera las tendencias porcentuales de preferencia electoral. El resultado dio el triunfo al candidato oficial con 38% de los votos.

Al cumplirse la primera mitad de la administración de Peña Nieto, han emergido todos los fantasmas que se preveían "recargados" al volver el PRI a la presidencia. Además, las fórmulas del viejo partidismo priista, corruptas e ineficaces, se han visto maximizadas por la profunda crisis que desborda al mundo entero.

Por otro lado, la eficiencia, las promesas y los compromisos de campaña, con la implementación de reformas estructurales como base del proyecto económico, social y político gubernamental, se han visto minimizados a la vista de los mexicanos y del mundo entero (sobre todo a través de las redes sociales) por los escándalos de corrupción y abuso del poder que se han generado desde la casa (blanca) presidencial y algunos funcionarios cercanos al mandatario, por la violencia desbocada en buena parte del país, el cinismo de algunos gobernantes estatales, la manga ancha para el latrocinio sistemático de líderes sindicales, la tolerancia para politiquillos que en el pasado han mostrado su ineficiencia en el servicio público, la falta de empleo y la crisis económica, y un largo etcétera.

A lo largo de la historia, el pueblo mexicano ha sido víctima del abuso del poder, aunque hemos tenido, a diferencia de otros países latinoamericanos, la oportunidad de cambiar por la vía democrática, pero se requieren más conciencia y participación ciudadana, y aprender de las lecciones del pasado, pues de otra manera esta inercia del abuso por tradición y sistema continuará por generaciones, y de alguna forma continuaremos legitimándola.

Secretaría de Cultura

> Pero esto no es *Hamlet*, de ser o no ser; la política cultural es una suma de acciones con las que ejemplificamos que México ha tenido voluntad de acciones concretas desde que es un país independiente. Creo que si hay un país en el mundo del que no se puede negar que haya una política cultural, es México.
>
> RAFAEL TOVAR DE TERESA

El 17 de diciembre de 2015 se publicó en el *Diario Oficial de la Federación* la creación de la Secretaría de Cultura, cumpliendo así con algo que por muchos años había pedido la comunidad artística: que amén de aglutinar en un órgano rector a las instituciones que promueven la preservación y el desarrollo culturales, así como las diversas expresiones artísticas de la nación, la cultura adquiriera un estatus prioritario, a nivel de cualquier órgano de gobierno.

Desde que se habló de su creación surgieron voces a favor y en contra que ponderaron sus beneficios y resaltaron sus contradicciones. Sin embargo, la mayoría de las opiniones, entre ellas de una buena parte de la comunidad artística, cultural e intelectual del país, se sumaron positivamente a la iniciativa, argumentando que esto significaba "un apoyo eficaz a la cultura, y que a su vez, ello generaría, una solución para otros rubros sociales, por ejemplo, como un antídoto a la violencia". Por su parte, las voces radicales afirmaron que con su aparición "el volumen burocrático aumentaría, se perderían los derechos de los trabajadores y que además con ello se esfumaría la posibilidad de diversificar la oferta cultural".

A principios de diciembre, la Comisión de Cultura de la Cámara de Diputados organizó una serie de mesas de trabajo en las que diversas autoridades, representantes y promotores culturales expusieron sus opiniones. En casi todas hubo coincidencia acerca de los beneficios que traería su creación, sobre todo en las que se expusieron los temas referentes a la autonomía artística y presupuestal, el rescate, mantenimiento y preservación del patrimonio cultural y artístico, así como la reforma y actualización de las leyes de creación tanto del Instituto Nacional de Antropología e Historia (INAH) como del Instituto Nacional de Bellas Artes (INBA).

Entre los días 10 y 15 de diciembre se presentaron las iniciativas al Congreso. En la Cámara de Diputados se resolvió positivamente con una mayoría de 426 votos a favor y una abstención, mientras que en la Cámara de Senadores el dictamen fue aprobado con una votación de 83 a favor, dos en contra y dos abstenciones. De este modo, el día 16, el Presidente de la República firmó el Decreto, que se publicó al día siguiente en el *Diario Oficial de la Federación*. Ambas Cámaras coincidieron en que con esta medida se buscaba

un ordenamiento con una coordinación más adecuada, con el fin de que lleguen más recursos, no para la burocracia sino para que la cultura empiece a ser vista de modo distinto en el país. La Secretaría impulsará la creación artística e intelectual e integrará todos los organismos públicos autónomos involucrados con la cultura, así como las televisoras y radiodifusoras con contenido cultural, para difundir, desarrollar y dar más accesibilidad al rubro, a los bienes y a los servicios culturales en manos del Estado mexicano

Con el nacimiento de esta nueva secretaría desapareció, después de 27 años de existencia, el Consejo Nacional para la Cultura y las Artes, además de que la nueva entidad cultural dejó de pertenecer a la Secretaría de Educación Pública.

El 21 de diciembre, Rafael Tovar y de Teresa se convirtió en el primer secretario de Cultura. Durante sus primeras declaraciones se refirió a los rezagos culturales a los que la naciente institución debía enfrentarse. Consideró "que la curva de aprendizaje podría ser muy costosa frente a los tres años que faltan para terminar la administración; sólo en los casos en los que sea necesario se tomarán las medidas adecuadas". De igual forma, dio a conocer los cinco ejes que definirían su gestión: "1. La conciencia para la protección del patrimonio, 2. Priorizar la agenda digital, 3. Atender la infraestructura cultural existente, 4. La formación de públicos y la interacción con otras secretarías, como Turismo, Desarrollo Social, Relaciones Exteriores y Economía, y 5. El impulso de temas como biodiversidad y cultura, industrias culturales y mantener la interacción entre educación y cultura".

Sobre la política cultural señaló que "es una suma de acciones con las que ejemplificamos que México ha tenido voluntad de acciones concretas desde que es un país independiente. Creo que si hay un país en el mundo del que no se puede negar que haya una política cultural, es México".

La fundación de esta secretaría abre una prospectiva amplia para la diversificación, el estímulo y la creación cultural y artística en el país, pero lo más importante: crea un abanico de posibilidades para que la mayoría de los mexicanos tenga la oportunidad de acercarse a la cultura.

La Ciudad de México

México debe contarse, sin duda alguna, entre las más hermosas ciudades que los europeos han fundado en ambos hemisferios. A excepción de San Petersburgo, Berlín, Filadelfia, y algunos otros barrios de Westminster, apenas existe una ciudad de aquella extensión, que pueda compararse con la capital de la Nueva España, por el nivel del suelo uniforme, por la regularidad y anchura de sus calles y por lo grandioso de las plazas públicas. La arquitectura, en general, es un estilo bastante puro y hay también edificios de bellísimo orden. El exterior de las casas no está cargado de ornato…

ALEXANDER VON HUMBOLDT

El viernes 29 de enero de 2016 se publicó en el *Diario Oficial de la Federación* el decreto de desaparición del Distrito Federal y la creación, a partir del día 30 de enero, de la Ciudad de México. Este cambio en la denominación oficial de la capital del país es el último escalón de una compleja reforma política que tiene como fin darle el mismo estatus y, por lo tanto, los mismos derechos que a los demás estados de la federación.

El inicio de este proceso lo podemos encontrar en la reforma constitucional de 1987, que dotó al Distrito Federal de su primer órgano de gobierno, por decreto presidencial del 10 de agosto de 1987: la Asamblea de Representantes del Distrito Federal. Esta Asamblea tuvo dos periodos de sesiones entre el 15 de noviembre de 1988 y el 14 de noviembre de 1994. Aunque sus facultades eran limitadas, por primera ocasión fueron los representantes de los habitantes de la ciudad quienes pudieron decidir sobre diversos aspectos de la administración capitalina.

El 23 de octubre de 1993 se publicó en el *Diario Oficial de la Federación* la reforma al artículo 122 constitucional, que le otorgó a la Asamblea estatus de órgano de gobierno local con facultades legislativas y no meramente reglamentarias, es decir, le dio facultades para crear leyes para la Ciudad de México. De esta forma pasó a ser la Primera Legislatura del Distrito Federal, y con este carácter ejerció entre 1994 y 1997.

En virtud del nuevo decreto, publicado el 22 de agosto de 1996, que modificó el artículo 122 de la Constitución, la legislatura pasó a denominarse Asamblea Legislativa del Distrito Federal y sus integrantes fueron elevados al carácter de diputados. De esta forma se construyó el Poder Legislativo, necesario para consolidar la erección del Distrito Federal como un nuevo estado de la federación.

El siguiente pasó se dio en 1997, con la reforma constitucional que eliminó la figura de *jefe del Departamento del Distrito Federal*, que fue sustituida por la de *jefe de Gobierno del Distrito Federal*, estableciendo que éste sería electo de manera directa por los ciudadanos del Distrito Federal. Asimismo, se otorgaron mayores facultades al órgano legislativo.

El 6 de julio de 1997 se realizaron los primeros comicios para elegir jefe de Gobierno del Distrito Federal, en los que resultó triunfador Cuauhtémoc Cárdenas Solórzano, del Partido de la Revolución Democrática (PRD), quien al asumir el cargo el 5 de diciembre de ese año marcó el inicio de las gestiones del Poder Ejecutivo de la ciudad.

La figura de jefe de Gobierno se ha consolidado, pues ejerce las funciones de cualquier gobernador estatal, como presentar iniciativas de ley ante la Asamblea Legislativa y promulgar, publicar y ejecutar las leyes y decretos que expida dicha Asamblea; formular proyectos de reglamentos sobre leyes del Congreso de la Unión relativas a la entidad, nombrar y remover libremente a los titulares de los órganos y las dependencias de la administración pública del

Distrito Federal, nombrar y remover al procurador general de Justicia, ejercer actos de dominio sobre el patrimonio de la ciudad y administrar la hacienda pública.

Asimismo, en los procesos electorales de 1997, 2000, 2006 y 2012, el cargo de jefe de Gobierno, que hasta ahora ha ganado el PRD en forma consecutiva, es uno de los más disputados, lo que ha reafirmado la importancia de la Ciudad de México en el mapa político nacional.

De esta forma, al tener consolidados los Poderes Legislativo y Ejecutivo, el paso natural era cambiar el estatus del Distrito Federal para igualarlo con los demás estados de la República. En el Congreso se discutieron varios proyectos en este sentido.

Primeramente se propuso la creación del estado del Valle de México, pero no fue aceptada porque el Distrito Federal no tenía capacidad económica, agrícola, hidráulica, energética y poblacional suficiente para mantenerse por sí mismo. Para salvar este escollo se propuso la ampliación del Distrito Federal, para poder agrupar en un solo ente político la zona metropolitana del Valle de México. Esta propuesta no tuvo apoyo porque si bien se han dado pasos hacia un gobierno metropolitano, los estados de México, Hidalgo, Morelos y Puebla se han opuesto a la pérdida de soberanía y territorio que esto implicaría. Principalmente, el Estado de México ha señalado que tiene en esta zona una parte importante de sus ingresos.

El jefe de Gobierno, entre 2006 y 2012, entregó el 11 de agosto de 2010 una propuesta de reforma al Poder Ejecutivo federal para crear el estado de la Ciudad de México, que no estaría constituido por municipios sino por entes jurídicos parecidos a las actuales delegaciones, donde el poder estaría concentrado en el jefe de Gobierno, a la manera de una república centralista en cuanto a su administración, pero la iniciativa también fue rechazada.

La última propuesta fue la de Miguel Ángel Mancera, jefe de Gobierno desde el 5 de diciembre de 2012. Fue presentada al Congreso el 13 de agosto de 2013 y en ella la nueva entidad federativa ya no sería un estado; dejaría de ser el Distrito Federal para llamarse solamente Ciudad de México. Su estatuto orgánico sería la Constitución Política de la Ciudad de México y la entidad seguiría sin tener municipios. Una parte central de esta propuesta es que por primera ocasión la legislatura local tendría plenos derechos sobre el presupuesto. Se preserva el sistema centralista, pues la nueva entidad política sería una especie de gran municipio, donde cada delegación votaría a los integrantes de un órgano superior que nombrara a los delegados y tendría solamente la función de un órgano de consulta, sin verdadero gobierno. El propio Mancera afirmó que su reforma busca una mayor participación ciudadana en la supervisión de las acciones de las delegaciones políticas, la creación de una constitución política local y que la ciudad tenga mayor autonomía en su régimen interior.

Dicha propuesta de reforma fue aprobada por el Congreso y fue promulgada por decreto presidencial el 29 de enero de 2016, para entrar en vigor al día siguiente. Ahora se realizan los trabajos para formar un congreso ciudadano para la redacción de la Constitución Política de la Ciudad de México, que le dará la consolidación jurídica necesaria a esta nueva entidad y regirá su vida política.

Así, el cambio oficial de nombre desde el 30 de enero de 2016, por lo que el Distrito Federal ahora es simplemente Ciudad de México, es un evento sustancial con el que se inicia una nueva etapa en la historia política de la antigua "ciudad de los palacios".

Bibliografía básica

20/10 Memoria de las Revoluciones en México, 10 vols., México, RGM Medios, 2008-2010.

25 años de Sida en México. Logros, desaciertos y retos, México, Secretaría de Salud / Instituto Nacional de Salud Pública / Censida, 2009.

Adriá, Miquel, *Pedro Ramírez Vázquez, el estratega*, México, Consejo Nacional para la Cultura y las Artes - Instituto Nacional de Bellas Artes / Universidad Autónoma Metropolitana / Arquine, 2014.

Aguilar Camín, Héctor. *La tragedia de Colosio*. México, Planeta, 2009.

Agustín, José. *Tragicomedia mexicana*, 3 vols., México, Planeta, 1992.

Álvarez de la Borda, Joel (comp.). *1938. La nacionalización de la industria petrolera en la historia de México*. México, Pemex / Quinta Chilla Ediciones, 2011.

Azuela, Mariano. *Los de abajo*. México, Fondo de Cultura Económica, 1983.

Bretón, André. *Recuerdo de México*. México, Consejo Nacional para la Cultura y las Artes / Embajada de Francia en México / Biblioteca de México, 1996.

Buñuel, Luis. *Mi último suspiro*. México, Random House Mondadori, 2012.

Cámara de Diputados. *Los presidentes de México ante la nación. Informes, manifiestos y documentos de 1821 a 1966*. México, Cámara de Diputados, 1966.

Cantú, Guillermo H. *Silverio o la sensualidad en el toreo*. México, Diana, 1987.

Cárdenas Solórzano, Cuauhtémoc. *La esperanza en marcha: ideario político*. México, Océano, 1988.

Comisión Federal de Electricidad. *Destellos. Historia de una empresa que transformó a México. 75 años de la* CFE. México, Comisión Federal de Electricidad / Sindicato Único de Trabajadores Electricistas de la República Mexicana / Fondo de Cultura Económica / Quinta Chilla Ediciones, 2012.

Dávalos Orozco, Federico. *Albores del cine mexicano*. México, Clío, 1996.

Domínguez Michael, Christopher. *Diccionario crítico de la literatura mexicana 1955-2011*. México, Fondo de Cultura Económica, 2012.

Escalante Gonzalbo, Pablo, *et al*. *Nueva historia mínima de México. Ilustrada*. México, El Colegio de México / Gobierno del Distrito Federal - Secretaría de Educación, 2008.

Fernández Reyes, Álvaro A. *Santo, el enmascarado de plata. Mito y realidad de un héroe mexicano moderno*. México, Consejo Nacional para Cultura y las Artes, 2004.

Garay Arellano, Graciela de (investigación y entrevistas). *Historia oral de la Ciudad de México. Testimonios de sus arquitectos: 1940-1990*. México, Instituto de Investigaciones Dr. José María Luis Mora.

García Riera, Emilio. *Historia documental del cine mexicano*. México, Universidad de Guadalajara, 1992-1997.

García, Gustavo. *No me parezco a nadie: la vida de Pedro Infante*. México, Clío, 1994.

Gobierno del Distrito Federal. *En el ombligo de la luna, México la ciudad de todos*. México, Gobierno del Distrito Federal / Consejo de la Crónica de la Ciudad de México, 1999.

González Compeán, Miguel y Leonardo Lomelí (coords.). *El partido de la Revolución. Institución y conflicto (1928-1999)*. México, Fondo de Cultura Económica, 2000.

González y González, Fernando (ed.). *Historia de la televisión mexicana 1950-1985*. México, 1989.

González y González, Luis (coord.). *Historia de la Revolución mexicana*. México, El Colegio de México, 2000.

Guzmán Urbiola, Xavier. *Palacio de Bellas Artes. Las obras y los días 1934-2014*. México, Consejo Nacional para la Cultura y las Artes / Ricci Editore, 2014.

Jiménez, Víctor (coord.). *Pedro Páramo. 60 años*. México, Fundación Juan Rulfo / RM, 2015.

Krauze, Enrique. *Caudillos culturales en la Revolución mexicana*. México, Tusquets, 1999.

―――. *La presidencia imperial. Ascenso y caída del sistema político mexicano, 1940-1996*. México, Tusquets, 1997.

―――. *Madero vivo*. México, Clío, 1993.

López Portillo, José. *Mis tiempos. Biografía y testimonio político*. México, Fernández Editores, 1988.

López Zarate, Romualdo, *et al. Una historia de la UAM: sus primeros 25 años*. México, Universidad Autónoma Metropolitana, 2000.

Maldonado, Marco A. y Rubén A. Zamora. *Historia del box mexicano*. México, Clío, 1999.

Martínez Assad, Carlos. *Los sentimientos de la región. Del viejo centralismo a la nueva pluralidad*. México, Instituto Nacional de Estudios Históricos de la Revolución Mexicana / Océano, 2001.

Martínez Assad, Carlos y Sergio Zermeño. *El Ángel*. México, Gobierno del Distrito Federal - Secretaría de Desarrollo Urbano y Vivienda, 2006.

Mauleón, Héctor de. *El tiempo repentino. Crónicas de la Ciudad de México en el siglo XX*. México, Cal y Arena, 2015.

Meyer, Jean. *La Revolución mexicana*. México, Jus, 1991.

Monsiváis, Carlos. *A ustedes les consta. Antología de la crónica en México*. México, Era, 2006.

Moreno Rivas, Yolanda. *Historia ilustrada de la música popular mexicana*. México, Patria, 1991.

Novo, Salvador. *México*. España, Destino, 1968.

Paz, Octavio. *El laberinto de la soledad*. México, Fondo de Cultura Económica, 1973.

Programa Universitario de Estudios sobre la Ciudad. *20 años después. Los sismos de 1985*. México, Universidad Nacional Autónoma de México - Programa Universitario de Estudios sobre la Ciudad, Coordinación de Humanidades, 2005.

Quintanilla, Susana. *Nosotros. La juventud del Ateneo de México.* México, Tusquets, 2008.

Quirarte, Vicente. *Elogio de la calle. Biografía literaria de la Ciudad de México 1850-1992.* México, Cal y Arena, 2010.

Reyes, Alfonso. *Obras completas.* México, Fondo de Cultura Económica, 1955-1993.

Reyes, Aurelio de los. *Los orígenes del cine en México (1896-1900).* México, Universidad Nacional Autónoma de México, 1973.

Rosas, Alejandro y José Manuel Villalpando. *Los presidentes de México.* México, Planeta, 2001.

Ruiz Romero, Manuel. *Mexicana. La primera siempre será la primera.* México, Compañía Mexicana de Aviación / Clío / Espejo de Obsidiana, 2006.

Rulfo, Juan. *Pedro Páramo.* México, Fondo de Cultura Económica, 1985.

Serra Puche, Jaime. *El TLC y la formación de una región, un ensayo desde la perspectiva mexicana.* México, Fondo de Cultura Económica [2015].

Sierra, Justo. *Obras completas.* México, Universidad Nacional Autónoma de México, 1984.

Silva, Carlos. *101 preguntas de historia de México. Todo lo que un mexicano debería saber.* México, Grijalbo, 2007.

———. *Álvaro Obregón.* México, Planeta, 2002.

Sotelo, Greco. *La Selección Nacional.* México, Clío, 2000.

Treinta años de hacer El Metro. Ciudad de México. México, Ingenieros Civiles Asociados / Espejo de Obsidiana, 1997.

Vargas Salguero, Ramón y J. Víctor Arias Montes (comps.), *Ideario de los arquitectos mexicanos.* México, Universidad Nacional Autónoma de México / Instituto Nacional de Bellas Artes / Consejo Nacional para la Cultura y las Artes, 2010.

Vasconcelos, José. *Ulises criollo.* México, Botas, 1935.

VIH/Sida y salud pública. Manual para personal de salud. México, Secretaría de Salud / Instituto Nacional de Salud Pública / Censida, 2009.

Watson, Peter. *Ideas. Historia intelectual de la humanidad*. Barcelona, Crítica, 2013.

Revistas

Economía Mexicana
Gaceta Médica de México
Gaceta UNAM
Hoy
Letras Libres
Proceso
Relatos e Historias
Revista de la Facultad Medicina
Revista de la Universidad de México
Revista Iberoamericana

Periódicos

Diario Oficial de la Federación
El Nacional
El Universal
La Jornada
México en la Cultura. Suplemento de Novedades
Milenio

Los días que cambiaron México de Carlos Silva
se terminó de imprimir en febrero de 2017
en los talleres de
Litográfica Ingramex, S.A. de C.V.
Centeno 162-1, Col. Granjas Esmeralda, C.P. 09810
Ciudad de México.